AufAtmen

Gottes Spuren entdecken

Das Andachtsbuch

Zusammengestellt von Mahnaz Nolte
Mit einem Vorwort von Ulrich Eggers

R BROCKHAUS

Umschlag: Dietmar Reichert, Dormagen
Satz: Christoph Möller, Hattingen
Druck: FINIDR, s.r.o., Tschechien
ISBN 3-417-24473-0
Bestell-Nr. 224 473

Vorwort

Klingt langweilig ...

Ein Andachtsbuch – das wäre für mich als Jugendlichen ein ziemlicher Horror gewesen. Andachtsbuch – das klingt so zäh, so langweilig, so gegen den Lebensfluss gerichtet, wie eine Pflichtbremse für alles, was schön ist im Leben. Manch einer erinnert sich vielleicht an tägliche Familienandachten oder das Lesen des frommen Kalenderzettels. Da war dieser Geruch von dröger Pflicht und staatstragenden Inhalten, die man irgendwie gut finden sollte (aber wenn man ehrlich war, fragte man sich oft, was die Leute eigentlich so toll daran fanden ...).

Die Zeiten ändern sich. Und auch das Verständnis für die Sache. Richtig verstanden und ohne den frommen Zwang einer verordneten Pflicht-Beglückung ist die Idee eines Andachtsbuches ja eigentlich ungeheuer modern: In einer Zeit voller Hektik und Anforderungen des Lebens brauchen wir gute geistliche Ernährung. Wir brauchen eine Entschleunigung unseres Lebens. Und weil unser Alltag oft so voll ist, dass nur wenige kleine Lücken darin auftauchen, sind kleine, kraftvolle geistliche Impulse das Mittel der Wahl.

Ein Andachtsbuch also als geistliches Kraftpaket, aus dem ich mir täglich einen oder mehrere kleine Happen gönne. Gedanken von anderen Christen, die mit mir unterwegs sind und sich auf ihre Weise mit den Herausforderungen dieser Zeit auseinander gesetzt haben – und deren Erfahrungen und Einsichten mich zum Nach-Denken bringen. Oder zur Dankbarkeit, zum Beten, zum Hinterfragen, vielleicht auch mal zum Ärgern. Ein Andachtsbuch als täglicher Katalysator, der mich berührt, mein Denken prägt, mich begleitet – und verändert. Ein Andachtsbuch als tägliche Tankstelle, bei der ich kurz einkehre und kostbaren Brennstoff für mein Leben einfülle.

Und dann ein AUFATMEN-Andachtsbuch, Texte also, bei denen es sehr bewusst darum gehen soll, Gott zu begegnen und authentischer leben zu lernen. Mit Ehrlichkeit und Integrität.

Und angeschlossen an den Weinstock Jesus Christus, aus dem heraus unser Leben gute Früchte bringt.

So gesehen sind Andachtsbücher doch irgendwie eine gute Idee, oder? Wenn es sie noch nicht gäbe, müsste man sie glatt erfinden! Auf denn also: Machen wir uns auf die Reise! Täglich ein paar Minuten in meinem Lieblingssessel bei einer Tasse Kaffee, in der Büropause beim Müsliriegel oder in der U-Bahn auf dem Weg zur Arbeit. Kraftstoff tanken. Aufatmen. Und dann still werden, die Gedanken auf unseren guten Gott richten – und von ihm her alles erwarten, was unser Leben reich macht.

Ulrich Eggers
Redaktionsleitung AUFATMEN

1: Stille und Gebet

1. Januar

Vor Gott zur Ruhe kommen

Wer in frommen Kreisen von „Stille“ redet, löst schnell einen Routineprozess aus: Pietisten und Evangelikale denken dabei an „Stille Zeit“. Aber sie ist hier vorerst nicht gemeint. Es geht gerade nicht um etwas Schematisches und Routinemäßiges, sondern um eine echte Unterbrechung unseres Tagesablaufs. Am besten lässt sich das mit Psalm 46,11 beschreiben: „Seid stille und erkennt, dass ich Gott bin“ (Lutherbibel). Wörtlich müsste man übersetzen: Halt ein! Lass los! Stopp! (Elberfelder Übersetzung: „Lasst ab und erkennt ...“).

Es gibt eine fromme Routine, die geradezu tödlich ist. Sie verführt zur Gedankenlosigkeit. Hin und wieder würde ich bei öffentlichen Gebeten am liebsten dazwischenrufen: „Moment mal, werdet doch erst einmal still! Kommt zur Ruhe! Konzentriert euch! Hört hin!“ Die Worte sprudeln den Betern allzu gekonnt über die Lippen. Hin und wieder zwingt uns Gott selbst schmerzhaft zum Einhalten. Immer öfter höre ich von engagierten Christen, dass sie einfach keine Kraft mehr haben. Manchmal zwingt sie der Körper zur Ruhe, manchmal kann die Seele nicht mehr. Das kann sehr deprimierend sein. Aber nicht selten ist dies der Beginn einer neuen Konzentration auf die Quelle unseres Lebens. Nein, dies ist kein Plädoyer, sich zur Ruhe zu setzen und andere für sich arbeiten zu lassen. Den Faulenzern rede ich nicht das Wort. Aber wer echt werden will, braucht diesen zeitweiligen Abstand von sich selbst. Er braucht die Unterbrechung, um sich über die eigentlichen Antriebskräfte seines Lebens klar zu werden: Was treibt mich? Was motiviert mich? Das sind Fragen, die man nur in der Stille ehrlich beantworten kann. In der Stille deckt Gottes Geist auf, wer wir sind.

Peter Strauch

2. Januar

Füreinander beten

Unsere Zeit ist voll von Schwerem, viele Menschen sind mit Problemen beladen und zerbrechen unter der Last des Lebens. Ehen zerbrechen und Kinder werden zerstört – doch wir haben eine Chance, das zu ändern, wenn wir lernen, wie man vollmächtig füreinander betet. Gebet ist ein Weg, Menschen lieb zu haben. Wenn wir Menschen lieben, möchten wir für sie so viel mehr, als wir ihnen von uns aus geben können. Und dieser Wunsch bringt uns zum Gebet.

Richard Foster

3. Januar

Die Mitte suchen

Wenn ich in die Stille gehe, mache ich Bekanntschaft mit der eigenen Seele; ich lerne es, diese Mitte meines Lebens zu entdecken, und begreife langsam, was es bedeutet, darin zu wohnen. In der Stille gehen mir die Augen dafür auf, dass ich die meiste Zeit meines Lebens „auswärts" verbringe, dass ich außerhalb meiner Mitte lebe und fast vergessen habe, wie mein inneres Zuhause aussieht. Warum ist das so? Weil die Seele in erster Linie in der Gegenwart erlebt werden kann und meine Gedanken sich vorwiegend in der Vergangenheit oder der Zukunft aufhalten.

Peter Lincoln

4. Januar

Wie oft lesen Sie in der Bibel?

Es ist tatsächlich schwer, jeden Tag ein Buch zu lesen, in dem beschrieben wird, wie Gott in das tägliche Leben seiner Kinder eingegriffen hat, und dabei nicht im Entferntesten damit zu rechnen, dass sich dieses übernatürliche Wirken Gottes auch in der eigenen Situation zeigen könnte. Entfernt man das übernatürliche Element aus der Bibel, degradiert man sie zu einem moralischen Leitfaden, und Gott wird zu einem fernen Wesen, das seinen Kindern zwar hilft – aber eben nicht viel.

Aber die Bibel ist mehr als ein theologischer Traktat. Sie ist eine Anleitung für dynamische Begegnungen mit einem Gott, der Wunder tut. Die Bibel ist uns gegeben worden, damit wir Gottes Stimme hören und auf diese Stimme mit einem lebensverändernden Glauben reagieren.

Jack Deere

5. *Januar*

„Denn euer Vater, weiß, was ihr bedürft, bevor ihr ihn bittet.“

(Matthäus 6,8; Lutherbibel)

Ich führe ein Gebetstagebuch, in das ich alle meine Gebetsanliegen eintrage. Ich schreibe auf, für welche Personen oder welche Sache ich bete, und auch, *worum* ich Gott bitte. Ich schreibe auch das jeweilige Datum dazu; dadurch weiß ich immer genau, wann ich angefangen habe, für ein bestimmtes Anliegen zu beten. Wenn ich in meinem Gebetstagebuch blättere, dann bin ich immer wieder über drei Punkte erstaunt:

1. Gott erhört früher oder später jedes meiner Gebete.
2. Das, was er gibt, ist meist etwas anderes als das, worum ich gebeten habe, und
3. das, was er gibt, ist besser.

Durch mein Gebetstagebuch habe ich gelernt, auf Gottes Weisheit zu vertrauen.

James Smith

6. Januar

Auf Gott ausgerichtet

Um frei und stark zu werden, brauchen wir das Wirken des liebenden Gottes. Wir kommen weiter, wenn wir uns helfen lassen, uns beschenken lassen. Das will und wird Gott tun. Dazu gehört unsererseits aber auch eine bestimmte Einstellung: die Bereitschaft, sich von Gott immer wieder erneut befreien und mit seiner Kraft und Liebe erfüllen zu lassen.

Ulrich Betz

7. Januar

Die Weisheit Gottes

Das Empfinden zu verlieren, geliebt zu sein, lässt mich darauf sehen, wie ich meine Tage verbringe und meine Zeit einteile. Es ist wie ein blinkendes Alarmlicht, das sofort meine Aufmerksamkeit gewinnt und sagt: „Brennan, du hast nicht auf deine Seele geachtet. Es mag sein, dass du herumrennst und eine Menge guter Dinge für die Leute tust, aber du begreifst nicht das Wesentliche."

Aber da ist die echte Überzeugung, dass wenn ich einfach den Raum schaffe, wenn ich wieder still vor Gott bin, dieses Empfinden des Geliebtseins zurückkehren wird. Das ist es, was die Psalmen sagen – und es ist wahr –: „Seid stille und erkennt, dass ich Gott bin" (Psalm 46,11; Lutherbibel). Das hebräische Wort für „erkennt" bedeutet hier „erfahrt".

Wenn wir still werden, werden wir beginnen zu erfahren. Die Weisheit Gottes ist, still zu werden. Wir müssen die Geräusche und den Lärm unseres Lebens abstellen und einfach warten. Er wird uns seine Gegenwart bewusst machen.

Brennan Manning

8. Januar

Gottesbegegnung

All mein Wissen über Stille, Gebet und Gottesbegegnung in ihren 237 unterschiedlichen Formen nützt mir gar nichts, wenn ich *(ich!)* mir nicht tatsächlich *(in der Tat!)* Zeit nehme dafür und mich Gott hinhalte. Begegnung mit Gott in Gebet, Bibel, Lied oder Text – wie auch immer, was auch immer –, aber bewusst gewählt. Der Unterschied zwischen einem Leben mit Stille und einem ohne ist ... die Stille! Nicht die garantierte Gottesbegegnung samt mystisch-emotionalem Höhepunkt. Sondern die Chance auf Gottesbegegnung und die Verlangsamung des Lebens. Wie viel würde unter uns passieren, wenn all die Millionen Christen, die „eigentlich" wissen, dass so etwas gut wäre, es endlich auch mal täten. Nicht aus schlechtem Gewissen, sondern weil niemand ohne Luft leben kann (wir merken es meist nur zu spät).

Ulrich Eggers

9. Januar

Betrachtendes Gebet

Im betrachtenden Gebet können wir die unverhüllte Herrlichkeit Gottes im auferstandenen und verherrlichten Christus suchen. „Kontemplatives Gebet bedeutet vor allem anderen, die Person Jesu anzuschauen“ (Peter G. van Breeman: *Certain as the Dawn*).

Das einfache Gebet meint, dass wir nicht irgendwo hingelangen müssen, denn wir sind schon da. Uns wird ganz einfach klar, dass wir das, was wir suchen, schon besitzen. Kontemplation, verstanden als Schauen auf Jesus in der Liebe, führt uns nicht nur in seine Nähe, sondern auch zu einer Umgestaltung unserer Person.

Brennan Manning

10. Januar

Gewissheit

Mir ist vor kurzem ein Buch in die Hände gefallen, dessen erklärtes Ziel es war, den Leser zu „340 bis 350 Stillen Zeiten im Jahr“ zu bringen. Als ob es darum ginge!

Ich vermute, dass der Apostel Paulus oder der Apostel Johannes, hätte man sie nach ihrem geistlichen Leben gefragt, sich zuerst die Frage gestellt hätten: „Nimmt meine Liebe zu Gott und zu den Menschen zu?“ Es geht darum, zu was für eine Art von Mensch wir werden. Geistliche Übungen wie Bibel lesen oder beten sind wichtig – nicht weil sie beweisen, wie geistlich wir sind, sondern weil Gott sie gebrauchen kann, um uns ins Leben zu führen. Wir sind dazu berufen, jeden Tag wieder neu zu erfahren, was Paulus an die Gemeinde in Ephesus geschrieben hat: „Aber Gott ist reich an Erbarmen. Er hat uns seine ganze Liebe geschenkt. Durch unseren Ungehorsam waren wir tot; aber er hat uns mit Christus zusammen lebendig gemacht“ (Epheser 2,4-5; Gute Nachricht).

John Ortberg

11. Januar

Wenn der Mensch hört, redet Gott

Jesus sagte einmal: „Der Sohn kann nichts von sich aus tun. Was der Vater tut, das tut in gleicher Weise der Sohn" (Johannes 5,19). Ich denke, Jesus schaute sich in der Stille den Vater an. Er prägte sich das Bild des Vaters genau ein. Damit wusste er, was er zu tun und wie er zu leben hatte. Das gab ihm auch die Kraft, sich nicht von der Erwartungshaltung seiner Zeitgenossen abhängig zu machen. Einmal, als er aus der Stille kam, fand ihn Petrus und sagte vorwurfsvoll zu ihm: „Alle suchen dich!" (Markus 1,35-37). Darauf antwortet Jesus: „Lasst uns anderswohin gehen." So können nur Leute sprechen, die aus der Stille Gottes kommen.

Stille bedeutete für Jesus: den Willen Gottes für sein Leben erkennen. Davon lebte er (Johannes 4,34). Mir hilft es, während der Stille durch eine weite Landschaft zu wandern, mir Gottes Gegenwart bewusst zu machen und aus meiner kleinen Taschenbibel einen Abschnitt Satz für Satz mit ihm durchzusprechen. Ich erlebe, wie Gottes Geist beginnt, mir sein Wort zu öffnen und mich unmittelbar anzusprechen. Ich erkenne Zusammenhänge, werde getröstet, ermutigt oder in liebevoller Weise von ihm korrigiert.

Ein echtes und ehrliches Leben als Christ kann niemals auf diese persönliche Begegnung mit Gott verzichten.

Peter Strauch

12. Januar

Sabbat

Es ist kein Wunder, dass meine geistlichen Tiefpunkte vor allem dann kommen, wenn ich sehr beschäftigt bin, mir Sorgen mache und meinen Blick auf alles andere richte als auf Gott. Kein Wunder auch, dass ich meine geistlichen Höhenflüge an den „Sabbat"-Tagen der Ruhe und Entspannung erlebe: Gott hat den Sabbat nicht nur eingerichtet, weil der menschliche Körper Ruhe braucht, sondern vielmehr, weil unsere menschliche Aktivität die Gemeinschaft mit dem Schöpfer stört. Das bedeutet, dass ich zu manchen Zeiten bewusst Dinge beiseite schaffen musste, um Zeit für Gott zu bekommen.

Wayne Gordon

13. Januar

Anbetung

Für mich ist Anbetung Gottes eine Quelle des Lebens. Ohne das Innehalten vor Gott, ohne die Anerkenntnis, dass er da ist – über allem, in allem, vor allem, nach allem –, würde mein Leben flach und schal. Tage ohne Anbetung sind leere Tage, ihres innersten Kerns entleert.

Dabei kommt es nicht auf die Form an. Lieder und Anbetungszeiten im Gottesdienst können helfen. Ob durch Stille oder Lautstärke, ob sitzend, kniend, stehend oder auf dem Angesicht liegend, ob mit erhobenen Händen oder tanzend, ob auf Deutsch oder Englisch, Lateinisch oder Arabisch, ob mit Psalmen oder der Gabe des Gebets in unbekannten Sprachen ist letztlich zweitrangig. Entscheidend ist, ob ich mich wirklich hinwende – in Lob und Dankbarkeit, in Liebe und Vertrauen, Staunen und Ehrfurcht, in Kindlichkeit und Entschlossenheit – zu ihm, der war, ist und kommen wird. In der Anbetung geht es nämlich nicht um den Weg, sondern um das Ziel. Nicht um das Gefäß, sondern um das Leben schaffende Wasser, das darin transportiert wird.

Roland Werner

14. Januar

Wahrheit

Ich liebe die Stille, ihren wunderbaren Klang, ihre heilende Wirkung. Aber ich fürchte sie auch. Ich weiß, sie kann mir zur Last werden. Ich weiß, ihre Segnungen werde ich nur empfangen, wenn ich bereit bin, den Weg durch die Wüste anzutreten. Die Wahrheit, die harte und doch zugleich so tröstliche Wahrheit über mein Leben, beginnt meistens mit der Aufdeckung meiner Erbärmlichkeit. Die Wahrheit ist keine Droge; Wahrheit bedeutet Ernüchterung, Entzug. Furcht und Verlangen streiten in mir. Aber die Wahrheit soll siegen, ich will sie hören, auch wo sie hart und unbequem ist, und so mache ich mich auf den Weg.

Reinhard Deichgräber

15. Januar

Die fromme Fassade ablegen

Unser Vater im Himmel steht nicht so besonders auf Musterknaben; wie wir an seinem Umgang mit den Pharisäern nur unschwer erkennen können. Selbst unsere Widerstände sind ihm lieber als irgendeine fromme Fassade. Das Problem ist nicht erstrangig unsere Widerspenstigkeit, unser So- oder Sosein, sondern die Tatsache, dass wir uns damit nicht unter Gottes Augen trauen. Sagen Sie Gott, was tatsächlich in Ihnen vorgeht – nicht das, was eigentlich in Ihnen vorgehen sollte. Gott hält mehr aus, als wir denken. Sagen Sie ihm meinetwegen, dass Sie keine Lust haben, in die Stille zu gehen, anstatt zu meinen, Sie müssten eigentlich wollen. Auch unseren guten Willen brauchen wir nicht selbst zu produzieren. Wie heißt es? Er schenkt beides, das Wollen und das Vollbringen.

Regina Laube

16. Januar

„Care-Pakete“

Vor ein paar Jahren lernte ich von einem Freund, all meine Anliegen in Pakete zusammenzuschnüren und Gott zu geben. Ich nenne sie „Care-Pakete“ (englisch *care* = Sorge; Fürsorge), weil ich meine Sorgen und Anliegen dort hineingepackt habe. Ich habe mir angewöhnt, alles aufzuschreiben, was mich beschäftigt: Termine, Freunde, die Probleme haben, mir nahe stehende Menschen, die leiden, usw. Wenn ich mit meiner Liste fertig bin, wende ich mich an Gott und sage: „Auf dieser Liste stehen alle meine Anliegen. Ich bin froh, dass ich sie dir geben kann, denn ich weiß, dass du damit viel besser zurechtkommst als ich.“

Gott liebt solche „Care-Pakete“. Er hat das Gebet erfunden. Seine Fürsorge und sein Mitgefühl übersteigen unser Vorstellungsvermögen bei weitem. Wir denken oft, Gott wäre zu beschäftigt, um sich mit so etwas Unbedeutendem abzugeben wie mit einem Freund, der eine Kündigung bekommen hat. Das ist grundfalsch. Was wichtig ist für uns, das ist auch wichtig für Gott, ganz egal, wie unbedeutend es angesichts Milliarden anderer Menschen scheinen mag.

James Smith

17. Januar

Gebet

Vor mir liegt eine kleine, vergilbte Karte mit der Aufschrift: „Meine Entscheidung für Jesus Christus". Ich erinnere mich noch genau an den Tag, als ich sie mit meinem Namen unterschrieb. Es war der 17. Juni 1956. Aufrichtiges und dringliches Gebet ging dieser Entscheidung voraus. Ich hatte nur noch einen Wunsch: Ich wollte Jesus gehören. Ich wollte mit Jesus leben und ihm zur Verfügung stehen. In einem Entscheidungsgebet machte ich das fest, und es veränderte mein Leben grundlegend. Es veränderte mein Lebensziel, und es veränderte meinen Lebensinhalt. Ich war ein Egoist gewesen, ein Aufschneider, ich hatte mit „ungedeckten Schecks" gelebt. Keiner hatte gesehen, dass mein Auftreten in der Öffentlichkeit nur Fassade war. Nicht gute Vorsätze und harte Arbeit am Charakter veränderten meinen Lebensstil, sondern das Gebet der Hingabe an Jesus Christus bewirkte es. Ich war Gott begegnet, und das war das Geheimnis meiner Lebensrevolution. Es gibt nichts, was mehr Veränderung schafft als Gebet.

Friedhold Vogel

18. Januar

Kein Automat

Ganz am Ende, ganz am Boden, wenn wirklich alle meine Möglichkeiten und Gedanken und Ideen und Überlegungen schweigen – bete ich endlich. Immer wieder erwische ich mich dabei, wie mein Gebet zum allerletzten Ausweg wird, zur allerletzten aller Möglichkeiten. Immer wieder bin ich vor allem und zuerst bei mir und meinen Möglichkeiten – und irgendwann ganz am Ende bei Gott. Ich schäme mich oft deswegen, weil ich weiß, dass dahinter auch ganz viel Unglaube an die reale Liebe und Sorge Gottes um mich steht. Unheimlich viel Stolz, es selber schaffen zu wollen. Sehr viel Angst, mich ganz auf Gott zu verlassen. Enttäuschende Erfahrungen, dass die Sache mit dem Gebet um Gottes Hilfe keine Instant- oder Automatiklösung ist. Viel Einsicht, dass ich mich eben doch auch selber durchs Leben kämpfen und sorgen und ängstigen muss. Viel Stolz, nicht schon wieder um Hilfe betteln zu müssen, alleine klarkommen zu wollen, erwachsen zu sein. Viel Angst vor dem kleinen alltäglichen Gottesbeweis: kindlich gehofft zu haben auf Antwort – und abgebrüht erwachsen enttäuscht aufzuwachen.

Ich schäme mich vor Gott und arbeite an mir. Aber seit einigen Jahren ist mir klar, dass es nicht nur mir so geht mit dem ernsthaften Gebet in allerletzter Minute. Und ich höre auf, mich zu schämen, sondern fange an, zu meinem (un)frommen Normalzustand zu stehen und mir klarzumachen, dass wir wohl so gestrickt sind als Menschen.

Aber ich will das ändern. Ich will nicht dabei stehen bleiben. Ich will mir die Chance geben, im Vertrauen zu ihm zu wachsen. Ich will geistlich gesünder werden – gegen meine Ängste, meinen Stolz und mein Misstrauen die bewusste Entscheidung zum Vorschussvertrauen setzen.

Ulrich Eggers

19. Januar

Stille als Voraussetzung für Gemeinschaft

Erst in der stillen Einsamkeit wird echtes Reden möglich und persönlich. Wenn ich nicht weiß, dass ich geliebt bin, kann ich nicht erkennen, dass auch andere geheiligt sind. Wenn ich mir selbst entfremdet bin, dann bin ich auch anderen ein Fremder. Die Erfahrung hat mich gelehrt, dass ich dann am besten auf andere zugehen kann, wenn ich mit meinem eigenen Ich im Einklang stehe. Wenn ich es Gott erlaube, mich von der ungesunden Abhängigkeit von anderen Menschen zu befreien, kann ich aufmerksamer zuhören, selbstloser lieben, mehr Anteilnahme zeigen und spielerischer sein. Ich nehme mich selbst nicht mehr so wichtig. Ich spüre den Atem des Vaters auf meinem Gesicht und fühle, dass ich lache und über das ganze Gesicht strahle. Das Leben ist ein Abenteuer, und ich genieße es.

Brennan Manning

20. Januar

Schnell, beeil dich!

Hinter Eile steckt der Gedanke, dass etwas außer Kontrolle geraten sei und wir die Kontrolle übernehmen müssten. Ich fahre 130 Stundenkilometer, dann komme ich rechtzeitig an! Eile ist ein Akt des Unglaubens. Wir müssen lernen, über die spontane, gedankenlose Reaktion, die das Leben der meisten Menschen bestimmt, hinauszuwachsen. Die geistlichen Disziplinen, Übungen wie Schweigen, Einsamkeit, Fasten und das Auswendiglernen von Bibelstellen trainieren uns, anders auf Ereignisse zu reagieren, in denen wir schnell reagieren müssen.

Dallas Willard/Jan Johnson

21. Januar

Das tägliche Brot

Von den Israeliten wissen wir, dass sie bei ihrer Wüstenwanderung täglich Manna, das Himmelsbrot, sammelten (2. Mose 16). Aus dem Text lernen wir, dass diese göttliche Bevorratung nur immer für einen Tag, mit Ausnahme des Sabbat gut war – das Verfallsdatum ging nur bis zum Folgetag. Ein Argument übrigens – sinnbildlich gesprochen –, sich früh zum Sammeln aufzumachen, bevor die sengende Wüstenhitze den Tagesvorrat ausdörrt und ungenießbar macht. Die Israeliten mussten sich also täglich bücken und auflesen, was vom Himmel fiel. Aber sie konnten nicht wie die Eichhörnchen Essbares als Wintervorrat anhäufen. Es reichte nur einen Tag – aber dafür langte es immer.

So finde ich auch in meiner Bibel etwas für jeden Tag. Das Losungsbuch dient mir dabei als hilfreicher Einstieg in meine aktuelle Lebenssituation. Ich brauche nur hinzuschauen und aufzulesen, was Gott mir in der Morgenstunde für den vor mir liegenden Tag gibt. „Wenn du heute alles verstehst, hast du morgen nichts mehr zu entdecken", sagt der niederländische Evangelist Bruder Piet van Zutphen.

Hans Steinacker

22. Januar

Ein guter Start

Wenn ich morgens aufwache, bringe ich als Erstes meine Gedanken in Ordnung. Bevor ich aufstehe, tue ich zwei Dinge. Als Erstes sage ich zu mir selbst: „Durch Gottes Gnade werde ich geliebt. Er hat mir vergeben und er sorgt für mich." Gut für unsere Seele zu sorgen bedeutet auch, dass wir uns ganz bewusst mit dem Bild identifizieren, das Gott von uns hat, und uns darum bemühen, den vor uns liegenden Tag mit Gottes Augen zu sehen. Wenn ich das morgens tue, fällt es mir leichter, den ganzen Tag in Gott gegründet zu sein.

Als Nächstes übergebe ich Gott im Gebet den ganzen Tag: Ich sage: „Herr, ich will, dass du diesen Tag ganz in deine Hand nimmst und mich leitest in allem, was ich denke, sage und tue." Dadurch lade ich Gott dazu ein, mich zu führen und zu formen. Ich mache mir selbst klar, dass nicht ich der Herr meines Lebens bin, sondern er. Mein altes Selbst muss die Herrschaft aufgeben. Durch diese tägliche bewusste Hingabe ermögliche ich es Gott, meine Seele zu nähren und für sie zu sorgen.

James Smith

23. Januar

Sei still!

Verschiedene Lernfächer Gottes scheinen uns besonders wichtig, wenn man als Christ überleben will. Das erste hat mit der Wichtigkeit von Zeit zu tun. Von den Menschen hier gewinne ich den Eindruck, dass sie enorm beschäftigt sind. Einige von uns haben 200 Arbeitsstunden pro Woche – aber es gibt nur 168. Ich glaube, dass viele verstehen müssen, dass wir schlicht ungehorsam leben! Dass die Systeme, mit denen wir leben, böse sind! Gott hat sehr klargemacht, dass wir jede Woche Zeit einräumen müssen, um ihm zuzuhören. Er hat das „Sabbat" genannt. Er hat Frauen und Männer berufen, ihre Arbeit zu unterbrechen und an einen „sicheren Ort" zu gehen, um dort Stille zu erleben. Die Bibel ist voll mit Beispielen für solche sicheren Orte.

Gordon MacDonald

24. Januar

Alles, was man ist, in Gottes Gegenwart bringen

Zu viele Christen meinen, Gebet bedeute, geistliche Gedanken zu haben. Das ist es aber nicht. Gebet bedeutet, alles, was man ist, in Gottes Gegenwart zu bringen. Man kann sagen: „Gott, ich hasse diesen Kerl. Ich kann ihn nicht ausstehen.“ Das Gebetsleben der meisten Christen ist zu selektiv. Sie bringen Gott nur die Dinge, die er wissen soll oder die er ihrer Meinung nach bewältigen kann. Aber Gott kann alles bewältigen.

Henri J. M. Nouwen

25. Januar

Zärtliche Zweisamkeit

Ich falle abends kaputt und fertig ins Bett, habe die Welt und die Menschen, meine Familie und alles satt. Game over, Feierabend! Und dann beginnt der nächste Tag mit einer zärtlichen Zweisamkeit mit Gott, dann erzähl ich ihm leise von meiner Liebe zu ihm, dränge mich an ihn, zeige ihm meine Freude darüber, dass ich wieder einen Tag leben darf, singe ihm etwas Schönes vor, mache so viele Liegestütze, wie ich schaffe, freue mich mit ihm über meinen Körper, trinke einen leckeren Kakao für ihn, erzähle ihm einen Witz, über den ich mich gestern kaputtgelacht habe, lache noch mal mit ihm, bereite meiner Familie das Frühstück vor und würze den Kinderbrei mit Freudentränen darüber, dass ich sie haben darf, zeige ihm das sagenhaft schöne Grün des Rasens, ein paar Amseln, eine reife Tomate ... Kann das Beten sein?

Gernot Steins

26. Januar

Wie Löcher im Käse

Wir brauchen echte Sabbattage, um auszuruhen. Aber auch in unsere normalen Tage muss so viel wie möglich von Gottes Gegenwart hinein. Wenn man auf den Bus oder Zug wartet, im Supermarkt an der Kassenschlange. Überall können wir Gott unser Herz hinhalten: „Herr, ich öffne dir jetzt mein Leben. Gib mir bitte deine himmlische Perspektive für die Dinge, die hier auf Erden passieren!" Das muss man sich vorstellen wie einen Schweizer Käse. Wir sind so ein Schweizer Käse und bohren während des Tages Löcher hinein. Das gibt Luft und Durchblick – wie wenn man mit hohen Absätzen über einen weichen Rasen geht. Durch diese Löcher kann Sauerstoff einziehen, das erfrischt. Dieses Eintauchen in Gottes Gegenwart weitet unseren Blick über den Tag hinaus. Das ist keine lästige Pflicht, sondern gibt uns Heimweh nach Christus! Es geht nicht darum, uns schuldig zu fühlen, es geht um Freude. Schuld ist eine völlig falsche Reaktion.

Bei einem solchen Sabbat zwischendurch sollten mindestens drei Dinge passieren: Wir schauen zurück auf die vergangenen Stunden und stellen sicher, dass wir unsere Sünden, die wir dort begangen haben, in die Buße gebracht haben. Wir vergeben Leuten, die gegen uns gesündigt haben. Wir danken Gott für den Segen, der uns begegnet ist, und ziehen die Einsichten aus dem, was uns passierte. Das Zweite, was wir in einer solchen Stille, an solch einem Sabbat tun sollen: nach vorn schauen und Gottes Rat suchen, wohin wir gehen sollen. Die Vergangenheit ist abgeschlossen, jetzt öffne ich mich für die Zukunft. Und am wichtigsten ist dann für mich, darauf zu schauen, woran ich glaube. Also in mich hineinzusehen. Wie hat sich Gott mir offenbart? Wo bin ich eigentlich gerade auf meiner Reise mit ihm?

Gail & Gordon MacDonald

27. Januar

Praktizierte Einsamkeit

Stille ist nicht nur die Abwesenheit von Lärm oder der Abbruch eines Gesprächs mit der Außenwelt, sondern auch ein Prozess, bei dem man zum Innehalten kommt. Stille Einsamkeit formt eine wahrhaftige Sprache. Ich rede nicht von der körperlichen Isolation; Einsamkeit bedeutet hier, mit dem Alleinsein allein zu sein, den transzendenten Anderen zu erleben und sich bewusst zu werden, dass man geliebt ist. Es ist unmöglich, einen anderen Menschen näher zu kennen, ohne dass man Zeit miteinander verbringt. Das Schweigen macht aus dieser Einsamkeit Wirklichkeit. Jemand hat einmal gesagt: „Stille ist die praktizierte Einsamkeit."

Brennan Manning

28. Januar

Herr, zeig dich mir!

Wenn wir Jünger sein wollen, sollten wir Jesus bitten, sich uns zu offenbaren. Wir sollten beim Lesen in der Bibel bitten: „Herr, zeige dich mir auf eine Weise, durch die ich deine Schönheit sehen kann." Wenn wir Jesus deutlich sehen wollen, müssen wir unsere Seele mit dem Evangelium füllen. Wenn Sie sich intensiv auf etwas konzentrieren, wird es zu einem Teil Ihrer Seele. Wenn Sie die Evangelien immer und immer wieder lesen, bestimmen diese Ihre Welt und zeigen Ihnen, wie Sie handeln sollen.

Ohne die Hilfe des Evangeliums wird unser Denken mit Müll gefüllt und von Werbespots und den neuesten Nachrichten bestimmt. Unser Charakter und unser Handeln werden verwirrt, zerstreut und abgelenkt. In dieser Situation leben die meisten Menschen. Sie schleppen sich verwirrt und zerstreut in die Kirche und hoffen auf einen erbaulichen Gottesdienst, der sie wieder „aufladen" und durch die nächste Woche bringen soll. Spätestens am Ende der Woche müssen sie erneut auftanken. Wir können aus diesem Kreislauf nur ausbrechen, wenn wir unserem Verstand ein intensives Bad im Wort Gottes gönnen.

Durch das geschriebene Evangelium offenbart Jesus sich uns. Im Umgang mit anderen Menschen können wir dann nachahmen, was wir gelesen und worüber wir nachgedacht haben – zum Beispiel Jesu auffallende Großzügigkeit. Er schenkte Menschen seine Zeit und Aufmerksamkeit, ob sie nun Aussätzige, römische Befehlshaber oder reiche jüdische Jünglinge waren. Er war in dieser Hinsicht absolut großzügig. Er musste keine Aussätzigen berühren oder sie heilen. Aber er tat es. Denken Sie über solche und ähnliche Szenen aus den Evangelien nach. Setzen Sie in Ihrem Leben um, was Gott Ihnen in diesen Zeiten schenkt. So erleben Sie die Wirklichkeit des Reiches Gottes.

Dallas Willard/Jan Johnson

29. Januar

Festhalten und nicht loslassen

Manchmal habe ich das Gefühl, zwischen den beiden Seiten Gottes, der ganz nahen und der unendlich entfernten, zerrieben zu werden, beides zusammen nicht länger aushalten zu können. Ich weiß keine Lösung, ich kann diese Untätigkeit Gottes nicht einfach mit seiner unbegreiflichen Weisheit und unendlichen Größe erklären. Es kann mir niemand erzählen, dass die Dinge, die unter Menschen krasses Unrecht sind, vor Gott – gewissermaßen unendlich vergrößert – auf einmal gerecht sein sollen. Ich bleibe dabei, vor Gott zu stehen und von ihm eine Erklärung zu verlangen. Und ich klammere mich währenddessen an ihm fest. Mich fasziniert immer wieder die Geschichte, wie Jakob mit Gott kämpft, ihn aber nicht überwältigen kann und sich dann nicht von ihm abwendet, sondern sich an ihn krallt und schreit: „Ich lasse dich erst los, wenn du mich gesegnet hast!" Und was tut Gott? Er bittet Jakob ihn loszulassen und segnet ihn!

So nah bei Gott zu sein, ihn so kraftvoll zärtlich festzuhalten, dass er es nicht mehr schafft, mich von ihm wegzudrängen: Das ist mein Beten.

Gernot Steins

30. Januar

Es gibt keine Alternative

Gebet – ja, „an der Sache ist was dran" – und es gibt keine Alternative dazu. Je länger wir Christen sind, desto mehr wissen wir darüber und verstehen etwas von seiner Wichtigkeit. Aber je mehr wir durchblicken, desto klarer wird uns auch, wie wenig wir dann letztlich doch über das Gebet wissen. Es entzieht sich dem Zugriff unserer menschlichen Berechnung, die es so gern in eine feste Mechanik zwängen will. Weil Gebet mit Gott selbst zu tun hat, bleibt es ein Geheimnis. Aller Klugheit, Reife und Erfahrung zum Trotz werden Fragen bleiben – und am Ende allen Nachdenkens, bleibt vermutlich wieder einmal nur der eine Königsweg offen: Die Verheißungen der Bibel beim Wort zu nehmen, ihnen gehorsam zu folgen und Gott in all dem kindlich zu vertrauen.

Ulrich Eggers

31. Januar

Jesus war ein Betender

Die Lebensform Jesu war das Gebet. Er betete in der Regel in der Stille und allein. Um das möglich zu machen, trennte er sich oft von einem Weggenossen und suchte die Einsamkeit des Gebirges auf. Er übte das Gebet aber auch im Zusammensein. Wenn er das tat, dann geschah es hauptsächlich fürbittend, dass der Wille Gottes auf der Erde und über bestimmten Menschen wirksam werde. Von Jesus sind uns mit Ausnahme von Johannes 17, dem „Hohepriesterlichen Gebet", nur ganz kurze Gebetsworte überliefert. Auch das Vaterunser ist ein Gebet von überraschender Kürze, dessen sieben Bitten auf kleinstem Raum die ganze Welt umschließen. Jesus betete wohl kurze Gebete; er verbrachte aber auch ganze Nächte im Gespräch mit seinem Vater. In einigen Gleichnissen ermahnt er uns deshalb, auch das lange und anhaltende Gebet nie zu unterlassen. Wir erkennen, dass sein ganzer Erdenweg durchwirkt war vom Gebet.

Manfred Seitz

1. Februar

Gott begegnen

Vor einigen Jahren habe ich einmal gesagt: „Ich will nicht mehr länger die Bibel lesen, ohne dass du, Gott, dabei bist! Ich möchte, dass du zu mir redest, wenn ich sie lese! Ich möchte, dass du mit mir über meine Frau sprichst, über meine Freundschaften, über meine Beziehungen. Ich möchte, dass du mit mir über dich selbst redest!" Es sollte für mich wieder eine der wichtigsten Zeiten des Tages werden, wenn ich die Bibel aufschlagen und Gott begegnen würde. Wenn man Gott begegnet, hat man Freude beim Bibellesen! Dann vermisst man es sogar, wenn man es einige Tage versäumt. Man kann regelrecht Durst und Hunger entwickeln nach der Gegenwart Gottes. Ich möchte Sie ermutigen, sich nicht mit weniger zufrieden zu geben. Es geht darum, Gott beim Bibellesen zu begegnen.

Jack Deere

2. Februar

Die Antwort in der Stille suchen

„‚Wer bin ich?‘, fragte Merton und erwiderte: ‚Ich bin ein Mensch, der von Christus geliebt wird.‘“ (James Finley: Merton's Place of Nowhere). Das ist das Fundament, auf dem das wahre Ich ruht. Um das Bewusstsein für dieses Geliebtsein zu entwickeln und zu behalten, brauchen wir unbedingt Zeit allein mit Gott. In der Einsamkeit schalten wir die Stimmen aus, die uns einreden wollen, wir seien wertlos, und tauchen ein in das Geheimnis unseres wahren Ichs. Die Ursache unserer Unzufriedenheit ist die Unsicherheit darüber, wer wir wirklich sind. Diese Unruhe wird nie gestillt werden, solange wir uns nicht der Einsamkeit stellen und sie annehmen. Dort entdecken wir, dass es stimmt – wir sind tatsächlich geliebt. Unsere Identität ruht in Gottes hartnäckiger Liebe, die er uns in Jesus Christus offenbart hat.

Brennan Manning

3. Februar

Anders als alle anderen Bücher

Das Wort Gottes hat nicht denselben Stellenwert wie andere Worte und Texte. Die Bibel soll für mich mehr sein als ein schriftlicher Text, wie man sie millionenfach in Buchhandlungen und Kiosken findet. Die Worte, die sie enthält, stehen nicht auf gleicher Stufe wie die Fülle von Worten, denen ich jeden Tag ausgesetzt bin durch Plakate, Zeitungen, Fernsehen, Romane. Ich erlebe durch diese Wortflut eine unglaubliche Inflation der Worte. Wie schnell sind die Worte der Bibel da einfach nur Worte neben vielen anderen. Worte, die mich kaum mehr beschäftigen und prägen als andere Worte.

Gottes Wort ist für mich nicht nur ein „Text“, mit dem ich arbeite. Es ist von Gott an mich gerichtetes Wort, gesprochen von einer Person an seine Geschöpfe. Es ist personhaftes Wort. Personhaftes Wort will immer persönliche Anrede sein. Gottes Wort ist auch nicht bloß das Objekt meines Analysierens und Studierens. Zwar will ich Gottes Wort auch gründlich und sachgemäß auslegen. Dabei bleibt aber Gottes Wort an mich Form gebendes Subjekt, und ich bin das formbare Objekt. Es geht darum, dass ich in das zweite Glied zurücktrete und mich in Demut unter Gottes Wort stelle – nicht darüber.

Thomas Härry

4. Februar

Spontane Gebetstreffen

Ich gehöre der Kategorie Mensch an, die ihre Schwierigkeiten mit Gewohnheit und Routine hat. Das gilt nicht nur für die geistliche Seite des Lebens, sondern auch für die körperliche ... Man schafft es, das absolut Notwendige zu tun – wie zum Beispiel Kochen und Windelnwechseln –, aber nicht immer das, was man sonst noch tun sollte: an die tägliche Fluortablette für die Kinder denken, jeden Tag ein Runde spazieren gehen, regelmäßig ein paar Zeilen schreiben ...

Meine Mühe damit hätte mich beinahe zu der Überzeugung gebracht, dass ich in Bezug auf das geistliche Leben ein hoffnungsloser Fall bin. Im Lauf der Zeit aber habe ich gelernt, nicht mehr darauf zu warten, dass ich ein anderer Mensch werde. Heute gehe ich von den Voraussetzungen aus, die ich derzeit habe. Also bete ich ohne Routine. Das kann man sicher nicht jedem empfehlen, aber so ist es bei mir. Allerdings: Gott kommt zu diesen spontanen Gebetstreffen!

Die Lösung besteht darin, Jesus in das ganz gewöhnliche Leben einzuladen. Zu wissen, dass er bei mir ist und meine fröhlichen Lieder hört, meine blöden Witze und meine schlecht versteckten Wutausbrüche. Dass er meine fantastischen Kinder sieht und hört, wenn wir miteinander streiten. Mitten in alledem gehen meine Gedanken zu ihm, um mit ihm zu teilen, was geschieht, und um für Situationen um Hilfe zu beten, die schwierig erscheinen. Viele Seufzer sind dabei. Aber ich erlebe, dass es nicht nur Seufzer ins Dunkle sind. Es ist eher ein Dialog, in dem ich Antwort bekomme ... Ich höre keine Stimme, es liegt nichts Dramatisches über alledem, aber ich erlebe eine Gegenwart, die einen echten Unterschied ausmacht. Erlebe sowohl Bestätigung wie auch Korrektur. Ich glaube, dass Jesus da ist – selbst wenn mein Intellekt ständig etwas anderes sagt. In der Gegenwart Jesu lebt das Gebet.

Lena Bergström

5. Februar

Gebet

Beten heißt: sich verändern. Das Gebet ist der Weg, den Gott am häufigsten benutzt, um uns zu verwandeln. Wenn wir nicht bereit sind, uns zu verändern, wird das Beten in unserem Leben keinen wesentlichen Raum einnehmen. Je näher wir dem Herzen Gottes kommen, desto klarer sehen wir unsere Bedürftigkeit und desto mehr wünschen wir uns, Jesus ähnlicher zu werden. William Blake sagt, unsere eigentliche Lebensaufgabe bestehe darin, die „Strahlen der Liebe Gottes" ertragen zu lernen. Wie oft ziehen wir uns „Bleischürzen" an oder bauen uns strahlensichere Bunker, um uns unserem himmlischen Vater zu entziehen. Aber wenn wir dann beten, deckt Gott behutsam und mit großer Güte unser Versteckspiel auf und befreit uns davon.

Richard Foster

6. Februar

Die Wunder Gottes

Sich der Gegenwart Gottes bewusst zu sein und aufmerksam wahrzunehmen, wie sie sichtbar wird in einem Musikstück, das man im Autoradio hört, einer blühenden Narzisse, einem Kuss, in dem Mut machenden Wort eines Freundes, einem Gewitter, einem Neugeborenen, einem Sonnenauf- oder -untergang oder dem zerfurchten Gesicht eines alten Hummerfischers, setzt eine innere Freiheit vom eigenen Selbst voraus. Diese innere Freiheit wächst durch das Gebet. Dankbarkeit wird geboren aus einer betenden Grundhaltung, die uns dabei hilft, die Wunder Gottes – das geteilte Rote Meer, die Feuersäule und so weiter – überhaupt zu bemerken.

Brennan Manning

7. Februar

Jeder auf seinem Weg

Manchmal werde ich gefragt: Muss ich so wie du die Bibel lesen, damit ich mehr von Gottes Wirken und Reden in meinem Leben erfahre? Nein, keiner muss das. Es ist *mein* Weg geworden und ich möchte nicht mehr darauf verzichten. Gott hat es nur durch diesen Weg ermöglicht, dass ich mich auch nach 15 Jahren im vollzeitlichen Dienst geistlich frisch fühle und neue Impulse von Gottes Geist bekomme. Andere Menschen führt Gott anders. Er tut es ihrer Persönlichkeit entsprechend und wie es für sie das Beste ist. Eines aber gilt wohl für jeden von uns: Wir müssen den Weg suchen und entdecken, der es jedem von uns möglich macht, ein anhaltendes Leben in der Gegenwart Gottes zu führen.

Thomas Härry

8. Februar

An meinem Tisch

Wir haben das Geschenk der Errettung nicht durch eigenes Verdienst erlangt, sondern ausschließlich durch die Gnade Gottes. Unsere Sünden sind vergeben durch das Blut Jesu Christi. Wir sind eingeladen, beim Hochzeitsmahl im Reich Gottes für immer und ewig neuen Wein zu trinken – so wie Jesus es verheißen hat: „Ihr sollt in meinem Reich mit mir an meinem Tisch essen und trinken" (Lukas 22,30).

Brennan Manning

9. Februar

Eine Ahnung von Gottes Herrlichkeit

Wir leben in einer Zeit und Gesellschaft, die völlig beherrscht sind von der Absicht, Wohlstand und Wohlergehen zu mehren. Andererseits darf das viele, das wir haben wollen, nur wenig kosten und wir wollen es schnell haben. Diese Lebenshaltung macht auch vor unserer Gottesbeziehung nicht Halt. Sie ist aber sehr hinderlich, um Gott in seiner Heiligkeit zu erkennen. Die Begegnung mit Gott verlangt nach Stille und einer Haltung vor ihm, die keine Ansprüche stellt, sondern allein seine Gegenwart sucht.

Die Augenblicke, in denen wir eine Ahnung von der Herrlichkeit Gottes und seinem heiligen Wesen bekommen, sind für viele selten geworden. Gewiss, begreifen können wir das Geheimnis Gottes nicht. Aber wir irren ebenso bestimmt in der Erwartung, wir könnten davon etwas ahnen, indem wir Gott einige wenige flüchtige Minuten unseres Tagesablaufs zur Verfügung stellen. Gott in der Stille zu begegnen und etwas von seiner Heiligkeit zu ahnen, dafür braucht es Zeit. Lange wird vielleicht überhaupt nichts Spürbares geschehen. Aber eines Tages werden wir erkennen, dass sich in dieser aufmerksamen Stille vor Gott etwas verändert hat.

Arne Völkel

10. Februar

Werdet wie die Kinder ...

Der christliche Glaube ist eigentlich gar nicht so kompliziert. Alles, was wir tun müssen, ist, auf die leise Stimme Gottes zu hören.

Wir können unsere Fähigkeit, Gott zu hören, wieder finden und die feine Stille Gottes neu erleben. Wenn wir Gott bisher nicht als den verstanden haben, der zu uns in der feinen Stille spricht, müssen wir vielleicht lernen, ihn ganz neu zu sehen. Vielleicht ist es notwendig, unser „erwachsenes" Verständnis von Gott aufzugeben und uns daran zu erinnern, wie wir ihn als Kind erlebt haben.

Mike Yaconelli

11. Februar

Von Christus geprägt

Das Wort Gottes will mich in den Tiefen meines Herzens erreichen und umgestalten. 5. Mose 11,18 (Elberfelder Übersetzung) spricht davon, Gottes Wort „auf Herz und Seele zu legen“. Kolosser 3,16 (Lutherbibel) sagt, dass wir das Wort Christi *„reichlich unter uns wohnen“* lassen sollen. Was zuinnerst in mir ist, was bei mir so zu Hause ist, dass es in mir wohnt, das dringt schließlich durch meine Gedanken, Worte und mein Verhalten auch nach außen. Vor allem Krisensituationen zeigen das: In ihnen offenbart sich, was wirklich in mir ist.

Damit mein Leben, Reden und Handeln wirklich von Christus geprägt, kontrolliert und erneuert werden, muss dieser innerste Kern meiner Persönlichkeit von Christus und seinem Wort erreicht werden. Sonst bleibt jede Veränderung in meinem Leben bloße Fassadenrenovierung, antrainiertes Verhalten und Reden, das nicht wirklich in meinem Herzen verankert ist.

Thomas Härry

12. Februar

Die Kunst, freundlich zu sein

Wenn wir unsere Selbstsucht und unsere Dummheit anerkennen, versöhnen wir uns mit dem Schwindler in uns und geben zu, dass wir arm und zerbrochen sind; wären wir es nicht, so wird uns klar, dann wären wir Gott. Die Kunst, freundlich zu sich selbst zu sein, führt dazu, auch anderen freundlich zu begegnen – und ist eine natürliche Vorbedingung dafür, im Gebet in Gottes Gegenwart zu treten.

Brennan Manning

13. Februar

„Seid stille und erkennt, dass ich Gott bin“

(Psalm 46,11; Lutherbibel)

Es ist ganz natürlich, dass wir in Panik geraten, wenn wir in eine Krise kommen. Wir rennen herum wie aufgescheuchte Hühner, unsere Gedanken überschlagen sich, und wir handeln oft unüberlegt. Gerade in solchen Situationen müssen wir lernen, innerlich zur Ruhe zu kommen, denn nur dann können wir die sanfte Stimme hören, die immer und immer wieder zu uns sagt: „Ich bin Gott, ich bin Gott, ich bin Gott.“ Diese Stimme erinnert uns daran, dass nicht wir Gott sind, sondern er, und das ist auch gut so.

James Smith

14. Februar

Direkte Ansprache

Gott ist Person. Sein Wort ist personhaftes Reden, das mich in eine Begegnung hineinführen will. Gottes Wort will nicht ins Hirnarchiv Nr. 1894 aufgenommen und gespeichert werden. Es will in mein Herz, in die Mitte des eigentlichen Menschseins, hineintreten, mich in die Auseinandersetzung mit Gott bringen und mich verändern. Erst diese Begegnung erlaubt es dem Wort Gottes, mein Herz zu bilden und umzuformen. Mein Herz, das nach dem biblischen Menschenbild mich als ganze Person umfasst: meine Gefühle, mein Verlangen und Begehren, meine Vernunft und mein Denken, mein Wollen und Planen. Ich kann mich bei der Meditation des Wortes Gottes fragen: Was lief in meinem Herzen ab? Welche Regungen und Strebungen dominierten? Genau dort hinein will Gottes Wort kommen, mich darin ansprechen und verändern.

Thomas Härry

15. Februar

Gebet eines Bedrängten

„Lass sich freuen alle, die auf dich trauen; ewiglich lass sie rühmen, denn du beschirmest sie. Fröhlich lass sein in dir, die deinen Namen lieben! Denn du, Herr, segnest die Gerechten, du deckest sie mit Gnade wie mit einem Schilde“ (Psalm 5,12-13; Lutherbibel).

Dankbar zu sein für ein nicht erhörtes Gebet, auch in einem Zustand innerer Verzweiflung Dank zu sagen, auf die Liebe Gottes zu vertrauen auch angesichts von Wunden, grausamen Lebensumständen, Obszönitäten und der zermürbenden Alltagsroutine heißt, in die Dunkelheit einen Lobgesang zu flüstern.

Brennan Manning

16. Februar

Die Heiligkeit Gottes

Gewiss ist es ein Geschenk, dass wir uns heute vieles leisten können und die Möglichkeiten zur persönlichen Entwicklung weit gefächert sind. Aber wir machen auch die Erfahrung, dass unsere Wünsche unersättlich sind. Ist das eine erreicht, meldet sich ein neues Bedürfnis, ein neuer Anspruch, eine neue Herausforderung. Auf die Dauer ist diese Form von Lebensgestaltung nicht beglückend. Obwohl wir immer mehr erleben, mitnehmen und an Eindrücken gewinnen, verlieren wir uns selbst, und der Wunsch nach weiterer Zerstreuung greift mächtig nach uns.

Die Betrachtung der Heiligkeit Gottes hat darauf eine sehr heilsame Wirkung. „Ein Tag in deinen Vorhöfen ist besser als sonst tausend“, sagt der Psalmist (Psalm 84,11; Lutherbibel). Wenn Gottes Heiligkeit offenbar wird, verliert all das, was uns sonst mit Glanz und Verlockung in seinen Bann ziehen will, seine Faszination. Gott in seiner heiligen Einmaligkeit anzubeten befreit aus vielerlei Zwängen. Das Große wird uns wirklich groß und das Kleine wird endlich klein. Darum ist es gerade für uns Christen, die wir in einer stark konsumorientierten Umwelt leben und viel unter Überlastung leiden, bedeutsam und beglückend, Gottes Heiligkeit zu bewundern. In diesem Anschauen der Herrlichkeit Gottes kommen die menschlichen Sehnsüchte zur Ruhe, sie verlieren ihre drängende Macht.

Arne Völkel

17. Februar

„Und ich sage euch: Bittet, so wird euch gegeben; suchet, so werdet ihr finden; klopft an, so wird euch aufgetan“

(Lukas 11,9; Lutherbibel)

Jesus hat uns versprochen, dass Gott uns das geben wird, was wir brauchen. Wenn wir im Glauben zu Gott kommen, dann wird er uns nicht wegschicken. Wenn wir bitten, dann werden wir empfangen. Die Antwort sieht vielleicht anders aus, als wir erwartet haben. Gott ist zu gnädig, um uns alle unsere Bitten zu erfüllen. Wenn ich auf die letzten Jahre meines Lebens zurückblicke, dann stelle ich fest, dass viele meiner Gebete einfach unweise waren. Ich bin dankbar dafür, dass Gott nicht auf jedes Gebet so antwortet, wie wir uns das vorstellen.

James Smith

18. Februar

Beten wie ein Kind

Beten war einfach, als wir noch Kinder waren. Keine Hemmungen, keine Regeln, keine Klischees und keine korrekten Formulierungen; wir beteten einfach, was uns in den Sinn kam. Ein Kindergebet, das ich am liebsten mag, lautet so:

Lieber Jesus,

ich danke dir, dass du jeden Karfreitag für uns am Kreuz stirbst.
Du musst wirklich froh sein, wenn das Wochenende wieder vorbei ist.

Danke.

Anita, 11 Jahre

Kinder sagen Gott, was sie denken. Sie sind einfach, ehrlich und direkt. Wenn es ihnen jemand vormacht, verstehen sie, dass Gott sie hört und dass Gebet sehr wichtig ist. Wenn wir erwachsen werden, verblasst für uns die Bedeutung des Gebets. Wenn Sie und ich wieder wie Kinder werden wollen, dürfen wir das Gebet nicht vergessen.

Mike Yaconelli

19. Februar

Geistlicher Subjektivismus

Ich bin mir bewusst, dass das auf mein persönliches Leben bezogene Lesen von Gottes Wort mit einer bestimmten Gefahr verbunden ist: mit der Gefahr des geistlichen Subjektivismus. Man sucht in Gottes Wort dauernd nach spezieller, direkt auf die eigene Situation zugeschnittener Offenbarung Gottes. Man verwechselt Gottes Reden mit eigenen Wünschen und Erwartungen. Dann müssen zum Beispiel biblische Aussagen für „Gottes Reden an mich“ herhalten, die eigentlich ganz andere Dinge bedeuten und aussagen, als ich daraus herauslese.

Ich beobachte, dass die Bibel für viele Christen nicht viel mehr ist als ein Orakelbuch, aus dem sie sich Bestätigung für eigene Gedanken und Entscheidungen erhoffen. Es ist wichtig, dass ich mir dieser Gefahr bewusst bin, denn sie führt in dieselbe Sackgasse wie ein rein rationales, wissenschaftliches und technisches Arbeiten mit der Bibel. Ich selber „mache etwas“ mit Gottes Wort, anstatt dass Gott durch sein Wort an mir handelt. Deshalb ist es ein Ausdruck meiner Bereitschaft, mich unter die Autorität Gottes zu stellen, wenn ich beim Lesen der Bibel die Grundlagen einer gesunden Bibelinterpretation beachte. Ich frage also nicht: Was will ich hören? Was sagt mir meine eigene subjektive Interpretationsbrille? Um verstehen zu können, was Gott mir sagen möchte, muss ich bei dem bleiben, was mir der biblische Autor sagen wollte. Wer hier unsicher ist, dem hilft die Lektüre eines Hilfsmittels, das mit Regeln und Leitlinien zum Verstehen mit den verschiedenen Literaturformen der Bibel vertraut macht.

Thomas Härry

20. Februar

So nah wie möglich

Der tiefste Wunsch unseres Herzens ist die Gemeinschaft mit Gott. Vom ersten Augenblick unseres Lebens an sehnen wir uns danach, den eigentlichen Sinn unseres Lebens zu erfüllen – „ihn klarer zu erkennen, tiefer zu lieben und ihm näher zu folgen". Wir sind für Gott geschaffen, und nichts weniger kann uns letztlich zufrieden machen. C. S. Lewis konnte sagen, er sei „überrascht von Freude", gepackt von einem Wunsch, der „alles andere, was je geschehen war, im Vergleich dazu unwichtig" machte. Unser Herz wird immer unruhig sein, bis es in ihm ruht. Ein Weg, um auf Gott zu antworten, ist zu beten. „Das Gebet ist im Wesentlichen der Ausdruck eines Herzens, das sich nach Liebe sehnt. Es ist nicht so sehr eine Aufzählung unserer Wünsche als vielmehr das Ausatmen unseres tiefsten Wunsches, nämlich so nah wie nur möglich bei Gott zu sein" (Jeffrey D. Imbach: The Recovery of Love).

Brennan Manning

21. Februar

„Christusorientiert" beten

Gebet ist in erster Linie ein Ausdruck der Beziehung. Viele unserer Gebete sind dagegen ganz und gar von der Sache bestimmt, um die wir beten. Alles Sehen und Erwarten konzentriert sich darauf, ob Gott uns tut, worum wir ihn bitten.

Christus erwartet gezieltes Gebet. Er möchte uns in der anhaltenden und drängenden Gebetshaltung Davids antreffen, die auch um Erhörung ringt. Unsere Bitten sollen nicht im globalen Nebel verschwimmen. Im Kern jedoch geht es nicht um die Sache, um eine Bitte, um bestimmte Hoffnungen und Erwartungen. Zentral ist, dass unser Beten die Beziehung zu Gott sucht und ausdrückt. Diese Beziehung will sich natürlich in der Gebetserhörung wieder finden, aber die Beziehung geht auch mit dem Ausbleiben des Erhofften nicht verloren. Das ist der Unterschied zwischen „sachgerichtetem" und „christusorientiertem" Beten. Die Gebetserhörung wird nicht mehr zum Prüfstein für Gottes Liebe und Treue, sondern unser Beten zielt auf die Gemeinschaft mit Gott.

Arne Völkel

22. Februar

Hör mir zu!

Wenn wir Gott hören wollen, brauchen wir nicht die richtige „Technik“, sondern die Beziehung zu ihm muss stimmen! Eine offene, vertrauensvolle und wahrhaftige Beziehung ist gefragt. Sie ist eine grundlegende Voraussetzung, um in eine hörende Beziehung zu Gott treten zu können. Es geht nicht darum, etwas oder viel über Jesus zu wissen, um einen „Es-ist-so-und-so-Glauben“, sondern darum, ihn zu kennen und ihm zu vertrauen – um einen „Du-Glauben“. Es geht nicht darum, viel für Jesus zu tun, sondern darum, an seiner Hand zu folgen.

Werner May

23. Februar

Die Balance ist das Geheimnis

In der Stille können wir Gott begegnen, und deswegen ist es sinnvoll, stille Zeiten zu nutzen und einzubauen in unser Leben. Wir brauchen diese Zeiten der Liebe allein mit ihm. Aber wir brauchen auch die Zeiten echter Gemeinschaft miteinander, wo andere das Wort von Gottes Liebe in unser Leben hineinsprechen.

Astrid Eichler

24. Februar

Verschiedene Rollen, die wir leben

Wir haben im Laufe des Tages oder einer Woche die verschiedensten Rollen zu spielen. Dauernd müssen wir von einer Rolle zur anderen umschalten. Einmal sind wir Vater oder Mutter, dann Ehepartner, Freunde im Bekanntenkreis, dann Vorgesetzte im Kollegenkreis, dann Untergebene gegenüber anderen, dann Hauskreisleiter, Mitarbeiter in der Gemeinde usw. Von einer Rolle schalten wir um zur anderen. Das ist unser normaler Alltag.

Bei Gott spiele ich auch eine Rolle. In seinen Augen bin ich seine geliebte Tochter, sein geliebter Sohn. Er sagt zu mir: „Fürchte dich nicht, denn du bist mein“ (Jesaja 43,1; Lutherbibel). Diesen Gedanken kenne ich, und ich freue mich darüber, dass ich „diese Rolle“ in Gottes Augen spielen darf. Leider wissen das viele Christen nur im Kopf. Es rutscht nicht ins Herz und hat deshalb in ihrem stressreichen Alltag kaum eine Bedeutung.

Das soll und das kann sich ändern. Und zwar so, dass ich von den verschiedenen Rollen, die ich vor Menschen spiele, immer einmal umschalte zu der Rolle, die ich bei Gott habe. Denn zuerst bin ich der geliebte Mensch von Gott her. Das durchzieht und prägt mein Leben. Und von dieser Grundprägung, dieser Grundvoraussetzung meines Lebens aus kann ich dann die anderen Rollen meines Lebens gestalten. Von Gott beziehe ich meine Ruhe und den inneren Frieden im Alltag.

Günther Schaible

25. Februar

„Drandenker"

Ein „Drandenker" ist ein Bild oder Symbol, das ich so aufstelle, dass es mich in meinem Alltag immer wieder an bestimmte Personen oder Sachen erinnert. So stellen viele Menschen ein Bild ihres Lebenspartners oder ihrer Familie auf ihren Schreibtisch. Andere tragen ein Kettchen mit einem Kreuz um ihren Hals. Wieder andere haben ein Bibelwort auf dem Armaturenbrett ihres Autos. Viele Christen haben einen Fisch an der Heckscheibe ihres Autos angebracht.

Als junger Christ habe ich mir einen Knoten ins Taschentuch gemacht und mir vorgenommen, wenn ich diesen Knoten im Taschentuch bemerke, dann will ich kurz anhalten und mir bewusst machen: Gott ist jetzt inmitten der Hektik dabei.

Diese „Drandenker" sind Erinnerungszeichen, wertvoll für meinen Alltag. So ist es gut, wenn ich mir selbst „Drandenker" schaffe, von denen ich mich inmitten des Alltags erinnern lasse, dass Gott jetzt gerade mit seiner Hilfe und Wertschätzung dabei ist. Er ist dabei in guten und weniger guten Zeiten. Wenn ich mir dies immer wieder bewusst mache, ist dies wie ein kurzes „Atemholen meiner Seele" – eine spirituelle Insel.

Günther Schaible

26. Februar

Das Gebet des Loslassens

Mein Unvermögen gebe ich Gott, meine Niedergeschlagenheit und meinen Frust. Ich lasse den Ärger los, dass ich wieder einmal versagt habe. Ich flüchte in die Arme des Vaters und „heule mich bei ihm aus“. Die Angriffe der Menschen gebe ich ihm, meine Schuld überlasse ich ihm und auch meine innere Unruhe. Diese Dinge, mit denen ich nicht fertig werde, sind beim Vater gut aufgehoben. Er will sich darum kümmern.

Günther Schaible

27. Februar

Das Gebet des Empfangens

Ich will neu Kraft und Hilfe von Gott empfangen. Ich erbitte seine Ruhe und seinen Frieden für mich. In schwierigen Situationen will ich seine Liebe und Geduld empfangen. In unklaren Situationen brauche ich seine Führung. Jakobus sagt: „Ihr habt nichts, weil ihr nicht bittet“ (Jakobus 4,2; Lutherbibel). Es ist immer wieder eine große Herausforderung für mich, zu überlegen, was ich gerade brauche und mir von Gott schenken lassen will. Oftmals fällt mir wenig dazu ein, denn als „guter Schwabe“ habe ich ja alles. Da fordert Jesus mich immer wieder neu heraus mit seiner Frage: „Was willst du, das ich dir tun soll?“ (Markus 10,51; Lutherbibel). Ich möchte von Gott seine Gaben erbitten, für mich, aber auch für andere Menschen.

Günther Schaible

28. Februar

Ein Gebet aus der Krise

Herr, offenbare du die Wurzel all dessen, was mir Not macht. Herr, du brauchst mich nicht zu schonen. Ich bin bereit, dass du hineingreifst in die Tiefen meines Wesens, meines Lebens. Ja, ich bitte dich darum, dass du so zugreifst, dass du scheidest Seele und Geist, dass du tötest, was mich sonst zu Tode bringt.

Herr, ich bitte dich darum, dass du Offenbarung schenkst über die Wurzel allen Übels, dass du alles Übel aufdeckst und mich anrührst in der Tiefe meines Wesens zum Heil.

Ich bitte dich darum, dass du erneuerst mein Leben mit dir, dass du mich zurückziehst in die Unmittelbarkeit eines kindlichen, liebenden und vertrauenden Verhältnisses zu dir.

Herr, bitte handle du als Heiler und Befreier an mir, an meinem ganzen Wesen und Leben, an Leib, Seele und Geist.

Bring mich neu in Einheit mit dir, in den Einklang mit dem Heiligen Geist, in die Liebesbeziehung zu Jesus.

Vater, du hast mir sagen lassen, dass ich bei dir ruhen darf. Bitte lass mich tiefen Frieden finden in deinem Heil, das du mir schenkst durch dein heilendes und befreiendes Handeln ...

Astrid Eichler

1. März

Vertrau mir!

Wir alle treffen Entscheidungen, täglich, stündlich. Es gibt große Entscheidungen und kleine. Die Berufswahl hat eine andere Entscheidungsqualität als die Wahl einer neuen Software für den Computer. Auch Jesus stellt uns vor eine Entscheidung. Will ich seinen Worten so viel Vertrauen schenken, dass sie mein Leben nachhaltig beeinflussen dürfen: ja oder nein? Das Besondere dieser Entscheidung: Man sieht ihre Auswirkungen nicht unmittelbar, sondern erst im Lauf der nächsten Jahre, vielleicht sogar erst am Ende des Lebens. Gottes Willen bewusst ablehnen oder einfach nicht tun: Beides hat eine verhängnisvolle Langzeitwirkung. Ich kann mich aber auch entschließen zu tun, was Gott mir sagt – die positiven Ergebnisse werden nicht ausbleiben.

Karl Albietz

2. März

Gesetzesbrecher

Die religiösen Autoritäten beschuldigten Jesus, immer und immer wieder die Regeln zu brechen. Sie sagten unmissverständlich, dass ein Messias keine Aussätzigen berühren, keine Arbeit am Sabbat tun, keiner Ehebrecherin vergeben und sich nicht mit „Sündern" abgeben dürfe. Doch Jesus zeigte ebenso unmissverständlich: Dieser Messias berührt Aussätzige und vergibt Ehebrechern. Dieser Messias ist ungezähmt und dient seinem Vater mit ganzer Hingabe.

Jesus war der Gesetzesbrecher, weil er mit dem Gesetzgeber eins ist. Er allein entscheidet, welche Regeln und Gesetze gut und welche Unsinn sind. Deshalb folgen wir Christus mit aller Hingabe, wohin er uns auch führt. Er lässt uns wissen, welche Regeln wir zu befolgen und welche wir zu brechen haben.

Mike Yaconelli

3. März

Echte Spiritualität

Zur Zeit Jesu mussten Aussätzige, Prostituierte und Zöllner besonders sorgfältig Abstand von den Rabbis halten, die Gott angeblich besonders nahe standen. Die Rabbis gingen fälschlicherweise davon aus, dass ihre Spiritualität von ihnen verlangte, Abstand von den Menschen zu halten. Paradoxerweise stellte sich dann heraus, dass der einzige Rabbi, den die Ausgestoßenen berühren durften, Gott selbst war.

Jesus war der am leichtesten zugängliche Mensch, den sie jemals gesehen hatten. Die religiösen Führer hatten eine Andersartigkeit an sich, die die Menschen abstieß. Jesus hatte eine Andersartigkeit an sich, die die Menschen anzog. Das ist echte Spiritualität.

John Ortberg

4. März

Das Gebot der Liebe

Der Dienst für Gott bedeutet mehr, als nur Gebäude zu bauen oder Menschen zu Jesus zu führen. Er bedeutet, Gott zu kennen und der Mensch zu sein, den er aus mir machen möchte. Als er nach dem größten Gebot gefragt wurde, begann Jesus nicht etwa mit den Worten „Liebe deinen Nächsten wie dich selbst", sondern so:

„Liebe den Herrn, deinen Gott, von ganzem Herzen, von ganzer Seele und mit all deiner Kraft."

Wayne Gordon

5. März

Aus dem Boot aussteigen

„Petrus aber antwortete ihm und sprach: Herr, bist du es, so befiehl mir, zu dir zu kommen auf dem Wasser. Und er sprach: Komm her! Und Petrus stieg aus dem Boot und ging auf dem Wasser und kam auf Jesus zu“ (Matthäus 14,28-29, Lutherbibel).

Jesus hält immer noch nach Menschen Ausschau, die aus dem Boot steigen. Damit ist nicht gesagt, dass Jesus Draufgängertypen oder Adrenalinsüchtige sucht, die Risiko um jeden Preis wollen. Er will nicht, dass wir mit Bungeejumping, Riverrafting und Drachenfliegen beginnen. Matthäus hat diese Geschichte vermutlich geschildert, damit wir besser verstehen, was es heißt, Jesus nachzufolgen. Es geht um den Wunsch im Herzen des Jüngers, den Matthäus in Vers 28 deutlich herausstellt: „Herr, befiehl mir, zu dir zu kommen ...“ Es ist der Herzenswunsch eines echten Jüngers, den Ruf seines Herrn zu hören und ihn dann auszuführen.

Vielleicht fragen Sie sich, was es heißt, aus dem Boot zu steigen. Es klingt aufregend. Ich wäre bereit – aber was soll ich jetzt tun? Das, worauf es ankommt, ist die bewusste Entscheidung, Jesus nachzufolgen. Zu Jesu Zeit war das ein ganz praktischer Schritt. Die Menschen verließen buchstäblich, was sie gerade taten, und folgten ihm einfach dorthin nach, wohin er ging. Heute haben wir es da schon etwas schwerer. Neulich hörte ich eine Definition für Jüngerschaft heute:

Ein Jünger ist jemand, dessen größtes Ziel es ist, so zu leben, wie Jesus leben würde, wenn er an meiner Stelle wäre.

John Ortberg

6. März

Spiritueller Materialismus

Christus in uns – diese neue Identität, die wir in ihm haben, mag wohl unsere Wertvorstellungen etwas auf den Kopf stellen, aber er will uns nichts überstülpen, im Gegenteil. Christus in uns, das entspricht unserem eigentlichen Wesen, wie es ursprünglich gemeint war. Das kleine Ego mit seinem bis ins Geistliche hineinreichenden Besitzstreben ist es, das uns in eine Fremdherrschaft zwingen will. Vielleicht haftet unseren geistlichen Gaben ja noch so ein Dünkel an. „Ich habe was, was du nicht hast“ oder, schlimmer noch, „Ich bin geistlicher als der Rest der Welt“ – was in ebendem Rest der Welt dann zu Recht Widerstände weckt. Ich weiß nur zu gut um solcherlei Versuchungen. Jemand sprach in diesem Zusammenhang mal von „spirituellem Materialismus“. Auch hier gilt es, echt zu werden, uns unserer gemischten Motive bewusst zu werden und damit im Blickkontakt mit ihm zu bleiben. Selbst unser geistlicher Hochmut – wenn wir ihn wahrhaben wollen – kann uns letztendlich nur in die Armut vor Gott treiben.

Regina Laube

7. März

Schattenseiten

In der Apostelgeschichte gibt es eine merkwürdige Notiz, die ich früher immer den Primitivformen des Glaubens zugerechnet habe. Heute denke ich anders. Da wird berichtet, dass Kranke so in Stellung gebracht wurden, dass – wenn Petrus vorbeikommt – wenigstens sein Schatten auf sie fällt. So wird es in Apostelgeschichte 5,15 beschrieben. Heilung durch einen „Schatten"? Vielleicht ist dieser merkwürdige Hinweis, wie so oft bei biblischen Texten, auch sinnbildlich zu verstehen. Bis heute ist es ja so, dass uns an Petrus gerade sein „Schatten" tröstet. Immer wieder wird freimütig berichtet, welche Brüche sich ereignen:

Er wagt sich hinaus aufs Wasser – und versinkt in den Fluten und schreit um sein Leben. Er findet bekenntnisstarke Worte für Jesus, und wenig später muss der ihn in die Schranken verweisen. Er will Jesus mit dem Schwert verteidigen, und dann verrät er ihn auf jämmerliche Art und Weise. Er will Heidenchristen nahe sein und die Freiheit des Evangeliums leben, und wenig später distanziert er sich, weil er Angst hat vor den Rechtgläubigen aus der Heimatgemeinde und dem, was sie eventuell berichten könnten.

Zu Petrus gehören helle und dunkle Seiten. Offensichtlich hat er diese dunklen Seiten nicht versteckt, sondern offen gezeigt. Petrus ist damit auch für uns eine Ermutigung: Gott hat uns erlöst. Er hat uns so angenommen, wie wir sind.

Herbert Krause

8. März

Niemand wird der Alte bleiben

Folgen wir lediglich unseren Charaktereigenschaften und den Impulsen, die in der Verlängerung unserer Wesenszüge liegen, werden wir wahrscheinlich nicht erfahren, was Jesus uns geben will. Laufen wir unseren Charaktereigenschaften einfach nur hinterher und lassen ihnen freien Lauf, ohne uns damit geistlich auseinander zu setzen, werden wir mit ihnen untergehen oder vor Langeweile verkümmern. Gottes Heiliger Geist will uns nach und nach zu einer Lebenshaltung befähigen, in der wir nicht blind angeborenen Veranlagungen folgen, sondern unsere Charaktereigenschaften heiligen und für Christus brauchbar machen. Wir dürfen dabei Geduld mit uns haben. Entscheidend ist, dass wir auf dem Weg bleiben und Gottes Liebe und uneingeschränktes „Ja" zu uns annehmen. Denn darin nehmen wir auch uns selber an. Veränderung unserer Person ist immer eine Folge der Begegnung mit Jesus. Wo er durch seinen Heiligen Geist in unserem Leben wirkt, bleibt niemand der Alte.

Arne Völkel

9. März

Urheber unserer Errettung

Es ist kein Zufall, dass der Schreiber des Hebräerbriefes Jesus in Kapitel 2,10 als den „Urheber unserer Errettung“ beschreibt. Wiederum in Kapitel 12,2 ist Jesus der „Anfänger und Vollender unseres Glaubens“. Wenn wir auf Jesus sehen, erfahren wir, was es bedeutet, auf dem Weg zu überfließendem Leben zu sein. Jesus befreite seine Jünger von der Tyrannei des Gesetzes. Er tat dies nicht, indem er das Gesetz abschaffte oder änderte, sondern dadurch, dass er es von der ersten Stelle heruntersetzte, es relativierte; er unterstellte es der Liebe und dem Erbarmen und machte es zum Gesetz des Geistes.

In Römer 7,1-6 macht Paulus klar, dass wir in Christus nicht mehr unter der Vorherrschaft des Gesetzes sind. So wie eine Frau durch den Tod ihres Mannes nicht mehr an das Eheversprechen gebunden ist, so ist das Leben des Christen, vom auferstandenen Christus durch den Geist frei gemacht, nicht mehr an den Buchstaben des Gesetzes gebunden. In Galater 3 streitet Paulus vehement gegen die Auffassung, dass der Mensch, der das Gesetz befolgt, gerettet ist. Nein, sagt Paulus. Der Christ, mit dem auferstandenen Christus vereint, ist dem Gesetz gestorben, vom Gesetz frei gemacht, ein für alle Male befreit. Des Christen Berufung ist die Berufung zur Freiheit. Freiheit ist der Eckpfeiler des Christseins.

Brennan Manning

10. März

Keine Panik!

Neulich konnte ich nachts nicht schlafen. Alle möglichen Gedanken beschäftigten mich – vor allem die berühmten „Was, wenn“-Überlegungen. Was, wenn ich etwas nicht bekomme, das ich so verzweifelt brauche? Es waren sehr laute Stimmen. Und ihre Befürchtungen waren nicht völlig aus der Luft gegriffen: Böse Dinge können passieren. Aber solche Gedanken führen nicht zum Leben. Nicht lange danach las ich den Bericht von Jesus und den Jüngern im Sturm. Die Jünger gerieten in Panik, weil Jesus schlief. Und da dämmerte mir eine Erkenntnis: Es gab eine Erfahrung, die Jesus nie gemacht hatte. Er hatte praktisch jede menschliche Empfindung durchgemacht – Trauer, Freude, Schmerz. Er war müde gewesen, wütend und hoffnungsvoll. Doch es gab eines, was er nie erlebt hatte: Er geriet nie in Panik. Und in diesem Moment wurde mir klar, dass Gott niemals völlig verzweifelt ist.

Menschen sprechen manchmal davon, dass sie Gottes Stimme erkennen, wenn er zu ihnen spricht. Das versteh ich nicht so ganz. Aber ich weiß, dass man die Stimme einer Person kennen lernt, wenn man ihre ganz eigene Qualität und den Tonfall mehrmals gehört hat. Gottes Stimme ist niemals panisch. Wenn Sie verzweifelte Gedanken hören, dann können Sie sicher sein, dass es nicht Gott ist, der da redet. Sie dürfen in zuversichtlicher Demut warten.

John Ortberg

11. März

Jünger Jesu

Die Kirchen sind heute voll mit Menschen, die nie aufgefordert wurden, Jünger Jesu zu werden. Ein Christ sein bedeutet heute meist, zur Kirche zu gehen und in den Himmel zu kommen, wenn man stirbt. Der Dienst der Kirche dreht sich darum, „den letzten Schliff zu verleihen" und meine Probleme zu lösen (Eheprobleme, Not und Leid, Argumente für den Glauben ...), aber nicht um Jüngerschaft.

Im Neuen Testament bedeutet Jüngerschaft, in unserem täglichen Leben ein Schüler oder Lehrling Jesu zu sein. Ein Jünger ist einfach jemand, der beschlossen hat, mit einer anderen Person zusammen zu sein, um das zu lernen, was diese Person tut, oder um das zu werden, was diese Person ist. Was tut Jesus, das ich als sein Jünger auch lernen kann? Die Antwort finden wir in den Evangelien: Er lebt im Reich Gottes. Von diesem Reich macht er zum Nutzen der Menschen Gebrauch und verschafft ihnen sogar selbst Zugang dazu.

Dallas Willard/Jan Johnson

12. März

Sehen und Hören

Eine Vision ist immer aus beidem geboren: aus dem Sehen und dem Hören. Gottes Stimme, sein Wort, steht am Anfang jeder wahren und beständigen Vision. Nur Sehen allein reicht nicht aus. Gott muss sprechen.

Jesus lehrte seine Jünger, mit neuen Augen zu sehen. Mit Augen des Glaubens. Mit Augen, die das Verheißene schon wahrnehmen konnten – lange bevor es überhaupt Wirklichkeit wurde. Wo sie nur Probleme sahen, Menschen, die am Ende waren, zerschlagen, zerstreut, lehrt Jesus sie ein anderes Sehen. Er sagt: Seht in die Ernte! Sie ist groß! Das Feld ist reif! Nicht die Lage ist unmöglich – sondern die Frage ist, ob sich Arbeiter finden, Menschen, die eine Vision haben für eine große Ernte. Für volle Scheunen. Für spielende Kinder und glückliche Eltern, die wissen, dass das Überleben gesichert ist.

Wir brauchen das wieder: Menschen mit Vision. Angesichts der Trostlosigkeit an vielen Stellen ist das vor allem vonnöten: Christen, die nicht aufgegeben haben, sondern von Gott Großes erwarten.

Je nachdem, wie wir uns die Zukunft ausmalen, so werden wir auch hier und heute denken, fühlen und handeln. Hier ist der Punkt, wo wir uns prüfen müssen: Was motiviert und begeistert uns noch? Können wir noch glauben, dass das Morgen anders und besser sein kann als das Gestern und Heute? Mit anderen Worten: Halten wir Gott noch für fähig und in der Lage, diese Welt zu erneuern?

Roland Werner

13. März

Konkrete Fragen

„Das ist mein Gebot, dass ihr einander liebt, wie ich euch liebe“ (Johannes 15,12 Lutherbibel).

Lasst uns die Anforderungen der Liebe konkret werden lassen:

Habe ich

- die Botschaft der Seligpreisungen befolgt?
- auf andere Menschen herabgesehen: weniger gebildete Menschen, Gruppen verschiedener Herkunft, Rasse, Klasse oder Religion?
- ältere Menschen verachtet? Nie versucht, sie ihren Wert als Person fühlen zu lassen?
- die persönliche Entwicklung anderer eingeengt?
- gesucht, anerkannt zu werden, ohne andere anzuerkennen?
- eine Verabredung sorglos vergessen oder nicht eingehalten?
- War ich zu beschäftigt, um für andere da zu sein?
- der Person, die mit mir sprach, keine Aufmerksamkeit geschenkt?
- geschwiegen, wenn ich hätte reden sollen?
- Freundschaft nur dort erwidert, wo ich mir davon Vorteile versprach?
- den Charakter von jemandem durch eine schädliche Bemerkung beschmutzt – ob sie nun wahr oder falsch ist?
- ein Vertrauen missbraucht, mich in die Angelegenheit anderer durch indiskrete Worte oder Taten eingemischt?

Und zuletzt: Werde ich, wenn ich es versäumt habe, angemessen auf diese Gewissensforschung zu antworten, sanft mit mir umgehen (wie der Meister es tut), meine Bedürftigkeit nach weiterer Veränderung annehmen und über meine Zerbrechlichkeit lächeln?

Brennan Manning

14. März

Einen Fuß vor den anderen ...

„Selbst Junge werden kraftlos, die Stärksten erlahmen. Aber alle, die auf den Herrn vertrauen, bekommen immer wieder neue Kraft, es wachsen ihnen Flügel wie dem Adler. Sie laufen und werden nicht müde, sie gehen und brechen nicht zusammen“ (Jesaja 40,30-31; Gute Nachricht).

Eines Tages gebar eine Frau einen Sohn, der dazu bestimmt war, alle Nationen zu regieren. Er sprach von einem Königreich, von dem alle träumten, aber kaum darauf zu hoffen gewagt hatten. Ich denke, dass es Zeiten im Leben Jesu gegeben hat – etwa als er auf dem Berg der Verwandlung war oder als er Lazarus von den Toten aufweckte –, in denen er segelte und so hoch aufstieg, dass ihm niemand folgen konnte. Zu anderen Zeiten war das Leben für ihn härter. Wenn er über Jerusalem weinte, wenn ihn die Begriffsstutzigkeit seiner Jünger frustrierte oder er Gegenwind von den religiösen Führern seiner Zeit bekam, musste er flattern. Doch wich er nicht vom Kurs ab, auch wenn es bergauf ging. Er lief und wurde nicht müde.

Auch als die Zeit für die Via Dolorosa nach Golgatha kam, segelte er nicht. Als das Kreuz auf seinen blutigen Rücken gelegt wurde, lief er nicht. Er ging, er stolperte und stürzte, er rappelte sich auf und ging ein Stückchen weiter. Manchmal können wir nur taumelnd weitergehen. Doch in solchen Zeiten ist das genug. Wenn das Leben am härtesten ist und wir am liebsten aufgeben würden, aber zu Gott sagen: „Ich bleibe dran. Ich setze einen Fuß vor den anderen, nehme mein Kreuz auf mich und folge Jesus auf diesem Weg“ – vielleicht weiß Gott unser Stolpern und Taumeln dann noch mehr zu schätzen als das Segeln und Laufen.

John Ortberg

15. März

Machen wir es wie Jesus!

Jesus ging am Ufer des Sees Genezareth und sprach zu den vielen Menschen, die sich dort versammelt hatten. Als er weiterging, sah er Levi, den Sohn des Alphäus, am Zoll sitzen. „Komm, folge mir nach!“, rief er ihm zu. Sofort stand Levi auf und ging mit ihm. Danach gab Levi ein großes Festessen. Dazu hatte er nicht nur Jesus und seine Jünger eingeladen, sondern auch viele von seinen früheren Kollegen und auch viele andere Leute, die einen schlechten Ruf hatten. Viele von ihnen waren zu Freunden Jesu geworden. Als aber einige Schriftgelehrte, die zur Partei der Pharisäer gehörten, Jesus in dieser Gesellschaft essen sahen, fragten sie seine Jünger: „Wie kann sich euer Jesus bloß mit solchem Gesindel einlassen?“ Als Jesus das hörte, antwortete er ihnen: „Die Gesunden brauchen keinen Arzt, sondern die Kranken. Meine Aufgabe ist es, Sünder in die Gemeinschaft mit Gott zu rufen, und nicht solche, die Gott bereits kennen“ (nach Markus 2, 13-17).

Machen wir es doch mal wie Jesus! Wir haben so viele Beispiele von Menschen, die etwas gut gemacht haben: Wir kennen Pastor Soundso. Wir kennen Buchautor XY und was er in dieser und jener Zeitschrift geschrieben hat. Wir sind interessiert an den Biographien der Gegenwart und der Vergangenheit. Wir haben viele Beispiele – nur Jesus kommt zu selten als gutes Beispiel vor. Aber machen wir es doch mal, wie er es hier getan hat. Zu den Menschen auf Tuchfühlung gehen, sich mit ihnen ihren Fragen stellen, mit ihnen leben. Um sie mit den Augen des Arztes zu sehen, als Menschen, die an ihrer Sündenkrankheit sterben werden. Gehen wir hin und begegnen den Menschen mit den Antworten der Bibel, die uns Christus ins Herz gibt. Mit der Antwort, die wir für uns selbst in Anspruch genommen haben, als wir angefangen haben zu glauben.

Klaus Otto

16. März

Demut

In den ersten Jahren meines geistlichen Dienstes lebte ich sehr intensiv mit Gott. Einmal verbrachte ich drei Tage mit Fasten und Beten. Nach diesen drei Tagen verspürte ich den dringenden Wunsch, einen Mann anzurufen, zu dem ich Vertrauen als Seelsorger hatte. Er wohnte ziemlich weit weg. Aber ich rief ihn trotzdem an und fragte ihn, ob er käme und für mich beten würde. Er kam. Ich war darauf eingestellt, vor ihm niederzuknien und ihn für mich beten zu lassen.

Stattdessen setzte er sich erst einmal vor mich hin und begann, mir seine Sünden zu beichten. Ich dachte: *Das sollte doch ich tun!* Nachdem er fertig war und ich ihm Vergebung zugesprochen hatte, sagte er: „Willst du immer noch, dass ich für dich bete?"

Mit einem Mal begriff ich, was er schon vorher erkannt hatte: Er wusste, dass ich ihn auf ein Podest gestellt und sein geistliches Leben bewundert hatte. Erst jetzt legte er mir die Hände auf und betete für mich.

Richard Foster

17. März

Gnade oder heimliches Gesetz?

Viele Christen haben ein falsches Verständnis von der Nachfolge Jesu. Sie sehen in Gott den strengen, strafenden und unbarmherzigen Gott, der uns Christen über unseren Willen hinweg zur Nachfolge zwingt. Wie oft (auch ich habe das früher praktiziert ...) habe ich schon Christen inbrünstig beten gehört: „Oh Herr, ich will dir nachfolgen – breche meinen Willen!“

Dieses Gebet sieht auf den ersten Anschein sehr demütig und heilig aus, scheint mir aber eine besondere Form von versteckter Religiosität, da dieser Weg nicht über die Gnade geht, sondern versucht, neu das Gesetz über unser Leben als Christ zu stellen. Dieser Irrweg ist schwer zu durchschauen, da beide, sowohl die Gnade als auch das Gesetz, das gleiche Ziel haben, nämlich die Erlösung des Menschen. Das Gesetz allerdings zwingt („Tu dies und das, und du wirst leben“), während die Gnade zieht („Lebe, und du wirst dies und jenes tun“) – ein großer Unterschied. Das Gesetz kommt aus dem Zwang, die Gnade resultiert aus der Freiheit heraus. Das Gesetz macht uns Menschen in Wirklichkeit niemals frei. Es ist uns Menschen gegeben worden, damit die Sünde in unserem Leben offenbar wird und wir einsehen müssen, dass wir uns aus eigener Kraft nie erlösen können. Begreifen wir das nicht, werden wir manche Dinge in unserem geistlichen Leben aus Angst vor Gott tun oder durch Druck, der von anderen religiösen Menschen ausgeübt wird, nach deren Anerkennung und Beifall wir uns sehnen.

Andy Treibenbacher

18. März

Gott wirkt durch Menschen.

Von Gott inspirierte Menschen haben Wirkung. So heißt es von der ersten Gemeinde: „... und fanden Wohlwollen bei dem ganzen Volk“ (Apostelgeschichte 2,47; Lutherbibel) oder „Doch das Volk hielt viel von ihnen“ (Apostelgeschichte 5,13; Lutherbibel). Die erste Gemeinde hatte Wirkung auf das Volk!

Ist das nicht auch zutiefst unsere Sehnsucht, dass unser Tun Wirkung hat? Dass Menschen zum Glauben kommen? Dass aus müden Christen lebendige, engagierte Mitarbeiter werden? Dass in unserer Gemeinde neues Leben entsteht? Dass sich meine Umgebung zum Guten hin verändert? Und dieser Wunsch entspricht ja zutiefst dem Auftrag, den wir von Jesus Christus bekommen haben: „Gehet hin in alle Welt und machet zu Jüngern alle Völker.“ Wenn wir die Bibel lesen, stellen wir fest, dass dieser Auftrag auf verschiedene Art und Weise erfüllt wurde: zum einen durch Hingehen und Predigen und zum anderen einfach dadurch, dass wir als Christen so überzeugend leben, dass andere sagen: „Da möchte ich dazugehören!“

Ulla Schaible

19. März

Liebe deinen Nächsten *und* dich selbst!

Jeder Mensch hungert und dürstet nach innerer Verbundenheit, sein Herz ist ein Schrei, geliebt und verstanden und nicht beurteilt und verurteilt zu werden, ein Schrei, als wertvoll und einzigartig anerkannt zu werden. Aber innere Verbundenheit hat auch ihre Erfordernisse. Man muss aus seiner Nussschale herauswollen, man muss verwundbar werden, um lieben und andere verstehen zu können, um jeden als einzigartig und unersetzlich anzuerkennen, mit ihm zu teilen und ihm Raum und Nahrung zu geben. Genau dort beginnen Leiden, Angst und – oft genug – die Unfähigkeit zu lieben.

Jesus ruft seine Jünger auf, sich gegenseitig zu lieben, wie er sie liebt, und nicht nur, wie man sich selber liebt. Er schlägt ihnen etwas Neues vor: die anderen zu lieben mit der Liebe Gottes, sie anzuschauen mit den Augen Gottes. Und wir können die anderen nicht so sehen und so lieben, solange wir selbst nicht die Erfahrung im Glauben gemacht haben, dass Jesus uns mit einer befreienden Liebe liebt. Erst dann können wir uns öffnen, verletzlich werden, in der Offenheit anderen gegenüber wachsen und unser Leben hingeben.

Jean Vanier

20. März

Erst hören – dann handeln

In Johannes 5,1-9 lesen wir die Heilungsgeschichte am Teich Bethesda. Es gab dort sehr viele Kranke. Sie haben gewartet, dass ein Engel kommt und das Wasser berührt. Der erste der Kranken, der dann ins Wasser ging, wurde geheilt. Es gab dort einen Mann, der seit 38 Jahren gelähmt war. Jesus heilt ihn und geht wieder. Ich habe mich gefragt, warum Jesus nicht auch all die anderen Menschen geheilt hat, die dort am Teich lagen. Auch mich hat mal jemand gefragt, wieso ich nicht gleich das ganze Krankenhaus leer bete, wenn ich doch daran glaube, dass Gott heilen kann. Ich wies ihn auf diese Stelle hin: Auch Jesus heilte nur einen einzigen Menschen. Man kann nicht einfach so in ein Krankenhaus gehen – es sei denn, Gott schickt einen dorthin. Warum heilte Jesus nur einen einzigen Menschen an jenem Tag? An anderen Tagen heilte er doch jeden, der zu ihm gebracht wurde! Die Antwort nennt Jesus in Vers 19: „Ich tue nur das, was ich meinen Vater tun sehe."

Hier liegt der Schlüssel für allen geistlichen Dienst. Es geht nicht um ein großes Programm, sondern darum, genau zu hören, was Gott uns sagt – und das zu tun. So hat Jesus seinen Dienst ausgeübt. In Bethesda hat er nur einen Menschen geheilt, weil sein Vater nur diese eine Heilung wollte. Damit wir Gottes Willen für unser Leben erfüllen können, müssen wir Gottes Stimme hören.

Jack Deere

21. März

Loblied des fröhlichen Herzens

An vielen Stellen singt die Bibel das Loblied des fröhlichen Herzens: „Ein fröhliches Herz macht ein fröhliches Angesicht; aber wenn das Herz bekümmert ist, entfällt auch der Mut" (Sprüche 15,13; Lutherbibel). Oder: „Ein fröhliches Herz tut dem Leibe wohl; aber ein betrübtes Gemüt lässt das Gebein verdorren" (Sprüche 17,22; Lutherbibel). In den Psalmen kommt das Thema Freude immer wieder vor – meist im Zusammenhang mit einer neuen Gotteserfahrung: „Der Herr ist meine Stärke und mein Schild; auf ihn hofft mein Herz, und mir ist geholfen. Nun ist mein Herz fröhlich, und ich will ihm danken mit meinem Lied" (Psalm 28,7; Lutherbibel). Freude und Fröhlichkeit sind geistliche Gegenmittel gegen Trauer und Klage: „Aber ich will mich freuen des Herrn und fröhlich sein in Gott, meinem Heil" (Habakuk 3,18; Lutherbibel). Sie haben ihren letzten Grund in der Freude Gottes: „Denn der Herr, dein Gott, ist bei dir, ein starker Heiland. Er wird sich über dich freuen und dir freundlich sein, er wird dir vergeben" (Zefanja 3,17; Lutherbibel).

An dieser Fröhlichkeit sollen auch andere teilhaben können: „Du sollst fröhlich sein über alles Gut, das der Herr, dein Gott, dir und deinem Hause gegeben hat, du und der Levit und der Fremdling, der bei dir wohnt" (5. Mose 26,11; Lutherbibel). Fröhlichkeit wird geradezu zu einem Kennzeichen des Lebens als Christ: „Seid fröhlich in Hoffnung, geduldig in Trübsal, beharrlich im Gebet!" (Römer 12,12; Lutherbibel), und wird mit anderen geteilt: „Freut euch mit den Fröhlichen und weint mit den Weinenden" (Römer 12,15; Lutherbibel).

Die Fähigkeit zur Freude ist eine direkte Folge eines erneuerten Denkens und veränderten Lebens, so schreibt es der Apostel den Christen in Rom. Sie soll das ganze Leben durchziehen: *„Seit allezeit fröhlich!"* (1. Thessalonicher 5,16; Lutherbibel)

Roland Werner

22. März

Werdet wie die Kinder!

„Lasst die Kinder zu mir kommen und wehret ihnen nicht; denn solchen gehört das Reich Gottes. Wahrlich, ich sage euch: Wer das Reich Gottes nicht empfängt wie ein Kind, der wird nicht hineinkommen“ (Markus 10,14-15; Lutherbibel).

Wenn wir so offen bleiben wie Kinder, dann hinterfragen wir festgefahrene Gedankengänge und etablierte Strukturen, auch unsere eigenen. Wir hören Menschen anderer Denominationen zu. Dann sehen wir nicht Dämonen bei denen, die anderer Meinung sind als wir. Wir fühlen uns auch zu Leuten hingezogen, die nicht unseren Jargon sprechen. Wenn wir offen sind, dann denken wir nicht eindimensional, in dem Bewusstsein, dass man Gottes Wahrheit nicht in kleinliche Definitionen sperren kann.

Brennan Manning

23. März

Diene nach dem Maß deines Glaubens!

In der Bibel gibt es eine interessante Faustformel für das Dienen: „Diene nach dem Maß deines Glaubens“ (vgl. Epheser 4,7). Nach meinem Verständnis bedeutet dieser Rat, dass in den unterschiedlichen Phasen unseres Lebens unser Herz mal größer und mal kleiner ist – aufgrund einer Vielfalt von Umständen –, und wir deshalb anderen nach dem Maß unseres Glaubens dienen sollen. Je nach unserer geistlichen Reife. Je nachdem, in welcher Verfassung wir gerade am derzeitigen Punkt unserer Entwicklung sind.

Wenn wir dabei das Maß unseres Glaubens überschreiten, wenn wir diese feine Grenze übertreten und uns exzessiv einsetzen, uns übertrieben kümmern – dann enden wir wahrscheinlich selbst am Straßenrand und brauchen die Hilfe eines barmherzigen Samariters.

Auch Jesus selbst kam in seinem Dienst für andere an Grenzen, wo er sagte: „Genug ist genug. Heute keine Heilungen mehr. Keine Speisungen. Keine Verkündigung. Keine Seelsorge. Meine Freunde und ich steigen jetzt in das kleine Boot da, fahren über den See und schlagen da für zwei, drei Tage irgendwo draußen unser Lager auf. Genug ist genug.“

Bill Hybels

24. März

Das Lamm Gottes

Jesus, das Lamm Gottes, ist würdig zu herrschen, weil er sein Leben für uns gegeben hat. Und seine Herrschaft besteht nicht in einer formellen Machtstellung, aus der heraus er sich die Menschen unterwirft; auch nicht in irgendwelchen autoritären Führungsansprüchen. Seine Herrschaft besteht in seinem *Leben*, das er für andere gegeben hat. Wir folgen ihm nicht, weil er unser Führer ist, sondern weil er es wert ist, dass man ihm nachfolgt. Sein ganzes Leben und Wesen sind so Vertrauen erweckend, dass wir als freie Menschen in Liebe darauf antworten und ihm unser Leben übergeben, ohne jede Angst, dass er unser Vertrauen missbrauchen und uns etwas Böses tun könnte.

Magnus Malm

25. März

In der Gegenwart des Auferstandenen die Nacht aushalten

Wenn Tragödien über uns hereinbrechen und wir taub sind für alles außer dem Schrei unserer eigenen Angst, wenn unser Mut zum Fenster hinausfliegt und die Welt ein feindseliger Ort scheint, dann ist das die Stunde unseres eigenen Gethsemane: Kein Wort, egal, wie ernst es gemeint ist, kann uns trösten oder beruhigen. Die Nacht ist schlimm: Unser Verstand ist wie betäubt, das Herz ist leer, die Nerven flattern. Wie sollen wir die Nacht überstehen? Und der Gott unserer einsamen Reise schweigt.

Aber gerade in diesen schwersten Anfechtungen unseres Lebens kann es dann geschehen, dass wir, über jede rationale Erklärung hinaus, zu spüren meinen, wie eine durchbohrte Hand nach der unseren fasst. Wir schaffen es irgendwie, durch die Nacht zu kommen, und die Finsternis macht dem Licht des Morgens Platz. Die Tragödie ändert die Ausrichtung unseres Lebens, aber in unserer Verletzlichkeit und Wehrlosigkeit erfahren wir die Kraft Jesu, des Auferstandenen, der auch jetzt gegenwärtig ist.

Brennan Manning

26. März

Die beste heiße Schokolade meines Lebens

Als ich zehn Jahre alt war, machten wir bei den Pfadfindern einen Ausflug, bei dem wir lernen sollten, den Kompass zu lesen. Wir waren je vier Jungen, die jeweils von einem älteren Pfadfinder geführt wurden. Man fuhr uns in die Berge und ließ uns an verschiedenen Stellen aussteigen. Es war zehn Uhr abends, der Himmel wolkenverhangen. Wir bekamen den Kompassstand, dem wir zu folgen hatten, und zogen los. Der Kompass würde uns zu einer Hütte bringen, wo heiße Schokolade und Plätzchen auf uns warteten.

Bald wurden unsere Taschenlampen immer schwächer, bis sie schließlich ganz ausgingen. Ohne Licht konnten wir den Kompass kaum ablesen. Eine Stunde sollte der Marsch dauern; nach zwei Stunden wussten wir, dass wir uns verlaufen hatten. Der älteste Pfadfinder behauptete, das habe er schon einmal gemacht (sich verlaufen, meinte er wohl ...), und führte uns in die vermeintlich richtige Richtung.

Plötzlich wurde der Boden direkt vor uns noch dunkler, was nur heißen konnte, dass es hier steil abwärts ging. War der Abgrund hundert Meter tief? Oder nur einen? Es war zu dunkel, um es zu sehen. Wir standen stocksteif da und warteten. Jemand musste diese steile, dunkle Kluft hinunterkriechen, um zu sehen, wie es da unten war. Alle sahen wir den Großen an. Der seufzte schließlich, setzte sich an den Rand des Abhangs und begann hinunterzurutschen, nicht ohne uns den unnötigen Rat zu geben zu bleiben, wo wir waren.

Eine Weile hörten wir, wie er durch das Gestrüpp nach unten rutschte – dann nichts mehr. Nach einer halben Ewigkeit hörten wir eine Stimme: „Okay“, rief er. „Kommt, ihr schafft das!“

Und wir schafften es. Noch nie hatte heiße Schokolade so gut geschmeckt.

Eines Tages werden wir am dunklen Rand der unsichtbaren Welt stehen. Aber wenn wir gut hinhören, werden wir die Stimme des großen Pfadfinders hören: „Okay, komm! Du schaffst das!“

Ronald Dunn

27. März

Jesus ist gegenwärtig

Für mich besteht die radikalste Herausforderung des christlichen Glaubens darin, den Mut aufzubringen und *Ja* dazu zu sagen, dass der auferstandene Jesus Christus auch jetzt gegenwärtig ist. Ich bin seit über achtunddreißig Jahren Christ, und ich habe miterlebt, wie der erste Schwung sich im langen, unspektakulären Alltag allmählich abnutzt. Ich lebe lange genug, um zu wissen, dass der Glaube öfter im Tal als auf den Höhen gelebt wird, dass er nie frei von Zweifeln ist und dass wir Gott, auch wenn er sich in der Schöpfung und der Geschichte offenbart hat, mit Gewissheit nur als den völlig Unbekannten kennen können. Kein Gedanke kann ihn erfassen, kein Wort ihn beschreiben; er ist größer als alles, was wir mit dem Verstand begreifen oder uns vorstellen können.

Mein *Ja* zur Fülle der Gottheit, wie sie im gegenwärtigen, auferstandenen Jesus Gestalt angenommen hat, ist ein ängstliches Ja, weil es so persönlich ist. In Traurigkeit und Verlassenheit, beim Tod meines Vaters im vergangenen Jahr, in Einsamkeit und Angst, im Bewusstsein des Pharisäers in mir und der Show des Hochstaplers ist *Ja* ein kühnes Wort, das nicht leichtfertig ausgesprochen werden kann.

Dieses *Ja* ist ein Akt des Glaubens, eine entschiedene, rückhaltlose Antwort auf den auferstandenen Jesus, der gegenwärtig und neben mir, vor mir, um mich und in mir ist. Es ist ein Ruf des Vertrauens, dass Jesus mir Sicherheit schenkt, nicht nur angesichts des Todes, sondern auch angesichts noch schlimmerer Drohungen, die meine eigene Bosheit ausdenkt; ein Wort, das nicht nur einmal gesagt, sondern in den ständig wechselnden Umständen des Lebens immer wiederholt werden muss.

Brennan Manning

28. März

Den Blick auf Jesus lenken

Wenn wir die Worte des auferstandenen Christus ernst nehmen: „Siehe, ich bin bei euch alle Tage, bis an der Welt Ende“ (Matthäus 28,20; Lutherbibel), dann sollten wir damit rechnen, dass er in unserem Leben tatsächlich gegenwärtig ist. Wenn unser Glaube lebendig ist und Strahlkraft hat, werden wir wach sein für die Augenblicke, Ereignisse und Gelegenheiten, in denen die Macht der Auferstehung in unserem Leben zum Tragen kommt. Wenn wir nur um uns selbst kreisen und nicht aufpassen, dann merken wir nicht, auf wie viele verborgene Weisen Jesus unsere Aufmerksamkeit gewinnen will. „Wir müssen es regelrecht lernen, auf die Ereignisse in unserem Leben Acht zu haben, damit wir die Hand Gottes oder das, was Peter Berger das Murmeln der Engel nennt, von allen anderen Einflüssen unterscheiden können“ (William Barry: God's Passionate Desire and our Response).

Brennan Manning

29. März

Jesus und Thomas

„Als Jesus kam, war Thomas, genannt der Zwilling, einer der zwölf Jünger, nicht dabei gewesen. Später erzählten ihm die anderen: Wir haben den Herrn gesehen! Thomas sagte zu ihnen: Ich werde es so lange nicht glauben bis ich die Spuren von den Nägeln an seinen Händen gesehen habe. Ich will erst mit meinem Finger die Spuren von Nägeln fühlen und meine Hand in seine Seitenwunde legen.

Eine Woche später waren die Jünger wieder im Haus versammelt, und Thomas war bei ihnen. Die Türen waren abgeschlossen. Jesus kam, trat in ihre Mitte und sagte: Ich bringe euch Frieden! Dann wandte er sich an Thomas: Leg deinen Finger hierher und sieh dir meine Hände an! Streck deine Hand aus und lege sie in meine Seitenwunde. Hör auf zu zweifeln und glaube, dass ich es bin! Da antwortete Thomas: Mein Herr und mein Gott!

Johannes 20,24-28; Lutherbibel

30. März

Thomas, der Zweifler?

Thomas, einer der Jünger, glaubte an Jesus; er vertraute ihm, folgte ihm nach und war bereit, für ihn zu sterben; aber er war von einer waghalsigen Neugier erfüllt. Als alle anderen sagten, sie hätten Jesus nach der Kreuzigung gesehen, war Thomas damit nicht zufrieden. Er wollte mehr. Er wollte Jesus berühren, ihn hören, sehen und umarmen. Die meisten Theologen haben Thomas einen Zweifler genannt. Sie haben seinem Fragen einen negativen Unterton gegeben: „der zweifelnde Thomas". Da kann ich nicht zustimmen. Thomas zweifelte nicht an Jesus, er sehnte sich nach ihm.

Neugier ist ein Hunger des Herzens, und weil Thomas stark, beherzt und freimütig war, besaß er die Kühnheit, schwierige Fragen anzusprechen. Es war nicht Schwäche, nicht glauben zu wollen, vielmehr konnte er sich nicht mit einem Glauben „aus zweiter Hand" zufrieden geben. Thomas war von dem Gedanken getrieben, die Wahrheit zu kennen, sich ihr zu stellen, mit ihr zu ringen, ihr so nah wie möglich zu kommen. Jesus kritisierte ihn nicht dafür. Er trug seiner Neugier Rechnung und legitimierte sie.

Kindlicher Glaube ist dem Glauben eines Thomas sehr ähnlich – er ist kühn, waghalsig, mutig und angriffslustig.

Mike Yaconelli

31. März

Waghalsige Neugier

Wenn Menschen Hunger nach Gott haben, ist jede Frage „richtig“. Neugier ist die unerkannte Frucht des Geistes, der heimliche Ausdruck der Gegenwart Gottes. Der Glaube öffnet unsere Augen und stellt uns vor eine neue Wirklichkeit – eine Wirklichkeit, die reich an neuen Einsichten und Erkenntnissen ist. Thomas war bereit, mit seiner kühnen Neugier einem ganzen Raum voller Jünger zu trotzen. Mutig und unerschrocken bot er seinen Freunden die Stirn und weigerte sich, seine Beziehung zu Jesus auf das aufzubauen, was die anderen dachten. Was ihn schließlich bremste, war die Bereitschaft Jesu, seine kühne Neugier ernst zu nehmen. Zwar war Jesus seinen Jüngern schon einmal erschienen, als Thomas nicht da war, aber eine Woche später zeigte er sich noch einmal, als Thomas dabei war, und forderte ihn direkt auf, ihn zu berühren, damit seine Fragen aufhören konnten und sein Glaube begann. In der Gegenwart Jesu ist Neugier willkommen, selbst wenn sie von einer anderen Stelle abgelehnt wird.

Mike Yaconelli

1. April

Gesalbt

„Doch ihr habt die Salbung von dem, der heilig ist, und habt alle das Wissen“ (1.Johannes 2,20; Lutherbibel).

Wenn wir in Christus sind, sind wir gesalbt. Wir haben die Salbung der bevorzugten Stellung eines Sohnes oder einer Tochter in der Familie Gottes, des Herrn über dieses Universum. Er hat uns ausgesondert aus allen Menschen dieser Erde zu einem ganz bestimmten Zweck. Und damit wir diese Bestimmung auch erfüllen können und als Hilfe, in dieser neuen Familie zu wachsen und uns weiterzuentwickeln, hat er uns mit der Kraft des Heiligen Geistes gesalbt, der in uns wirkt, wenn wir ihn annehmen und ihm unser Leben öffnen. Wir sind dabei nicht allein, sondern uns stehen Kraft und Vollmacht zur Verfügung, um aus dieser bevorzugten Stellung vor Gott heraus das zu tun, wozu wir auf dieser Welt sind, wozu Gott uns ausgesondert hat.

Bill Hybels

2. April

Komm!

Nichts deutet darauf hin, dass Petrus besonders ehrgeizige Pläne für sein Leben hatte. Er hatte die gleiche religiöse Erziehung genossen wie alle jüdischen Jungen. Durch die Beschneidung und die Unterweisung in Gesetz und Geschichte Israels war er ein vollwertiges Mitglied des Gottesvolkes geworden, nicht mehr und nicht weniger. Dass er von Beruf Fischer wurde, war in Kapernaum nur nahe liegend. Zusammen mit seinem Bruder Andreas und den Zebedäus-Söhnen Jakobus und Johannes, die er von Kind auf kannte, betrieb er ein Fischereiunternehmen, das ihm ein gesichertes Auskommen und Ansehen unter seinen Mitbürgern gab. Alle Weichen waren gestellt für ein gutbürgerliches Leben am See Genezareth. Der Wechsel der Jahreszeiten und der Jahreslauf der jüdischen Feste gaben dem Leben einen zeitlosen Rhythmus der Geborgenheit.

Aber dann kam jener Morgen, wo sie nichts gefangen hatten. Und der Mann, der da am Ufer stand und mit dieser warmen, vollmächtigen Stimme sagte: „Folgt mir nach; ich will euch zu Menschenfischern machen!“ (Markus 1,17; Lutherbibel)

Das ist die Berufung. Der Gott, der nichts bedarf, liebt seine Schöpfung so sehr, dass er buchstäblich zu ihr hingeht und sie zu sich ruft. Kein Wort davon, dass Petrus Heldentaten vollbringen soll – oder überhaupt Taten. Der einzige Einsatz, den er zu leisten hat, ist sein Leben. Jesu Ruf ist dieses einfache „Folge mir“. Und damit bekommt das Leben des Petrus eine völlig neue Richtung, die das alte, wohl gebahnte Leben, das er vor sich hatte, sprengt. Ab jetzt ist nicht mehr wichtig, was Petrus *tut*, sondern wem er folgt: Jesus. Die Beziehung zu Jesus gibt Petrus' Leben einen neuen, pulsierenden Kern, der alles andere prägen wird.

Magnus Malm

3. April

Geschenkt!

Im Neuen Testament finden sich Geschichten, die das Prinzip der Gnade näher beleuchten. Dort wird von den Arbeitern im Weinberg erzählt, die erst kurz vor Feierabend eingestellt werden und zu arbeiten beginnen, und von der unverständlichen Großzügigkeit des Grundbesitzers (Matthäus 20,1-16), von dem schmuddeligen Steuereintreiber, der von seiner Schuldenlast befreit nach Hause geht (Lukas 18,10-14), den Bettlern, Krüppeln, Blinden und Lahmen, für die Plätze beim messianischen Festmahl reserviert sind (Lukas 14,16-24), von dem zerlumpten, erbärmlichen, verschwenderischen Sohn und dessen verschwenderischem Vater, der die berechnende Religiosität der Menschen vor den Kopf stößt (Lukas 15,11-32). Und dann werden wir mit dem Gott bekannt gemacht, der sich in und durch Jesus Christus offenbart, der unvergleichlich und immer ganz anders ist. Ungetrübtes Vertrauen zum Mensch gewordenen Sohn Gottes ermöglicht es uns, freier zu atmen, fröhlicher zu tanzen und dankbarer vom Geschenk der Errettung zu singen.

Brennan Manning

4. April

Von Jesus lernen

Das Theologiestudium zur Zeit Jesu sah ganz anders aus als heute. Die Studenten eines Rabbis besuchten keine Universität, wie wir das kennen. Vielmehr teilte ein Rabbi sein ganzes Leben mit seinen Schülern. Jesus zog mit seinen Jüngern durch das Land, und sie waren Tag und Nacht seine Begleiter. Sie hörten und sahen ihm bei allem zu, was er tat und wie er es tat. So verstanden sie schließlich mit ihrem Herzen. Sie erkannten durch ihn das Wesen des Vaters und lernten nach Jesu Vorbild. Das ist ein intensives und effektives Lernprinzip: Von Jesus lernen beginnt da, wo wir seine Botschaft aus seinen Worten und seinem Leben aufnehmen und Nachahmer werden.

Für uns bedeutet das, die Bibel mit dem Herzen zu lesen, Jesus darin anzuschauen und ihm zuzuhören. So können wir von ihm wie Jünger lernen. Nur so können wir auch das Gelesene in die Tat umsetzen.

Arne Völkel

5. April

Der Geist der Wahrheit

Wo ein Mensch Jesu Ruf annimmt, fängt der Meister sofort an, seine Persönlichkeit umzugestalten. Genau das ist ja die Arbeitsteilung: „Folgt mir nach; ich will euch zu Menschenfischern machen“ (Markus 1,17; Lutherbibel). Und so gibt Jesus jedem Jünger einen persönlichen Lehrer und Seelsorger: „Wenn aber jener, der Geist der Wahrheit, kommen wird, wird er euch in alle Wahrheit leiten“ (Johannes 16,13; Lutherbibel). Bei meiner Berufung tritt der Geist der Wahrheit in ein persönliches Verhältnis zu mir als Jünger ein und beginnt eine lebenslange Zusammenarbeit, bei der er meinen Willen sorgsam respektiert. Er macht sich ganz davon abhängig, dass ich ihn einlasse und ihn mich lehren lasse. Sobald ich nein sage und einen Bereich meines Lebens vor ihm verschließe, unterbricht er sein Werk und wartet. Er wartet mit göttlicher Geduld, jahrelang, aber nie drängt er sich auf. Sobald ich wieder Ja zu ihm sage und ihn bitte weiterzumachen, nimmt er seine Arbeit wieder auf, willig und ohne Vorwürfe. So ist der Geist der Wahrheit.

Magnus Malm

6. April

Die Liebe Jesu

Wenn jemand Sie fragt: „Was ist das Eine in deinem Leben, das sicher ist?“, dann würden Sie antworten müssen: „Die Liebe Jesu.“ Nicht Eltern, nicht die Familie, nicht Freunde, nicht Kunst oder Naturwissenschaft oder Philosophie oder irgendwelche anderen Produkte menschlicher Weisheit. Nur die Liebe Christi. Sie könnten nicht einmal antworten: „Die Liebe Gottes“, denn die Wahrheit, dass Gott die Liebe ist, ist letztlich nur durch Jesus Christus erkenn- und erfahrbar. So entsteht die Glaubensgewissheit aus gelebter Erfahrung: Ich weiß, dass ich weiß, dass ich weiß. Deshalb ist es auch angemessen, alle unsere Gebete, die öffentlichen wie die persönlichen, mit den Worten „Durch Jesus Christus, unseren Herrn“ zu beenden.

Brennan Manning

7. April

Vom Sämann

„Einmal kam eine große Menschenmenge zusammen; aus allen Orten strömten sie herbei. Da erzählte ihnen Jesus ein Gleichnis:

‚Ein Bauer ging aufs Feld, um zu säen. Als er die Körner ausstreute, fiel ein Teil davon auf den Weg. Dort wurden sie zertreten und von den Vögeln aufgepickt. Andere fielen auf felsigen Boden. Sie gingen auf, vertrockneten dann aber, weil der Boden nicht feucht genug war. Wieder andere fielen mitten in Dornengestrüpp, das bald das Korn überwucherte und erstikkte. Doch nicht wenige fielen auch auf guten Boden, gingen auf und brachten hundertfache Frucht.‘

Die Jünger fragten Jesus, was dieses Gleichnis bedeute. Jesus antwortete: ‚Das Gleichnis ist so zu verstehen: Der Samen ist die Botschaft Gottes. Bei manchen, die sie hören, geht es wie bei dem Samen, der auf den Weg fällt. Der Teufel kommt und reißt aus, was in ihr Herz gesät worden ist. Er will nicht, dass sie die gute Nachricht annehmen und gerettet werden. Bei anderen ist es wie bei dem Samen, der auf felsigen Grund fällt. Sie hören die Botschaft und nehmen sie mit Freuden an. Aber sie sind Menschen ohne Wurzel: Eine Zeitlang halten sie sich an die Botschaft; aber wenn sie auf die Probe gestellt werden, fallen sie ab. Bei anderen ist es wie bei dem Samen, der in das Dornengestrüpp fällt. Sie hören die gute Nachricht, aber dann gehen sie davon und ersticken in ihren Alltagssorgen, in Reichtum und Vergnügungen und bringen niemals reiche Frucht. Bei anderen schließlich ist es wie bei dem Samen, der auf guten Boden fällt. Sie nehmen die Botschaft mit gutem und willigem Herzen an, bewahren sie und bringen durch Standhaftigkeit gute Frucht.‘“

Lukas 8,4-15; Gute Nachricht

8. April

Herzen unter Asphalt

Wo Samen wachsen soll, muss der Ackerboden aufgerissen werden, das direkte Gegenteil einer glatten Straße. Wenn Sie die Botschaft Gottes aufnehmen wollen, wenn Sie wollen, dass in Ihrem Leben etwas fruchtet und bei Ihnen etwas aufwächst, dann müssen Sie Ihr Inneres von Christus aufpflügen lassen.

Das fällt uns nicht leicht. Ein Pflug, der sich durch den Boden zieht, bringt tiefer gelegene Erdschichten ans Tageslicht. Jeder Mensch hat in seinem Leben solche tiefer liegenden Schichten. Doch oft haben wir knüppelharte Wege darüber gezogen. Wenn Sie wollen, dass Gott mit Ihnen spricht, dann müssen Sie ihm Gelegenheit geben, seinen Pflug durch Ihr Leben zu ziehen. Dann sehen Sie Dinge, erkennen Wesenszüge, die Ihnen bis dahin verborgen waren. Wenn Sie aber hoffen, dass Gott seinen Samen in Sie legt, ohne dass er in Ihrem Leben Furchen ziehen darf, übersehen Sie den Sinn des Gleichnisses.

Arne Völkel

9. April

Schräge Vögel

Mancher sagt: Mit dem Glauben, das ist irgendwie nichts für mich. Das ist nur was für religiös Begabte. Aber es geht nicht um eine besondere Disposition zum Glauben. Es geht um die Bereitschaft, sich von Jesus und durch sein Wort öffnen zu lassen. Die Vögel, die im Gleichnis den guten Samen aufpicken, kommen von irgendwoher angeflattert. Vorher hat man sie nicht gesehen. Plötzlich sind sie da und fressen den Samen, der gerade gesät wurde. Es sind Mächte auf dem Plan, die den göttlichen Samen hindern, bei uns Wurzeln zu schlagen. Diese „schrägen Vögel" müssen wir in unserem Leben entdecken, bevor sie den ausgestreuten Samen auffressen. In unserem Herzen sind viele Gedanken und Begierden, die gleichsam auf glatten, asphaltierten Straßen rasen wollen. Der aufgepflügte Acker ist nicht ihr Fall. Pflügen braucht seine Zeit.

Halten Sie darum bei Gottes Anruf still. Der Glaube wächst, wo der Boden geöffnet ist, um den Samen zu empfangen, und ihm Zeit zum Keimen bleibt. Klatschen Sie in die Hände, damit die Vögel verschwinden und der Same Zeit hat, in Ihrem Leben Wurzeln zu schlagen. Das ist Ihr Anteil an der Gottesbegegnung.

Arne Völkel

10. April

Kurze Begeisterung

Glaube, der Wurzeln hat, bringt eine dauernde Veränderung und keine nur einmalig geänderte Lebensgestaltung hervor. An einem Baum mit Blättern ist zu erkennen, dass er Wurzeln hat. Ein Leben, das sich mit Jesus genauso entwickelt wie ohne ihn, hat keine Wurzeln in Christus. Wenn dann das Leben weitergeht, ist es aus damit. Das geschieht, wenn es uns nicht um Jesus selbst geht, sondern vielleicht um ein paar christliche Grundsätze. Dann behalten wir den Glauben in Form eines Standpunktes. Standpunkte kosten wenig, denn sie krempeln uns nicht um. Mancher hat in einer Not zu Gott gerufen, mit Jesus begonnen und einen neuen, einen christlichen Standpunkt bezogen. Aber es hat ihn nicht umgedreht. Es hat sich bei ihm ein Standpunkt herauskristallisiert, aber eben auch nur ein „Stand-Punkt“. Der Glaube hat aufgehört, sich zu entwickeln. Er bildet keine weiteren Wurzeln aus.

Jesus sagt diesem Menschen das Ende der Entwicklung voraus. Christen ohne Wurzeln halten sich einige Zeit lang an die Botschaft, weil sie einen Standpunkt ermöglicht, der eine gewisse Sicherheit im Leben gibt. „Aber wenn sie auf die Probe gestellt werden, fallen sie ab.“ Standbilder haben keine Wurzeln. Wenn es stürmt, fallen sie um. Menschen, die wie Bäume gesunde Wurzeln in Jesus haben, bestehen auch im Sturm.

Arne Völkel

11. April

Demütiges Vertrauen

Jesus sagt: „Lernt von mir; denn ich bin sanftmütig und von Herzen demütig“ (Matthäus 11,29; Lutherbibel). Was machte die Demut Jesu eigentlich aus? War es geringes Selbstwertgefühl, Enttäuschung über seine geistlichen Fortschritte? Das ist absurd! Er war fasziniert von seinem Vater. In völliger Selbstvergessenheit lebte er für Gott. Das zentrale Thema seines persönlichen Lebens war die wachsende Nähe zu seinem Abba, das wachsende Vertrauen zu ihm und die immer größer werdende Liebe zwischen ihnen. Er fühlte sich sicher, weil er sich von seinem Vater angenommen wusste. „Wie mich der Vater liebt, so liebe ich auch euch“ (Johannes 15,9; Lutherbibel), versichert er uns. Das Leben Jesu hatte seine Mitte in Gott. Die Gemeinschaft mit Abba veränderte seine Sicht von der Wirklichkeit und machte ihn fähig, göttliche Liebe für Sünder und Taugenichtse zu empfinden. Jesus lebte nicht aus sich selbst heraus oder für sich selbst, sondern aus der Barmherzigkeit des anderen, der unfassbar fürsorglich ist. Er verstand das mitleidende Herz des Vaters.

Brennan Manning

12. April

Die ursprüngliche Freiheit

Wenn ein Mensch *Ja* zu Jesus gesagt hat, kommt eine neue Freiheit in sein Leben. Die unerhörten Energien, die er gebraucht hat, um sein Leben selbst zu kontrollieren und zu verteidigen und selbst seinen Wert aufzubauen, werden freigesetzt. Es ist, als wenn ein erstickender Kalkpanzer, der sich um die Seele gelegt hatte, endlich zerspringt und abfällt. Der Prozess kann sich über mehrere Jahre erstrecken, aber die Zielrichtung bleibt: mehr Freiheit. Die Umstände sind nicht mehr eine Bedrohung, vor der man sich ständig schützen oder die man in seine wohl geordnete Welt einbauen muss. Meine Arbeit muss nicht mehr die unerträgliche Bürde meiner Selbstverwirklichung tragen. Meine Mitmenschen sind nicht mehr Konkurrenten oder Rohmaterial für mein Selbstwertgefühl. Im Grunde ist alles dies ein Hauch der ursprünglichen Freiheit, für die Gott den Menschen schuf und die im Sündenfall verloren ging.

Magnus Malm

13. April

Das Staunen neu lernen

Der größte Feind des Christentums sind vielleicht Leute, die zwar sagen, dass sie an Jesus glauben, aber zu staunen aufgehört haben. Jesus Christus ist nicht nur gekommen, um uns aus der Verlorenheit, sondern auch aus der Lustlosigkeit zu erretten; er wollte uns von unserer oberflächlichen wie auch von unserer verdorbenen Haltung befreien. Er kam, um uns von unserem Stumpfsinn zu retten. Unsere Kultur läuft Gefahr, in Unmoral und Stumpfsinn zu ertrinken. Wir können nicht mehr tanzen, singen oder lachen. Wir haben es zugelassen, dass sich unsere Fantasie der Technik unterworfen hat und wir nicht mehr als Reisende, sondern nur noch als Touristen mit einer Polaroidkamera gelten können. Das Fernsehen beherrscht unsere Zeit, ändert unsere Wertvorstellungen und macht uns gefühllos gegenüber dem Leben in all seiner wunderbaren Wildheit. Wir verkümmern in der Mittelmäßigkeit.

Mike Yaconelli

14. April

Das königliche Gesetz der Liebe

Wenn wir uns nach einem geheiligten Leben sehnen, dann sollten wir uns mit der Bergpredigt anfreunden. Sie ist ein ausführlicher Kommentar über das königliche Gesetz der Liebe. Und das Leben Jesu ist ein ausführlicher Kommentar zur Bergpredigt. Wir sehen Jesus ganz konsequent das tun, was in der jeweiligen Situation und zum jeweiligen Zeitpunkt nötig war. Wir sehen, wie tief diese „heiligen Gewohnheiten" in ihm verwurzelt waren, so dass er immer die richtige Antwort hatte, immer verantwortlich handelte. Das ist Reinheit des Herzens. So sieht ein geheiligtes Leben aus. Wenn wir etwas über Heiligung in all ihrer bodenständigen Kraft erfahren wollen, brauchen wir nicht weiterzusuchen.

Dieser kurze Blick auf das geheiligte Leben Jesu lädt uns zu einem konsequenteren, gehorsameren, fruchtbareren Leben ein. Jesus, der die Worte der Bergpredigt vollkommen lebte, noch bevor er darüber sprach, zeigt uns den Weg.

Richard Foster

15. April

Ehrlich werden

Das Einzige, worauf es wirklich ankommt, ist, dass wir ehrlich sind. Das ist befreiend für uns, denn dann können wir den Blick von uns selbst und unserem vergeblichen Streben nach Vollkommenheit abwenden. Wir brauchen uns nicht länger für unsere Fehlerhaftigkeit zu entschuldigen, sondern können sie akzeptieren als etwas, das einfach Teil unserer Persönlichkeit ist. Dann fangen wir an, Jesus nachzufolgen. Wir kehren unseren sorgfältig ausgearbeiteten Vorstellungen den Rücken und blicken auf den lebendigen Gott. Er wendet sich uns zu, weil wir ehrlich zu unserer Armut und unserer Bedürftigkeit stehen.

James Smith

16. April

Die eigenen Schattenseiten annehmen

Christen, die ihren Schatten verstecken, leben weiter in der Lüge. Wir leugnen die Wirklichkeit unserer Sünde. Vergeblich versuchen wir, unsere Vergangenheit auszulöschen, und enthalten damit der Gemeinschaft unser eigenes Geschenk vor, mit dem wir anderen zur Heilung helfen könnten. Wenn wir aus Angst oder Scham unsere Wunden verbergen, kann unsere innere Finsternis weder erhellt noch zu einem Licht für andere werden. Wir klammern uns an unsere schlechten Gefühle und quälen uns selbst mit der Vergangenheit, wo wir sie einfach loslassen sollten. Dietrich Bonhoeffer hat einmal gesagt, Schuld sei ein Götze. Wenn wir es dagegen wagen, als Menschen zu leben, denen vergeben wurde, dann gesellen wir uns zur Schar der verwundeten Helfer und kommen näher zu Jesus.

Brennan Manning

17. April

Es geht um mich

Wer sich aus seinem Inneren in äußerliche geistliche Geschäftigkeit flüchtet, lernt schnell, alle Probleme auf seine Umgebung zu schieben. Das ist die pharisäische Masche: dem Urteil ausweichen, damit es andere trifft. Die Schuld liegt bei den anderen, die nicht gut genug sind. Habe ich nicht den Mut, meinen inneren Feinden ins Auge zu blicken, muss ich stattdessen die Mitmenschen und die Umstände als meine Feinde sehen. Was ich nicht bei mir selber bekämpfe, bedroht mich ständig durch die anderen.

Das braucht bei einem Christen nicht so zu sein. Jesus nachfolgen bedeutet ja, dass ich das Urteilen ganz ihm überlasse. Die Perspektive wird wieder hergestellt, der Blick klar: Jetzt stehe ich selber unter dem Gericht, um die anderen wird Gott sich schon selbst kümmern. Wenn der Geist der Wahrheit mein Inneres freizulegen beginnt, kann ich nicht mehr die Schuld auf die anderen schieben. Habe ich früher die geistliche Dürre in meiner Gemeinde mit der Trägheit der anderen erklärt, so geht mir jetzt auf, dass das größte Hindernis ich selber bin.

Magnus Malm

18. April

Das Licht der Welt

Jesus, das Licht der Welt, ist die sichtbare Manifestation des *kabôd Jahwe*, der ewigen Herrlichkeit Gottes. Die Verfasser der synoptischen Evangelien, die sehr bemüht sind, diese Wahrheit gleich zu Anfang hervorzuheben, berichten von der Herrlichkeit Gottes, von der die Hirten in Bethlehem wie von einem strahlenden Licht erleuchtet wurden (Lukas 2,9). Dieses strahlende Leuchten hat Jesus mit seinem Vater gemeinsam, und das wird auch bei seiner Wiederkunft als Richter offenbar werden (Matthäus 16,27; Markus 8,38; Lukas 21,27). Johannes bestätigt, dass die Jünger Jesu Herrlichkeit erkannten, als er bei der Hochzeit zu Kana durch ein Wunder seine Macht zeigte: „Diesen Anfang der Zeichen machte Jesus in Kana in Galiläa und offenbarte seine Herrlichkeit; und seine Jünger glaubten an ihn" (Johannes 2,11; Elberfelder Übersetzung).

Brennan Manning

19. April

Hungrige Seele

Jesus verspricht uns kein schmerzfreies Leben, aber er verspricht, dass nichts so erfüllend ist und glücklich macht, wie Gott zu lieben. So zu leben ist ein Wagnis. Sein Versprechen von Glück sieht anders aus als unsere selbst geschriebenen Wunschkataloge.

Nicht nur wir, auch die Jünger mussten sich an diese Denkweise erst gewöhnen. Doch das ist heilsam! „Meine Speise ist es, den Willen des Vaters zu tun“ (Johannes 4,34; Gute Nachricht). Für die Jünger war diese Aussage sehr merkwürdig. Sie hatten sich auf die Suche nach etwas Essbarem gemacht. Während sie sich bemühten, ihre leiblichen Bedürfnisse zu stillen, suchte Jesus im Gebet den Willen seines Vaters. Nach einem anstrengenden Fußmarsch unter stechender Sonne war ihm sicher nach etwas anderem zumute als einem Gespräch mit einer unbekannten Frau. Aber er sah sie, die am helllichten Tag die schwere Arbeit des Wasserschöpfens auf sich nahm. Jesus war wachen Sinnes für den Willen seines Vaters. An diesem Brunnen ordnete er sein Ruhebedürfnis Gottes Willen unter. Das Glück, das für ihn darin lag, war den Jüngern unverständlich. Sie merkten nicht, dass nicht nur der Körper, sondern auch die Seele Hunger hat.

Auch wir sind häufig im Herzen hungrig, ohne dass uns das bewusst ist. Jesus fordert uns auf: Steh auf, gib deiner Seele etwas zu essen, lass sie frisches Wasser trinken – suche Gott, die Mitte deines Lebens, tu seinen Willen. Glaube macht glücklich, wenn wir Gott lieben, ihn ehren und ihm dienen. Unzufrieden bleiben wir, wenn es unser größtes Bedürfnis ist, selbst geliebt, geehrt und bedient zu werden.

Arne Völkel

20. April

Keine Garantie

Jesus hat nie garantiert, dass uns Leid erspart bleiben würde, und er hat auch nie versprochen, dass wir nicht Opfer von Bösem werden können; ja, er hat sogar klipp und klar gesagt: „In der Welt habt ihr Bedrängnis“ (Johannes 16,33; Elberfelder Übersetzung). Versprochen hat er jedoch, dass in Stunden der Verzweiflung nur eine Fußspur im Sand zu sehen sein wird. Jedes Leben wird in unterschiedlichem Ausmaß von Leid und Verlust berührt – aber eben auch von der Gegenwart Gottes in Christus, wenn wir an seine Verheißung glauben und auf diese Verheißung unsere Hoffnung setzen.

Brennan Manning

21. April

Das Geschenk des ewigen Lebens

„Ich bin das Brot, das Leben schenkt. Wer zu mir kommt, wird nie mehr hungrig sein. Wer sich an mich hält, wird keinen Durst mehr haben ... Mein Vater will, dass alle, die den Sohn sehen und sich an ihn halten, ewig leben. Ich werde sie am letzten Tag vom Tod auferwecken" (Johannes 6,35-40; Gute Nachricht).

Mit dieser „Brotrede" antwortet Jesus auf das Bedürfnis der Menschen, ihr Leben abzusichern. Er sieht nämlich seine Aufgaben ganz und gar nicht damit erfüllt, Menschen ihr tägliches Brot und Auskommen auf wundersame Weise zu beschaffen. Er ist nicht der Organisator eines irdischen Schlaraffenlandes mit Brot und Fisch im Überfluss. Gegen diesen Traum setzt er sich zur Wehr. Sein Speisungswunder ist lediglich ein Zeichen für sein eigentliches Anliegen: Mit seinem Leben und Sterben schenkt er allen Menschen, die auf ihn vertrauen, ewiges Leben! Deshalb ist Jesus gekommen, darum ruft er Menschen zu sich, macht sie satt und zeigt ihnen die Liebe des Vaters. Warum sich dann noch Sorgen um die Zukunft machen?

Arne Völkel

22. April

Wie stellen Sie sich Jesus vor?

Der Jesus des Neuen Testaments war alles andere als langweilig; er konnte in einer Minute weinen und schon in der nächsten die Tische der Wechsler im Tempel umstoßen; an einem Tag zeigte er mutiges Mitgefühl gegenüber gefallenen Menschen und am nächsten prangerte er Heuchelei und scheinheiliges Verhalten an; er unterstrich die Gebote Gottes und vergab am nächsten Tag einer Frau, die beim Ehebruch ertappt worden war. Die Schreiber des Neuen Testaments sagten vom Volk immer wieder, dass es mit Überraschung und Staunen auf Jesus reagierte.

Mike Yaconelli

23. April

Das Gnadenjahr des Herrn

Am Beginn seines Wirkens stand Jesus in der Synagoge und las vor:

„Der Geist des Herrn ist auf mir, weil er mich gesalbt hat, zu verkündigen das Evangelium den Armen; er hat mich gesandt, zu predigen den Gefangenen, dass sie frei sein sollen, und den Blinden, dass sie sehen sollen, und den Zerschlagenen, dass sie frei und ledig sein sollen, zu verkündigen das Gnadenjahr des Herrn“ (Lukas 4,18-19; Lutherbibel).

Diese Worte, die Jesus dem Buch Jesaja entnahm, wurzeln in der prophetischen Schau des alttestamentlichen „Halljahres“. Und ein solches „Hall“- oder „Jubeljahr“ verkündigte Jesus in der Tat mit seiner Botschaft und in seiner Person.

Jesu Verständnis von Gerechtigkeit und Frieden stellt für uns mit unseren vermeintlich wohlerworbenen Rechten eine echte Herauforderung dar. Sie ist eine Kritik an unserem Individualismus und unseren selbstsüchtigen Abgrenzungsversuchen. Und sie lädt uns ein, Menschen zu werden, von denen Gerechtigkeit und Mitleid ausgehen können. Jesus lebte in der Kraft des Jubeljahres und zeigt uns den Weg.

Richard Foster

24. April

Worte der Freiheit

Wenn wir die Wahrheit über uns selbst zugeben und uns an Jesus Christus ausliefern, dann werden wir von Frieden umhüllt, ob wir es spüren oder nicht. Jener Friede, der höher ist als alle Vernunft, ist kein subjektives, friedliches Gefühl. Wenn wir in Christus sind, dann *haben* wir Frieden, auch wenn wir keinen Frieden spüren. Mit einer Güte und einem Verständnis für die menschlichen Schwächen, wie nur Gott sie zeigen kann, befreit uns Jesus von aller Entfremdung und Selbstverurteilung und bietet jedem von uns eine neue Möglichkeit. Er ist der Erlöser, der uns vor uns selbst rettet. Sein Wort ist Freiheit.

Brennan Manning

25. April

Er weist die Richtung

Alles, was wir an Sinn und Lebensfreude erfahren, sind Hinweise auf das Lebensversprechen Jesu. Aber Jesus hat uns auch ein Zeichen gegeben. Es sind die Nägelmale in seinen Händen und Füßen. Weil er wirklich für uns gestorben und wahrhaftig auferstanden ist, ist auch das Leben, das er uns für diese und die kommende Welt verspricht, real.

Mit dem Zeichen seiner Nägelmale und dem Bild vom Brot des Lebens weist uns Jesus das Ziel, von dem her unser Leben schon heute seine Richtung bekommt: das ewige Leben bei Gott. Die Tür dorthin ist bereits aufgeschlossen.

Arne Völkel

26. April

Hier ist der Wirkungsort!

Wir müssen erkennen, dass Jesu Leben – genauso wie unseres – sich zum größten Teil zu Hause und in der Familie abspielte, bei Arbeit und Spiel, bei den Nachbarn und in der vertrauten Umgebung. Diese ganz konkrete Welt ist der Ort, an dem wir am besten demonstrieren können, was Glaube in unserem menschlichen, irdischen Leben bedeutet. Hier erleben wir die Auswirkungen von Liebe, Freude, Friede und der Frucht des Heiligen Geistes. Hier und nirgends sonst. Das galt für Jesus und es gilt genauso für uns. Das ist die Menschlichkeit des Glaubens. Dieser Mensch gewordene Glaube lädt uns ein, unser Wachen und Schlafen, unser Arbeiten und Spielen, unser ganzes Leben und Lieben von dem göttlichen Urquell speisen zu lassen. Das ist möglich. Jesus zeigt uns den Weg.

Richard Foster

27. April

Jenseits aller Vorsicht

Am Anfang seines Dienstes traf Jesus immer wieder auf Fischer, Zöllner und politische Aktivisten, die er zur Nachfolge aufforderte. Es ist erstaunlich, dass diese Männer ihren Beruf, ihre Familie und ihre gesamte Zukunft aufgaben, um Jesus nachzufolgen. Und nur, weil dieser Jesus sagte: „Komm, und folge mir nach." Warum? Warum gaben diese Männer ihre vertraute Welt auf und folgten Jesus in eine völlig unbekannte Welt? Weil diese Männer aus irgendwelchen Gründen wussten, dass sie bei Jesus das Leben finden würden, das sie in ihrem von Sicherheit und Sorgen begrenzten Dasein umsonst gesucht hatten. Sie wussten, dass das größte Abenteuer des Lebens gerade jenseits aller Vorsicht auf sie wartete. Sie *wussten*, woher die Musik kam.

Jesus sagte: „Jeder, der sein Leben um meinetwillen verliert, wird es finden." In unserer modernen Sprache ausgedrückt sagt Jesus, dass jeder, der sein Leben *aufgibt*, Leben in Fülle finden wird. Probier es aus! Schmecke den neuen Wein des Lebens, eines Lebens, das jede Mahnung, vorsichtig zu sein, in den Wind schlägt; ein Leben, in dem Gefahr und Risiko auf dich warten!

Jesus sagt: „Gib dich selbst auf und wirf dich dem in die Arme, der dich nie aufgeben wird."

Mike Yaconelli

28. April

Die eigene Sendung entdecken

Viele träumen heute von einer großen Beauftragung, bewegenden Gefühlen und bewegten Seelenzuständen. Statt solche Erlebnisse in Aussicht oder Abrede zu stellen, müssen wir begreifen, wozu wir gesandt sind.

Dann werden Sie sein, was Sie können und in Jesu Namen sein sollen. Es geht um nichts anderes, als zu begreifen, dass Sie ein Gesandter Gottes *sind*! Sie sind es, unabhängig davon, ob Sie einen speziellen Auftrag von Christus erhalten haben oder nicht. Da, wo Sie stehen, da ist Ihr Auftrag. Alles, was Sie tun – tun Sie es mit Gott! Ihr Leben verändert sich nachhaltig, wenn Sie beginnen, derart von sich zu denken und in diesem Bewusstsein zu handeln. Entdecken Sie Ihre Sendung an jedem Tag Ihres Lebens!

Arne Völkel

29. April

Blanke Ehrlichkeit

Blanke Ehrlichkeit Jesus gegenüber in Bezug auf unsere Zweifel und Ängste, unsere Lüste und Faulheit, unser erbärmliches Gebetsleben und unsere seichte Religiosität, unsere unklaren Motive und unser geteiltes Herz – dieses Risiko gehen wir ein für die Gewissheit, annehmbar und angenommen zu sein. Blanke Ehrlichkeit ist der vollständige und erwachsene Ausdruck unbesiegbaren Vertrauens. Jesus ist der Freund, der nie versagt, der immer treu bleibt, auch wenn Menschen ihm untreu werden, dem Selbsthass fremd ist und der uns von Selbsthass fern hält.

Brennan Manning

30. April

Ein Leben voller Erwartung

Leidenschaft ist wie eine Achterbahnfahrt, die wir erleben können, wenn wir Jesus nachfolgen. Es ist eine lebenslang spannende Reise, die uns durchschüttelt und uns den Atem raubt, bei der jeder Moment zählt und man sich nur noch festhalten kann. Wenn Sie sich für Christus entscheiden, entscheiden Sie sich für die Leidenschaft. Jesus kam, um uns unsere Sünden zu vergeben, ja, aber er kam auch, um ein Leben in Leidenschaft zu bringen. Die meisten Menschen glauben, in der Nachfolge Jesu gehe es darum, *richtig* zu leben. In der Nachfolge Jesu geht es darum, in der *Fülle* zu leben. Hören Sie genau hin, wie Paulus der Gemeinde in Rom ein christliches Leben beschreibt:

„Wenn Christus in euch lebt, dann ist zwar euer Leib wegen eurer Sünde noch dem Tod ausgeliefert. Doch Gottes Geist schenkt euch ein neues Leben, weil Gott euch als seine Kinder angenommen hat. Ist der Geist Gottes in euch, so wird Gott, der Jesus Christus von den Toten auferweckt hat, auch euren sterblichen Leib durch seinen Geist wieder lebendig machen; er wohnt ja in euch ... Denn der Geist Gottes führt euch nicht in eine neue Sklaverei; nein, er macht euch zu Gottes Kindern. Deshalb dürft ihr furchtlos und ohne Angst zu Gott kommen und ihn wie Kinder fragen: ‚Papa, was kommt jetzt?'" (Römer 8,10-11.15; Hoffnung für alle)

Was ist Leidenschaft? Lebendigkeit. Ein Leben voll Erwartung, Freude und Begeisterung.

Mike Yaconelli

1. Mai

Die Liebe des Vaters begreifen

Jesus hat in einzigartiger Weise die Herzlichkeit und das Erbarmen Gottes verstanden. In Ewigkeit vom Vater geboren, ist er des Vaters Kind. Warum liebte Jesus Sünder, Bösewichte und den Pöbel, der nichts vom Gesetz weiß? Weil sein Vater sie liebt. Er tat nichts aus sich selbst heraus, sondern nur das, was sein Vater ihm sagte. Indem er mit diesen Menschen aß, indem er predigte, lehrte und heilte, brachte er zum Ausdruck, wie er die unterschiedslose Liebe des Vaters begriff – eine Liebe, die dafür sorgt, dass seine Sonne über die Bösen genauso scheint wie über die Guten und sein Regen auf die Ehrlichen genauso fällt wie auf die Unehrlichen (Matthäus 5,45).

Brennan Manning

2. Mai

Werdet wie die Kinder!

Es ist schwer, um Hilfe zu bitten. Kindlicher Glaube ist nicht für Menschen, die ein bisschen Hilfe brauchen, er ist für Menschen, die verzweifelt und am Ende ihrer Kräfte sind; für Menschen, die nicht zu stolz sind, hilflos mit den Armen zu winken und zuzugeben, dass sie fast ertrinken.

Glaube hat nichts mit religiös-positivem Denken zu tun. Er ist kein Seminar für besseres Engagement, neue Motivation oder stärkeres Image. Glaube ist für die Hilflosen. Aus ihm wächst eine demütige Haltung. Wir kommen nicht zum Glauben, wenn wir nur den zusätzlichen Schwung suchen, der uns über den nächsten Hügel trägt. Wir erfahren ihn erst dann, wenn wir schwach, erschöpft und nahe am Aufgeben sind. Glaube ist mehr als Aufgeben – er bedeutet Hingabe.

Wollen wir kindlichen Glauben erfahren, müssen wir bereit sein, unsere Hilflosigkeit einzugestehen.

Mike Yaconelli

3. Mai

Abbas Kinder

Als Kinder des Vaters ist es unser edelster Wunsch und die anspruchsvollste Aufgabe unseres Lebens, so zu werden wie Christus.

Dazu gehört das Erbarmen. „Jesus offenbart in einem außergewöhnlich menschlichen Leben, was es bedeutet, ein göttliches Leben, ein Leben der Barmherzigkeit, zu führen“ (Donald Gray: Jesus – the Way to Freedom).

Die Bibel zeigt den engen Zusammenhang zwischen Erbarmen und Vergebung. Nach den Worten Jesu ist die Bereitschaft, auch den Feinden zu vergeben, ein deutliches Kennzeichen für ein Kind des Vaters: „Liebt eure Feinde; tut Gutes ... und ihr werdet Kinder des Allerhöchsten sein; denn er ist gütig gegen die Undankbaren und Bösen“ (Lukas 6,35; Lutherbibel). Im Vaterunser erkennen wir das Hauptmerkmal der Abbakinder an, wenn wir beten: „Vergib uns unsere Schuld, wie auch wir vergeben unseren Schuldigern“ (Matthäus 6,12 Lutherbibel): Jesus zeigt uns den Vater als Vorbild für unsere eigene Vergebungsbereitschaft: Abba ist der König in Matthäus 18, der eine fantastische Summe erlässt, eine unbezahlbare Schuld. Er ist der Gott, der grenzenlos vergibt („sieben Mal siebzig Mal“; Matthäus 18,22).

In einer Welt, die ein Auge für ein Auge fordert – und Schlimmeres –, ruft Gott seine Kinder zu einem entgegengesetzten Lebensstil, einem Leben der Vergebung. Aber wenn Gott lieben das erste Gebot ist, wenn sich in der Nächstenliebe die Liebe zu Gott zeigt, und wenn es leicht ist, die zu lieben, die uns lieben, dann muss die Feindesliebe das Zeichen sein, an dem man Abbas Kinder erkennt.

Brennan Manning

4. Mai

Naive Gnade

Naive Gnade ist die Liebe, die jeden einschließen will, anstatt den einen oder anderen auszusortieren. Jesus Christus war „naiv" genug, alle Menschen zu lieben. Sogar Ehebrecher. Als die Pharisäer und religiösen Führer eine Frau beim Ehebruch ertappt hatten, schleppten sie sie zu Jesus und demütigten sie vor der ganzen Menschenmenge. Die Frau war nur eine Marionette in der Hand der Männer, die Jesus in Verruf bringen wollten. Die Frau selbst war ihnen völlig egal; es ging diesen Männern nur darum, ihre Macht im Volk zu festigen. „Na dann, Jesus", forderten sie ihn arrogant heraus. „Was sollen wir mit dieser Frau tun? Mose und die Gesetze lehren, sie zu steinigen. Was sagst du?"

Jesus ließ keinen Zweifel an der Sünde, er tolerierte Ehebruch bestimmt nicht, aber zum Glück ließ er auch keinen Zweifel an seiner Gnade. Er sagte nur einen Satz: „Wer unter euch ohne Sünde ist, werfe den ersten Stein" (Johannes 8,7; Lutherbibel).

Ein Ankläger nach dem anderen ließ von der Frau ab. Auch Jesus hielt ihr keine Strafpredigt. Warum wies er sie nicht zurecht? Warum machte er ihr nicht deutlich, dass ihr Lebensstil ihren Untergang bedeuten würde? Warum hielt er ihr nicht die Bibelstellen vor, gegen die sie verstoßen hatte? Diese Frau wusste, was Verurteilung und Verdammung bedeuteten. Sie kannte die Schrift und wusste, welche traurigen Konsequenzen ihr Lebensstil zur Folge haben würde; aber sie wusste nichts über Gnade. Jesus stellte ihr eine skandalöse Gnade vor Augen und sagte ihr dann: „Sündige hinfort nicht mehr" (Johannes 8,11).

Mike Yaconelli

5. Mai

Sieg in der Niederlage

Jesus behielt den Sieg durch das Erdulden seiner totalen Schwäche und Entblößung. Am Kreuz machte er sich zum Gespött der Leute, und doch bedeutet gerade diese Niederlage seinen Sieg. Der Erniedrigung folgte seine Erhöhung und seinem Tod die Auferstehung. Ausgerechnet aus dem Versagen und der Niederlage lässt Gott Erlösung und Hoffnung wachsen. Was schwach ist, gewinnt. Und wer sich hingibt, bekommt Leben in Fülle geschenkt. Das ist der merkwürdige Weg, den Gottes Liebe geht, um uns für sich zu gewinnen.

Arne Völkel

6. Mai

Die Gnade der Vergebung

Der Anspruch der Vergebung ist so beängstigend, dass er menschlich gesehen unmöglich erfüllt werden kann. Er übersteigt schlichtweg die Fähigkeiten des menschlichen Willens, der die Gnade nicht kennt. Nur das rückhaltlose Vertrauen auf eine Quelle, die größer ist als wir selbst, kann uns fähig machen, anderen zu vergeben, die uns Wunden zugefügt haben. In Grenzsituationen wie diesen gibt es nur einen Ort, an den wir fliehen können – nach Golgatha.

Bleiben Sie lange genug dort und sehen Sie zu, wie des Vaters eingeborener Sohn völlig allein in blutiger Schande stirbt. Sehen Sie zu, wie er seinen Peinigern im Augenblick der größten Grausamkeit und Unbarmherzigkeit flüsternd Vergebung zusagt. Auf jenem einsamen Hügel vor den Mauern von Jerusalem werden Sie die heilende Kraft des sterbenden Herrn erfahren.

Brennan Manning

7. Mai

Erlösung

Viele Christen betrachten die Sünde in ihrem Leben als ein Problem, das es zu lösen gilt. Aber *Er*lösung ist etwas anderes als die Lösung eines Problems! Wer Sünde mit einem Knoten in einem Seil vergleicht, lebt in der Vorstellung, diesen mit Mühe und Geschick auflösen zu können. Tatsächlich gleicht unsere Sünde aber einem dicken Stahlseil. Mit keiner menschlichen Kraft und Anstrengung kann ein dickes, in Schleifen liegendes Stahlseil entwirrt werden. Darum spricht die Bibel neben Einzelsünden von der Sünde als Macht. Die Erlösung Ihrer Schuld bedarf der Kraft Gottes, die das Stahlseil, die Kette der Sünde, zerreißt.

Viele Christen sind in ihrem Glauben hoffnungslos und müde, weil sie ihre Sünde als ein lösbares Problem betrachten. Sie suchen dann für die Fragen und Probleme ihres Lebens nach Lösungen und finden sie nicht. Sie fühlen sich als Versager, weil sie das Problem der Sünde nicht geregelt bekommen.

Aber: Für die Sünde gibt es keine Lösung durch uns Menschen, sondern nur Erlösung, die uns durch Christus zugesprochen wird. Einsehen, dass der Kopf nicht mehr aus der Schlinge zu ziehen ist, weil wir das Gute zwar oft wollen, aber es nicht tun – wer das versteht, ist ein Christ. Jesus kommt zu Ihnen und sagt: „Du bist schuldig! Doch ich verurteile dich nicht.“ – Das ist Erlösung!

Arne Völkel

8. Mai

Die Herzenswahrheit meines Lebens

Meine Identität als Kind des Vaters ist nichts Theoretisches und auch kein netter Tanz in die Religiosität. Sie ist die Herzenswahrheit meines Lebens. Wenn ich in einer herzlichen Liebe lebe, wird meine Wahrnehmung der Wirklichkeit, die Art, wie ich auf Menschen und ihre Lebenssituation reagiere, davon zutiefst beeinflusst. Wie ich meine Brüder und Schwestern Tag für Tag behandle, ob sie Europäer, Afrikaner, Asiaten oder Latinos sind, wie ich dem von der Sünde entstellten Freak auf der Straße begegne, wie ich auf Störungen von Leuten reagiere, die ich nicht mag, wie ich mit normalen Menschen in ihrem normalen Unglauben an einem ganz normalen Tag umgehe, das verrät mehr darüber, wer ich in Wahrheit bin, als der Pro-Life-Aufkleber der Lebensrechtsbewegung auf meinem Kotflügel.

Brennan Manning

9. Mai

Wach bleiben

„Haltet euch bereit und lasst eure Lampen nicht verlöschen! Dann könnt ihr dem Hausherrn, wenn er überraschend nach Hause kommt, sofort die Tür auftun!“ (Lukas 12,35-36)

Christen schauen nach der Ankunft ihres Herrn aus. Sie leben seinem Kommen entgegen und warten darauf, dass seine Herrschaft sichtbar wird. Sie halten sich für den Augenblick seiner Wiederkunft bereit.

Aber warum sollen immer alle wachen? Genügt es nicht, wenn einige wach sind und ein Signal geben, wenn es darauf ankommt?

Der Auftrag, für Gottes Reich zu leben, ist nicht delegierbar, etwa auf eine bestimmte Gruppe. Darum sollen bei uns allen „die Lenden umgürtet“ sein (Lukas 12,35; Lutherbibel). Zur Arbeit rafft der Orientale sein langes Gewand mit einem Gürtel um die Hüfte. Jesus erwartet, dass seine Jünger und Jüngerinnen wache, aktive Leute sind, bereit, das zu tun, was er ihnen vor die Füße legt. Es gilt, seinen Auftrag zu erfüllen.

Deshalb weckt Jesus uns immer wieder auf, drängt uns durch seinen Geist zum Wachen und Handeln. Niemand kann alles tun, aber jeder kann entsprechend seinen Gaben *etwas* tun.

„Wachen“ bedeutet in diesem Zusammenhang, dass wir in der Fülle der Möglichkeiten das tun, was wir tun können, anstatt die Hände in den Schoß zu legen, weil ja so viel zu tun wäre, was wir sowieso nicht schaffen könnten.

Arne Völkel

10. Mai

Lebendige Macht

Erfahrungsgemäß bedeutet die innere Heilung des Herzens nur selten eine plötzliche Umwandlung oder eine sofortige Befreiung von Bitterkeit, Ärger, Groll und Hass. Häufiger besteht sie in einem allmählichen Wachstum in das Einssein mit dem Gekreuzigten hinein, der durch sein Blut am Kreuz für uns Frieden gemacht hat. Das mag eine geraume Zeit dauern, weil die Erinnerung noch so lebendig und der Schmerz so tief ist. Aber es *wird* kommen. Der gekreuzigte Christus ist nicht nur ein Vorbild für die Gemeinde. Weil er als Auferstandener gegenwärtig ist, ist er eine lebendige Macht, die unser Leben verändert und uns befähigt, unseren Feinden die Hand zur Versöhnung zu reichen.

Brennan Manning

11. Mai

Hab Erbarmen!

Die Gelegenheiten, wo ich in meinem Leben Verrat übe oder untreu bin, sind zu zahlreich, um sie aufzuzählen. Trotzdem halte ich noch immer an der Illusion fest, ich müsste moralisch über jeden Vorwurf erhaben, die anderen Leute müssten ohne Sünde und der eine Mensch, den ich liebe, ohne menschliche Schwäche sein. Aber immer dann, wenn ich es zulasse, dass irgendetwas anderes als Herzlichkeit und Erbarmen meine Antwort auf das Leben diktiert – seien es nun selbstgerechter Zorn, Überheblichkeit, eine Abwehrhaltung, das starke Verlangen, andere zu ändern, beißende Kritik, Frustration über die Blindheit der anderen, ein Gefühl geistlicher Überlegenheit oder der bohrende Drang nach Vergeltung –, bin ich meinem wahren Ich entfremdet. Meine Identität als Kind des Vaters wird doppeldeutig und verschwimmt.

Brennan Manning

12. Mai

Dasein der Liebe

Unser Dasein in der Welt ist ein Dasein der Liebe. Alles andere ist eine Illusion, ein Missverständnis, ist falsch.

Das barmherzige Leben ist weder eine saloppe Nachlässigkeit gegenüber der Welt noch „chronisches Nettsein". Es verlangt nicht, dass die Witwe sich mit dem Mörder ihres Mannes anfreundet. Es erwartet nicht, dass wir jeden mögen. Es sieht nicht über Sünde und Ungerechtigkeit hinweg. Es nimmt die Wirklichkeit nicht wahllos an – Liebe und Gier, Christentum und Atheismus, Marxismus und Kapitalismus.

Liebe kennt keinen blinden Fanatismus. Stattdessen versucht sie, die Dinge mit durchdringender Klarheit zu sehen. Das Erbarmen Gottes in unseren Herzen öffnet uns die Augen für die Einzigartigkeit und den Wert jedes Menschen. „Der ‚andere' sind wir selbst, und wir müssen ihn in seiner Sünde lieben, so wie wir selbst in unserer Sünde geliebt sind" (Rorbert J. Wicks: Touching the Holy).

Brennan Manning

13. Mai

Schrankenlos

Jesu Gebot, einander zu lieben, wird nie von der Nationalität, dem Status, dem religiösen Hintergrund, der sexuellen Orientierung oder dem liebenswürdigen Wesen des „anderen“ eingeschränkt. Der andere, jener Mensch, der einen Anspruch auf meine Liebe hat, ist jeder, der mir über den Weg geführt wird, wie im Gleichnis vom barmherzigen Samariter deutlich wird. „Wer von diesen dreien hat sich als der Nächste dessen erwiesen, der von den Räubern überfallen wurde?“, fragte Jesus. Die Antwort lautete: „Der, der barmherzig gehandelt hat an ihm.“ Da sagte Jesus zu ihm: „Dann geh und handle genauso“ (Lukas 10,25-37).

Dieses Beharren auf einer völlig unterschiedslosen Nächstenliebe ist ein ganz hervorstechender Zug in Jesu gesamter Verkündigung.

Brennan Manning

14. Mai

Werkgerechtigkeit

Nehmen wir einmal an, ein Kind hat von seinen Eltern niemals Liebe erfahren. Eines Tages lernt es ein anderes Kind kennen, das von seinen Eltern mit Zärtlichkeit förmlich überschüttet wird. Das erste Kind sagt sich: „So möchte ich auch geliebt werden. Ich habe das noch nie erlebt, aber ich will versuchen, die Liebe meiner Eltern durch mein gutes Betragen zu verdienen." Und so putzt es sich die Zähne, macht selbst das Bett, lächelt, versucht nicht zu stottern, schmollt und weint nicht, meldet nie ein Bedürfnis an und verbirgt alle negativen Gefühle, um die Zuneigung der Eltern zu erringen.

Das ist der Weg der Pharisäer. Sie befolgen das Gesetz bis ins Letzte, um sich Gottes Wohlwollen zu versichern. Ihr Gottesbild sperrt sie notwendigerweise in eine Theologie der Werkgerechtigkeit ein. Sie machen eine Religion daraus, dass Tassen und Teller gewaschen werden, dass zweimal in der Woche gefastet und von Minze, Dill und Kümmel der Zehnte gegeben wird.

Was für eine unerträgliche Bürde! Der Kampf, sich einem fernen, perfektionistischen Gott als annehmbar zu präsentieren, ist äußerst ermüdend. Der Paragraphenreiter kann den vermeintlichen Erwartungen Gottes nie genügen, „denn es wird immer ein neues Gesetz geben und mit ihm eine neue Deutung, ein frisches Haar, das vom eifrigsten Rasierer der Kirche gespalten werden kann" (Eugene Kennedy: The Choice to be Human).

Brennan Manning

15. Mai

Gottes übernatürliches Eingreifen

Mit unzähligen theologischen Kunstgriffen wird seit 2000 Jahren versucht, das Pfingstphänomen zu entsorgen. Zeichen und Wunder hätten aufgehört und im Übrigen sei der Heilige Geist ein Geist der Ordnung. Kennzeichen der Endzeit sei nicht Erweckung, sondern Abfall. Andere wieder reden die Erweckung herbei und manipulieren so lange Seelen und Zahlen, bis es richtig feurig und stürmisch wird. Eine große Seelenernte stehe unmittelbar bevor. Pfingsten kopieren? Bloß nicht!

Natürlich beten wir für die Erweckung, aber keiner will die Begleiterscheinungen. Erweckungen waren oft reißende Sturzbäche, die die ordentlich befestigten Gemeindegrenzen weggeschwemmt und zudem noch manchen Unrat hochgespült haben. Dann doch lieber kleine Privaterweckungen, damit wir alles im Griff behalten. Der Heilige Geist müsste kompatibel zu unseren Satzungen und Ordnungen wirken, das wär's. Aber er weht bis heute, wo er will. Wir haben große Freiheit zur Kommunikation des Evangeliums, wir verwalten ein imposantes theologisches Erbe und übernehmen das Wächteramt für den Rest der Welt. Die geistlichen Aufbrüche geschehen derweil außerhalb Europas.

Was nun? Ich will offen sein für Gottes übernatürliches Eingreifen. Er könnte morgen die Schleusen öffnen und ganze Völker zur Umkehr leiten. Solange das nicht geschehen ist, bauen wir trotzdem in aller Treue Gemeinde Jesu. Sündenerkenntnis, Einmütigkeit, Gebet und Sehnsucht nach Gemeinschaft waren Kennzeichen der jungen Gemeinde.

Vielleicht sind neue Aufbrüche nicht unter diesem Preis zu haben.

Roland Werner

16. Mai

Der Pharisäer in mir

Der Pharisäer in mir bemächtigt sich immer dann meines wahren Ichs, wenn ich den äußeren Schein der Wirklichkeit vorziehe, wenn ich vor Gott Angst habe, wenn ich meine Seele von Regeln beherrschen lasse, anstatt es zu wagen, eins mit Jesus zu leben, wenn ich lieber gut aussehen als gut sein will, wenn ich den Schein der Wirklichkeit vorziehe. Das erinnert mich an die Worte von Thomas Merton: „Wenn ich eine Botschaft an meine Zeitgenossen habe, dann sicher die: Sei, was du willst, verrückt, betrunken ..., aber versuche eines um jeden Preis zu vermeiden: den ‚Erfolg'" (James Finley: Merton's Place of Nowhere). Natürlich spricht Merton hier von dem Kult um den Erfolg, von dem Fasziniertsein durch Ehre und Macht, dem unbarmherzigen Drang, das Bild des Hochstaplers in den Augen seiner Bewunderer zu festigen. Umgekehrt gewinnt der Hochstapler in mir auch dann die Oberhand, wenn meine falsche Demut die Freude über eigene Leistungen verdammt und Komplimente und Lob verachtet; wenn ich stolz auf meine Bescheidenheit werde und mich damit von den echten Menschen entferne und isoliere!

Brennan Manning

17. Mai

Auf Gefühle hören

Wir haben so viel Asche über den historischen Jesus gestreut, dass wir das Feuer seiner Gegenwart kaum mehr spüren. Wir haben schon lange vergessen, dass ein Mensch so sein kann wie er: wahrhaftig, direkt, emotional, nicht manipulierend, einfühlsam, Anteil nehmend. Sein inneres Kind war so unbefangen, dass er es nicht für unmännlich hielt, zu weinen. Er ging direkt auf die Menschen zu und weigerte sich, auf Kosten der Ehrlichkeit irgendwelche Kompromisse einzugehen.

Das Bild, das die Bibel vom geliebten Kind des Vaters zeichnet, ist das eines Mannes, der in vollkommener Übereinstimmung mit seinen Gefühlen lebt und sich in keiner Weise scheut, sie zu zeigen. Der Menschensohn hat Gefühle nicht als wankelmütig oder unzuverlässig abgelehnt. Sie waren empfindsame Antennen, auf die er sorgfältig achtete und die ihm halfen, den Willen seines Vaters zu erkennen, der will, dass Reden und Handeln übereinstimmen.

Brennan Manning

18. Mai

Er ist auferstanden

Woher bekommt die Botschaft Jesu ihre Macht? Was unterscheidet sie vom Koran, den Lehren eines Buddha, der Weisheit eines Konfuzius? *Der auferstandene Christus.* Wenn Jesus nicht auferstanden ist, dann können wir die Bergpredigt zum Beispiel als ein großartiges Stück Ethik rühmen. Doch wenn er auferstanden ist, dann kommt es auf unser Lob nicht an. Dann wird die Bergpredigt zu einem Bild für unser eigenes Schicksal. Die verwandelnde Kraft des Wortes lebt in dem auferstandenen Herrn, der zu diesem Wort steht und ihm dadurch seine letztgültige und immer aktuelle Bedeutung gibt.

Brennan Manning

19. Mai

Nichts ist ohne Bedeutung

Im Bewusstsein des auferstandenen Jesus zu leben ist keine triviale Sache für Gelangweilte oder Einsame und keine Beruhigungspille, die uns hilft, mit den Anforderungen und Sorgen des Lebens zurechtzukommen. Es ist der Schlüssel, der uns die Tür öffnet, damit wir den Sinn unseres Lebens erkennen können. Jeden einzelnen Tag werden wir in das Ebenbild Christi umgestaltet. Alles, was uns widerfährt, dient diesem Zweck. Nichts, was ist, kann über den Bereich seiner Gegenwart hinaus existieren „Es ist alles durch ihn und zu ihm geschaffen", (Kolosser 1,16; Lutherbibel), nichts ist für ihn unwichtig, nichts ist darin ohne Bedeutung.

Brennan Manning

20. Mai

Das Wunder des Evangeliums

Als Jesus sagte, wer ihn sehe, der sehe den Vater, waren seine Hörer schockiert (Johannes 14,9). Uns sind diese Worte schon so vertraut, dass sie für uns ihre provozierende Wirkung verloren haben. Und doch haben sie die Macht, alle unsere Projektionen und falschen Vorstellungen von Gott einzureißen. Jesus bestätigte, dass wir in ihm die Haltung und die Gefühle des Vaters zu den Menschen sehen können. Gott ist niemand anders als der, den wir in Jesus sehen. Jesus sei das menschliche Gesicht Gottes, hat Karl Rahner gesagt.

Das zentrale Wunder des Evangeliums ist nicht die Auferweckung des Lazarus oder die Speisung der fünftausend oder all die Heilungsgeschichten zusammengenommen. Das Wunder des Evangeliums ist Jesus, der Auferstandene und Verherrlichte, der auch uns in diesem Augenblick nachgeht, an unseren Fersen klebt, in uns lebt und sich uns selbst als Wegbegleiter anbietet!

Brennan Manning

21. Mai

Der Hirte

Jedes Mal, wenn die Evangelien davon sprechen, dass Jesus von tiefen Gefühlen für Menschen ergriffen war, zeigen sie auch, dass er dann etwas tat – dass er Menschen körperlich oder seelisch heilte, von Dämonen befreite, eine hungrige Menge speiste oder für Menschen betete. Vor allem kämpfte er leidenschaftlich darum, die verzerrten Bilder von Gott zu vertreiben und die Menschen aus der Finsternis ins Licht zu führen. Er erfüllt damit die messianische Prophezeiung aus Jesaja: „Er wird seine Herde weiden wie ein Hirte. Er wird die Lämmer in seinen Arm sammeln und im Bausch seines Gewandes tragen und die Mutterschafe führen“ (Jesaja 40,11; Lutherbibel).

Brennan Manning

22. Mai

Dornen und Disteln

Ich stelle an mir selbst die Tendenz fest, dass ich wieder unaufmerksam werde, mich an manchen Dingen wieder allein erfreue, Christus ausschließe, manche Erfahrungen und Beziehungen für mich behalte. Verschlimmert wird das Ganze durch das, was jemand einmal den „Agnostizismus der Unachtsamkeit" genannt hat – den Mangel an persönlicher Disziplin gegenüber dem Bombardement der Medien, oberflächliche Lektüre, sterile Unterhaltungen, flüchtiges Gebet und eine Unterwerfung der Sinne. Dann verschwimmt das Bewusstsein für den auferstandenen Christus. Genauso wie die Liebe, Vertrauen und Gespräch in einer Beziehung leiden, wenn ich nicht aufmerksam bin, so wird die Beziehung zu Gott verdüstert, wenn ich nicht auf mein wahres Ich achte. „Dornen und Disteln überwuchern den nicht begangenen Pfad", sagt ein altes Sprichwort.

Brennan Manning

23. Mai

Selig sind die, die nicht sehen und doch glauben

Der Jesus des Glaubens ist für uns als der Auferstandene und Gegenwärtige nicht weniger erreichbar, als es Jesus in Menschengestalt für seine geliebten Jünger war. Johannes betont das ganz besonders, wenn er seinen Herrn zitiert: „Ich sage euch die Wahrheit: Es ist gut für euch, dass ich weggehe" (Johannes 16,7; Lutherbibel).

Warum? Wie konnte Jesu Weggehen für die Gemeinschaft der Gläubigen von Nutzen sein?

Erstens: „Wenn ich nicht weggehe, kommt der Tröster nicht zu euch. Wenn ich aber gehe, will ich ihn zu euch senden" (Johannes 16,7; Lutherbibel).

Zweitens: Solange Jesus noch sichtbar auf der Erde war und die Jünger ihn so handgreiflich in der gewohnten, geliebten Gestalt vor sich sahen, konnten sie den Glauben mit dem spürbaren Sinnesbeweis verwechseln. Sie hatten Jesus „zum Anfassen" neben sich und *mussten* sozusagen nicht an ihn glauben. Jesus als Mensch zu sehen, war ein besonderes Vorrecht. „Selig aber sind die, die nicht sehen und doch glauben" (Johannes 20,29; Lutherbibel).

Brennan Manning

24. Mai

Botschafter Gottes

Wozu bin ich gesandt, was ist Jesu Auftrag an mich? Menschen aller Generationen, die mit Gott lebten, haben sich diese Frage gestellt. Es ist eines der großen biblischen Themen. Durch die Jahrhunderte hinweg spürten Männer und Frauen den Anspruch Gottes auf ihr Leben. Wenn Sie diese Frage umtreibt, bekommen Sie darauf von Jesus eine Antwort.

Sie sind ein Botschafter Gottes in dieser Welt. Alles, was Sie tun, jeder Schritt, den Sie auf einen Menschen zugehen, all Ihre beruflichen Aufgaben und jede praktische Handreichung für die Familie – all das ist Ihre Berufung durch Jesus Christus: „Alles, was ihr tut mit Worten oder mit Werken, das tut alles im Namen Jesu und dankt Gott, dem Vater, durch ihn“ (Kolosser 3,17; Lutherbibel). Wenn wir das Täglich-Alltägliche in diesem Bewusstsein tun, verändert das unser Leben.

Arne Völkel

25. Mai

Kinder Gottes – die große Verheißung

In der Hingabe unserer Existenz an Jesus Christus gewinnen wir die verloren gegangene, unruhig gesuchte Mitte wieder. Auf die Frage „Wer bin ich?“ bekomme ich die befreiende Antwort: „Ihr seid alle Gottes Kinder durch den Glauben an Jesus Christus!“ (Galater 3,26). Das ist eine Würde, die ich mir weder erwerben noch sichern kann. Sie ist verliehen, geschenkt, der Geber selbst erhält sie in Liebe, Treue und Zuverlässigkeit.

Ulrich Betz

26. Mai

Jesus liebt Versager

Jesus hat eine tödliche Schwäche: Er kann sich nicht von Versagern fern halten. Er ist ein Freund von Versagern. Er liebt Versager. Wenn alle anderen einen Menschen längst aufgegeben haben, geht Jesus ihm nach: der Frau, die in fünf Ehen versagt hatte; dem Gelähmten am Teich, der es 38 Jahre nicht geschafft hatte, rechtzeitig ins Wasser zu kommen; dem Jünger, der versagt hatte, ihm nachzufolgen; dem Fischer, der beim Fischfang versagt hatte; dem Dieb, der versagt hatte und das Gesetz nicht hielt; der Ehebrecherin, die in puncto moralischer Reinheit versagte; dem zweifelnden Jünger, der in seinem Glauben ein Versager war.

Jesus erzählt ein Gleichnis über Versager (Lukas 14,15-24): „Ein reicher Mann bereitete für seine erfolgreichen Freunde ein Fest vor. Als der Tag der Feier kam, beschlossen alle seine ‚Freunde', dass sie nicht kommen könnten. Und so befahl der Gastgeber seinen Dienern: ‚Geht hinaus und ladet alle Versager ein, die ihr finden könnt: die Alkoholiker, die Prostituierten, die Obdachlosen, die Außenseiter.' Der Gastgeber hielt ein großes Fest für alle Versager. Mit diesem Gleichnis definierte Jesus seine Gemeinde. Er stellte sehr klar heraus, dass die Gemeinde mehr ist als ein Ort, an dem auch ein Versager geduldet wird: Die Mitglieder seiner Gemeinde sind allesamt Verlierertypen. Versager wie du und ich.

Mike Yaconelli

27. Mai

Verblüffender Glaube

Im zwanzigsten Kapitel des Buches Jeremia hinterfragt der Prophet Gottes Ruf und Auftrag für sein Leben. Er bekennt: Obwohl er es versucht hat, nicht mehr im Namen Gottes zu sprechen, kann er nicht aufhören, denn als er schweigen wollte, wurde „Gottes Feuer in meinem Herzen wie ein brennendes Feuer in meinen Gebeinen“. Kindlicher Glaube macht uns nicht zu ruhigen, willfährigen Jüngern Jesu, die keine Fragen mehr stellen. Er entzündet vielmehr ein unauslöschliches Feuer in uns, das sich unserer Kontrolle entzieht, unser Denken durchdringt, unsere Fragen zu einem Brand entfacht und unser Herz mit Staunen erfüllt.

Mike Yaconelli

28. Mai

Er liebte die Unerwünschten

Warum zog es Jesus zu denen hin, die nicht anziehend waren, warum wünschte er die Unerwünschten um sich, und weshalb wollte er gerade diejenigen lieben, die nach menschlichem Maßstab nicht liebenswert waren? Warum liebte er all die Verlierer und Versager – diejenigen, die nichts zählten? Weil sein Vater es tut. Seine bewusste Ausrichtung auf den Vater machte ihn so unbefangen. „Amen, amen, ich sage euch: Der Sohn kann nichts von sich aus tun, sondern nur, wenn er den Vater etwas tun sieht. Was nämlich der Vater tut, das tut in gleicher Weise der Sohn“ (Johannes 5,19).

Brennan Manning

29. Mai

Das kann ich nicht erklären!

Jesus vergleicht das Reich Gottes mit der unerklärlichen Ernte, die von einem Mann eingebracht wird, der Saat aufs Feld streute. Mit dem simplen Akt des Säens ist die Arbeit des Bauern getan. Er überwintert, schläft lange, geht Bowling spielen, sieht fern, wäscht seine Kleidung, repariert das Loch im Dach und reist nach Delaware, New Mexico und Oregon, um seine drei Kinder zu besuchen. Ob der Bauer schläft oder wach ist, zu Hause oder unterwegs – die Saat keimt und wächst. Er hat nicht die leiseste Ahnung, wie das passiert. Die Erde tut das ganz allein, ohne seine Hilfe. Erst der Keim, dann der Halm und schließlich die prall mit Korn gefüllte Ähre. Eines sonnigen Morgens isst der Bauer sechs Buttermilchpfannkuchen und vier Scheiben kanadischen Schinken zum Frühstück, geht zur Tür hinaus, kratzt sich am Kopf und bringt seine Ernte ein (Markus 4,26-29).

So ist es auch mit dem Vertrauen. Im Laufe der Jahre reift es heran zu einer festen Gewissheit. Weil wir solide, unwiderlegbare Beweise für die unermüdliche Treue Gottes erhalten haben, erkennen wir mehr und mehr, wie vertrauenswürdig der liebende Gott ist, und zwar ohne dass wir selbst uns auch nur im Geringsten anstrengen oder abmühen müssen. Nachdem der Bauer die Saat in die Erde gebracht hat, schläft er ganz ruhig und gelassen, und die Erde bringt „aus sich selbst“ – im griechischen Urtext „automatisch“ – die Frucht hervor. Dass Vertrauen zu Gewissheit heranreift, geschieht ähnlich „aus sich selbst“. Ebenso wie es einem demütigen Menschen leicht fällt zu sagen: „Ich weiß nicht“, so kratzen sich Menschen, die demütig vertrauen, am Kopf, wenn sie gebeten werden zu erklären, warum sie so sicher sind, dass Gott sie liebt. Sie sagen dann: „Das kann ich nicht erklären, weil ich es eigentlich nicht weiß.“

Brennan Manning

30. Mai

Feuer, das von innen brennt

Jesus hat einmal gesagt, dass er gekommen ist, ein Feuer auf Erden anzuzünden, und dass es ihm am liebsten wäre, wenn es schon brennen würde (Lukas 12,49). In Jesaja 42 wird gesagt, dass der Knecht Gottes nicht gekommen ist, den vielleicht nur noch glimmenden Docht vollends zum Erlöschen zu bringen, sondern er ist daran interessiert, dass das Licht wieder zum Brennen kommt. In der Bergpredigt sagt Jesus, wir Christen sollen das Licht der Welt sein, brennen und leuchten für die Welt (Matthäus 5,14).

Wie kann dieses Licht, dieses Feuer in uns brennen und zum Leuchten kommen? Wie kann dieses Feuer in mir und durch mich zur Flamme werden und auf andere ausstrahlen, so dass andere dadurch entzündet werden? Und welches ist das richtige „Brennmaterial" dafür?

Günther Schaible

31. Mai

Meine Lasten hergeben

Es gehört viel Demut dazu, die Lasten, Probleme, Schwierigkeiten, den Ärger und Frust und die Verletzungen herzugeben und unter dem Kreuz Jesu abzuladen. Für mich ist es logisch: Wenn ich und mein ganzes Leben Jesus Christus gehören, dann gehören meine Sorgen und Probleme auch ihm: dann soll er sie auch haben und immer wieder neu erhalten, damit er darüber verfügen kann. Damit er mit seiner Kraft und Hilfe etwas Gutes daraus machen kann. Jesus soll doch nicht umsonst gesagt haben: „Kommt her zu mir alle, die ihr mühselig und beladen seid, ich will euch erquicken" (Matthäus 11,28; Lutherbibel).

Günther Schaible

3: Väterliche Liebe

1. Juni

Licht

Gott ist der Schöpfer und die Quelle aller Harmonie, Rhythmus, Musik, Form, Duft und Farbe. Er will unser manchmal graues Alltagsleben verwandeln. Er selber ist das Licht der Welt. In Kontakt mit ihm, der Quelle, zu sein macht es möglich, dass sein Leben und Hoffnung durch uns sichtbar werden. Wir können sein Licht und seine Farben mitten in unserer seelisch und geistlich grau gewordenen Welt zum Ausdruck bringen. Wir selber können so zu einer Quelle des Trostes werden. „Ja, du machst hell meine Leuchte, der Herr, mein Gott, macht meine Finsternis licht" (Psalm 18,29; Lutherbibel).

Marion Warrington

2. Juni

Das Wasser des Lebens

„Wer Durst hat, komme zu mir und trinke. Wer an mich glaubt, von dessen Körper werden Ströme des lebendigen Wassers fließen“ (Johannes 7,37-38; Lutherbibel).

Und darin besteht geistliches Leben heute: Im Alltag, im Gewöhnlichen, ja sogar in der Wüste Gott zu entdecken.

Das Quellwasser Gottes ist da für uns – mitten im Alltag. Die Einladung, die Jesus ausgesprochen hat, zeigt den Ort, wo dieses Quellwasser zu finden ist. Die Quelle ist kein anderer als Jesus selbst. Das Wasser ist der Heilige Geist.

Wenn wir es lernen, wirklich an Jesus zu glauben, werden wir erleben, dass diese Zusage Realität wird.

Roland Werner

3. Juni

Bedingungslos geliebt

Man kann in dieser Welt nur leben, wenn man nicht von Menschen erwartet, was nur Gott geben kann. Ein Friedensstifter kann man nur sein, wenn man mit der begrenzten Liebe dieser Welt glücklich ist. Aber mit der begrenzten Liebe dieser Welt kann man nur glücklich sein, wenn man irgendwie weiß – weil es einem offenbart wurde –, dass es die bedingungslose Liebe, nach der sich unser Herz sehnt, wirklich gibt. Und dass sie direkt im Zentrum unseres Seins sein wird, wenn man einfach bereit ist, auf sie zu hören. Wenn man einfach aufmerksam sein will und nicht herumrennt, um sie irgendwo zu finden, wo man sie nicht finden kann.

Henri J. M. Nouwen

4. Juni

Kekse

Ich erinnere mich noch an den Abend, als der kleine dreijährige John in Begleitung seiner Eltern an unsere Tür klopfte. Ich sah zu ihm hinunter und sagte: „Hallo, schön, dich zu sehen." Er blickte weder nach links noch nach rechts. Sein Gesicht war wie versteinert. Er kniff die Augen zu Schlitzen zusammen, als wolle er jeden Augenblick den Revolver ziehen. „Wo sind die Kekse?", fragte er herausfordernd.

Das Reich Gottes gehört den Leuten, die nicht versuchen, gut dazustehen oder jeden zu beeindrucken, einschließlich sich selbst. Sie machen keine Pläne, wie sie die Aufmerksamkeit auf sich ziehen können, und überlegen nicht auch noch gleichzeitig, wie ihr Verhalten ausgelegt wird oder ob sie für ihr Benehmen einen Orden bekommen. Zwanzig Jahrhunderte später spricht Jesus deutlich zu dem Möchtegern-Asketen, der in Narzissmus und geistlichem Perfektionismus gefangen ist, er spricht zu denen, die mit ihren Siegen im Weinberg prahlen, und mit denen, die über ihre Schwächen und Charakterfehler jammern und klagen. Das Kind muss sich nicht abmühen, um in die richtige Haltung für eine Beziehung zu Gott zu finden; es muss keine Erklärungen für seine Einstellung zu Jesus erfinden; es muss kein schönes Gesicht für sich selbst erfinden; es muss keinen Zustand geistlicher Gefühle oder intellektuellen Verstehens erreichen. Es braucht nichts zu tun, als fröhlich die Kekse anzunehmen: das Geschenk des Reiches Gottes. Wenn Jesus sagt, dass wir wie die Kinder werden sollen, dann lädt er uns ein zu vergessen, was hinter uns liegt. Für den kleinen John spielt die Vergangenheit keine Rolle. Was wir in der Vergangenheit auch getan haben mögen, sei es gut oder schlecht, großartig oder unerheblich, für unseren Status vor Gott heute ist das völlig irrelevant. Nur *jetzt*, in diesem Augenblick, sind wir in der Gegenwart Gottes.

Brennan Manning

5. Juni

Einatmen ...

Geistliche Erfahrung ist in ihrem Kern Befreiung von jedem Leistungsdruck. Geistliches „Einatmen" ist deswegen im Kern die Erfahrung: Ich bin ein Freund, eine Freundin Jesu. Oder anders: Ich bin Gottes Kind. Dies ist das ganze Geheimnis spirituellen Lebens: zurückzufinden zu dieser einfachen Aussage: Ich bin Gottes Kind, eine geliebte Freundin, ein geliebter Freund des Herrn.

Unbedingt von ihm geliebt und angenommen, werden unsere Gedanken erleuchtet und ziehen warme Empfindungen in unser Herz ein. Ein untrügliches Zeichen für diesen Eindruck, den Gottes Geist in uns hinterlässt, ist die gefühlsmäßige Befreiung von dem Druck, unbedingt diesem oder jenem Gesetz folgen zu müssen, um uns Gottes Liebe zu bewahren. Wie steht Gott zu mir, wenn ich emotional von der Rolle bin, wenn ich keine Empfindung habe für ihn? Die Antwort ist: Er ist uns immer gleichermaßen zugewandt. Deswegen müssen wir uns befreien von Vorstellungen, die sagen, man müsse in einer bestimmten Seelen- und Gemütsverfassung zum Herrn kommen, erst dann habe man auch Gewinn bringende Gemeinschaft mit ihm.

Arne Völkel

6. Juni

Zeig mir dein Vaterherz

Es ist über alles wichtig, dass wir Christen das Herz unseres Vaters kennen. Dass wir hineinwachsen und tief eintauchen in sein Wesen. Ein unerschütterliches Vertrauen entwickeln darin, dass das Wesen des Vaters Liebe ist. Dass er sich festgelegt hat, dass er gar nicht anders kann und will als lieben. Er liebt nicht nur, er ist Liebe – unabhängig von uns und unserem Verhalten. Es ist über alles wichtig, dass wir diesen Vater immer besser kennen lernen, dass wir in vertrauter Gemeinschaft mit ihm leben. Dass wir seine Zusage verstehen und ernst nehmen, dass er immer bei uns sein wird. Dass wir all seine biblischen Verheißungen als wahr und gültig und wirksam begreifen. Dass wir eintauchen in das Denken der Bibel und immer tiefer verstehen, was wirklich gute Nachricht unseres Gottes ist. Dass wir über ihn lesen, von ihm hören, ihn tiefer begreifen, ihm nicht von der Seite weichen, seine Gegenwart erfassen, ihn immer besser kennen lernen. Sein Herz kennen – das vertreibt Misstrauen.

Ulrich Eggers

7. Juni

Liebst du mich?

Ziemlich am Ende seines Lebens fragte Jesus Petrus: „Petrus, Sohn des Johannes, liebst du mich mehr als die anderen? Petrus, liebst du mich?“ Und dann ein drittes Mal: „Liebst du mich?“ Und plötzlich sehen wir, dass Gott, der für alle Ewigkeit gesagt hat: „Ich liebe dich mit unendlicher Liebe“, Sie und mich fragt: „Liebst du mich auch?“ Wenn Sie diese Frage hören, werden Sie plötzlich erkennen, dass alle Erfahrungen Ihres Lebens – die schmerzhaften genauso wie die glücklichen – Erlebnisse sind, die Ihnen eine Möglichkeit geben zu antworten: „Ja! Ja, ich liebe dich auch!“

Denn das ist das Geheimnis Gottes: Er liebt uns, aber er möchte eine Antwort. Gott liebt uns, aber er sagt: „Ich bin ein eifersüchtiger Liebhaber, ich möchte, dass du mich auch liebst, von ganzem Herzen, mit deinem ganzen Leben, mit deinem ganzen Selbst. Liebst du mich? Ich, Gott, wünsche mir, dass du ja sagst.“

Henri J. M. Nouwen

8. Juni

Ruf mich bei meinem Namen!

In unserer gottvergessenen Zeit ist es wichtig, dem Namen Jesus die Tür zu öffnen in unserem Alltag, auch wenn das Unverständnis oder Ablehnung auslöst. Der Name Jesus muss geehrt werden. Es ist der Name des Feisch gewordenen Wortes Gottes. In ihm wird deutlich, wer Gott ist und wie er zu uns steht. Der Name Jesus ist kein leerer Scheck, sondern ist gedeckt, unterschrieben mit dem Herzblut der Liebe.

Der Name Jesus. Erstaunliches kann der erleben, der vertrauensvoll den Namen Jesus mitten im Alltag nennt und anruft. Immer wieder berichten Freunde von dieser Erfahrung: Wo sie in großer Not oder Gefahr waren, hat Jesus ihnen geholfen, als sie nach seinem Namen riefen. Ich jedenfalls habe das erfahren: Er geht nicht an mir vorüber, wenn ich wie der blinde Bettler rufe: „Jesus, du Sohn Davids, erbarme dich meiner!“ (Markus 10,47; Lutherbibel)

Das ist eine Quelle, die nie versiegt. Wir brauchen nicht mehr in unserem eigenen Namen zu leben, sondern in dem „guten Namen, der über uns genannt ist“ (Jakobus 2,7).

Roland Werner

9. Juni

Gott liebt mich unendlich

Als Mann liebe ich die Küste, Händels „Messias“, einen anständigen Eisbecher und meine Frau Roslyn. Ich liebe das, was ich sympathisch oder ansprechend finde. Ich liebe einen Menschen wegen seiner Eigenschaften und Qualitäten. Gott aber ist ganz anders. Gott, der Vater Jesu, liebt Männer und Frauen nicht aufgrund ihrer Eigenschaften. Er liebt sie nicht, weil sie gut sind, und er liebt nicht nur gute Männer und Frauen. Weil er so unbeschreiblich und unvorstellbar gut ist, liebt er Männer und Frauen – selbst in ihrer Sünde. Es ist nicht so, dass er herausfindet, was sympathisch und ansprechend an uns ist, und dann mit seiner Gunst und Gnade auf uns reagiert. Er ist die Quelle der Liebe. Er agiert, er reagiert nicht. Er ist Liebe ohne Motiv. Deswegen konnte Augustinus diese unglaublichen Zeilen schreiben: „Indem du mich geliebt hast, hast du mich liebenswert gemacht.“ Liebt Gott mich, weil ich meine Zeit Aidskranken oder Alkoholikern widme? Oder weil ich eine Stunde täglich im Gebet verbringe? Oder weil ich meiner Frau Roslyn peinlich genau treu bin? Wenn ich das glaube, bin ich ein Pharisäer, der wegen seiner guten Taten ein Anrecht darauf zu haben glaubt, Christus angenehm nah zu sein. Das Evangelium der Gnade sagt, dass ich nur aus einem Grund geliebt bin, und zwar weil Gott mich liebt – unendlich, ohne Ende. Jede Seite der Bibel verkündet, dass er uns auf eine Weise liebt, die menschlichem Verständnis trotzt und menschliche Begrenzung überwindet. Deswegen kann ich mit theologischer Gewissheit sagen: Gott liebt dich bedingungslos, wie du bist, und nicht, wie du sein solltest – denn du wirst nie so werden, wie du sein solltest. Gott liebt dich in der Morgensonne und im Abendregen, ohne Vorsicht und Bedauern. Wenn Gott aufhören würde, Liebe zu sein, dann würde Gott aufhören, Gott zu sein.

Brennan Manning

10. Juni

Söhne und Töchter

Wir sind die geliebten Töchter und Söhne Gottes. Das ist die Wahrheit, die wir erobern und uns zu Eigen machen müssen.

Unser ganzes Leben ist – aus Gottes Perspektive – eine einzige große Gelegenheit, diese Wahrheit zu ergreifen. Sie sich wirklich zu Eigen zu machen und zu sagen: „*Das* bin ich! Ich bin nicht nur eine Nummer in der Statistik; ein Mensch mehr auf der Welt. Nein, ich bin der geliebte Sohn, die geliebte Tochter Gottes – und als solche/r will ich in der Welt leben." Und Jesus sagt: „Ich bin gekommen, damit du hören kannst, wie das über dich gesagt wird, es ergreifst und darin die Freiheit findest."

Henri J. M. Nouwen

11. Juni

Die Tränen abwischen

Seit Jesus am Kreuz gelitten hat, hat das Leiden eine ganz neue Qualität bekommen. Christus hat seinen Stempel auf das Leiden der Menschen gesetzt und durch sein Sterben und Auferstehen den letzten Totalitätsanspruch des Negativen aufgehoben. Das Leiden und der Tod verlieren für Christen den Schrecken, da wir wissen, dass es am Ende überwunden ist durch den Sieg Jesu. Paulus kann jubeln: „Tod, wo ist dein Stachel, Hölle, wo ist dein Sieg?“ Und der Seher Johannes beschreibt die neue Welt Gottes so:

„Gott wird abwischen alle Tränen von ihren Augen.“

Das Leid ist nicht das Letzte.

Roland Werner

12. Juni

Die Hände freibekommen

Die schönste und wichtigste Geschichte des Neuen Testaments ist für mich das „Gleichnis vom verlorenen Sohn“. Ich will Ihnen hier nicht das ganze Gleichnis erzählen, sondern nur mit Ihnen über diese eine Szene nachdenken, in der der Vater sich von seinem Sohn verabschiedet. Der hat die Erbschaft in der dicken Brieftasche. Und er macht so überhaupt nicht den Eindruck, als würde er irgendwann mal wieder nach Hause kommen. Das Geld hat er vom Vater. Und der steht nun in der Tür und schaut ihm nach. Er hat ihn gehen lassen, einfach gehen lassen. Hat ihn, wenn man so will, sogar ins Unglück rennen lassen. Er weiß, er hätte ohnehin nichts ändern können. Alle guten Ratschläge wären in den Wind gesprochen gewesen. Vielleicht hätten sie sogar dafür gesorgt, dass sich der Sohn niemals mehr unter die Augen des Vaters gewagt hätte. Der Vater schweigt und lässt den Sohn ziehen.

Wer loslässt, wird nicht ärmer. Im Gegenteil: Er bekommt die Hände frei für etwas Neues – die Hände, die Gedanken, die Gefühle. Oft sind wir so vergangenheitsorientiert, können uns nichts anderes, nichts Besseres vorstellen als das, was wir kennen. Aber Gott hat immer noch etwas anderes mit uns vor, möchte uns zuweilen aus alten Lebensbezügen herausführen, uns etwas Neues zeigen, um uns für neue Aufgaben gebrauchen zu können.

Jürgen Werth

13. Juni

Wer bin ich?

Das größte Leid von Menschen ist nicht ihre geistige oder körperliche Behinderung, sondern jene tiefe Frage: „Werde ich wirklich als einzigartig wahrgenommen? Als jemand, der eine Rolle in der Rettungsgeschichte Gottes zu spielen hat? Bin ich einzigartig?" Es fällt Ihnen wie mir sehr, sehr schwer, dieses Erwähltsein für sich anzunehmen. Probieren Sie es aus! Probieren Sie, wie Sie sich fühlen, wenn Sie die Straße entlanglaufen, statistisch eine Nummer von den vielen „Ich-bin-nicht-sehr-Wichtigs". Ihrem Erwähltsein näher zu kommen ist einer der wichtigsten Anfänge des christlichen Lebens.

Glaubst du, dass es niemals irgendjemanden wie dich geben wird? Dass niemand je die Berufung haben wird, die du hast? Dass du ein notwendiger Baustein im Mosaik des Lebens bist? Dass Gottes Plan nicht ohne dich, so klein du auch von dir denken magst, erfüllt wird? Denn: Er hat dich erwählt, wie er Jesus erwählt hat!

Henri J. M. Nouwen

14. Juni

Selig sind die geistig Armen

Kann es sein, dass unser vordringliches Defizit nicht in einem Mangel an geistlichen oder materiellen Gütern besteht, sondern in fehlender Armut? Mangelnder Mangel sozusagen – dieses Paradox mutet Jesus uns zu, wenn er in seiner ersten Seligpreisung sagt: „Selig sind die da geistlich arm sind, denn ihrer ist das Himmelreich" (Markus 5, 3; Lutherbibel). Womöglich gibt es eine Art zu glauben, die von der geistlichen Armut, wie Jesus sie gemeint hat, Lichtjahre entfernt ist, nämlich der Glaube der Habenden.

Wir haben unseren Glauben wie einen Garantieschein für einen Platz im Himmel, haben unsere profunde Bibelkenntnis, die Geborgenheit der Gemeinde, das Gebet und damit die Möglichkeit, Gott vor unseren Karren zu spannen ... Wir haben doch Gott auf unserer Seite? Kann es sein, dass wir mit bemerkenswerter Treue oder – besser – Sturheit an unserem geistlichen Hab und Gut festhalten, an unseren Standpunkten, unserem konfessionellen Dünkel?

Was muss passieren, damit wir unseren Hunger wieder wahrnehmen und somit eine Chance haben, über diese Ebene herauszufinden? Wie ist es um unseren Lebenshunger bestellt? Ist er in Gott wirklich gestillt, oder besteht unsere Lebenskunst vor allem darin, den Schrei nach mehr im Keim zu ersticken? Wie wäre es, wenn wir unsere kleinen Süchte als Impulse nehmen, unserer geistlichen Armut und damit auch Gott näher zu kommen? Ein klein bisschen weniger essen, weniger lange am Computer sitzen – was auch immer –, damit wir wieder etwas von der tiefen Sehnsucht nach Liebe spüren, die ja letztlich eine Sehnsucht nach Gott ist? Ich glaube, Gott hat es unendlich schwer mit uns, wenn wir aufgehört haben, unsere Sehnsucht wahrzunehmen. Wie wollen wir Gottes Herz finden, wenn wir unseren tiefen Mangel nicht spüren? Es ist doch unser Hunger, der uns in seine Arme treibt – so wie den verlorenen Sohn.

Regina Laube

15. Juni

Eine Lumpenpuppe namens Saulus

Eines Tages begegnete die Gnade einer Lumpenpuppe namens Saulus. Saulus hatte die gefährlichste Art der Schäbigkeit, die besonders religiöse Menschen befällt: Er wusste nicht, wie verschlissen er war. Er dachte, Gott liebte ihn, weil er es als beschnittener Hebräer reinster Abstammung und voller Gesetzestreue und Eifer verdiente, geliebt zu werden. Saulus dachte allen Ernstes, dass Gott mit ihm einen ziemlich guten Fang gemacht hatte. Er widmete sein Leben der Bestrafung derjenigen, die nicht dieselbe Hingabe an das Gesetz zeigten wie er. Er war fest von dem überzeugt, was er glaubte, er hielt leidenschaftlich an seinen Werten fest. Aber etwas fehlte ...

Bis Saulus der Gnade begegnete. Vielmehr bis die Gnade Saulus begegnete. Da realisierte Saulus, dass all seine Bemühungen in seinem Herzen Stolz und Selbstgerechtigkeit hatten entstehen lassen. Sie hatten ihn von der Liebe zu Gott und zu anderen Menschen entfernt. Dann realisierte er, dass seine ganze Gerechtigkeit nur ein Haufen Lumpen war. Er unterzog sich einer radikalen Selbstprüfung.

Aus Saulus wurde ein völlig anderer Mensch – aus Saulus wurde Paulus. Er hatte eines der wichtigsten Dinge verstanden, an die ich mich immer wieder erinnern muss: Ich muss mir nicht nur vergegenwärtigen, dass ich aus Gnade gerettet wurde, sondern dass ich heute aus Gnade geliebt werde. Gott erlöste mich nicht aus reiner Gnade, nur um sich von da an nach meiner geistlichen Leistung vom Vortag zu richten. Gottes Liebe ist immer aus Gnade – „trotzdem“ und nicht „wegen“.

John Ortberg

16. Juni

Ich bin, der ich bin

Der wahre Gott ist ganz anders, als viele Menschen ihn sich heute vorstellen, anders, als ihn sich schon Adam und Eva vorgestellt haben. Er ist zwar ein „Ich", mit unendlich mehr Selbstbewusstsein und Selbstdurchsetzungskraft, als es Menschen in Wirklichkeit je haben können. „Ich bin der, der ich bin" ist sein Name. Aber anders als jeder von uns, der heute „Ich" sagt und „Ich" denkt und fühlt, ist Gott er selbst für andere, für die Menschen als seine Kinder; er ist *Ich* für mich und dich. Zu seinem Volk Israel sagt er: „Ich bin – dein Gott." Und dieses „Ich bin" kann man auch übersetzen: „Ich werde sein", und dann spricht er mit seinem eigenen Ich-Namen seine unverbrüchliche Treue aus: die Treue seiner Liebe zu jedem von uns Menschen, ja zu allen seinen Geschöpfen überhaupt. Gott ist Liebe, so fasst das Neue Testament das Wesen Gottes zusammen. Seine ganze Allmacht dient seiner Liebe zu uns. Das hat er erwiesen, indem er Jesus, seinen eigenen, einzig-einen Sohn, den Tod am Kreuz sterben ließ, um nicht nur unseren menschlichen Tod, den jeder von uns einmal sterben muss, mit uns zu teilen, sondern um uns frei zu machen von allen Lebensverhinderungen, die wir uns durch die ständigen Selbstüberforderungen unseres Egoismus selbst antun. Tiefer kann keine Liebe gehen, radikaler keine Zuwendung eines Liebenden sein als Gottes Liebe am Kreuz Jesu Christi. Aber in dieser Liebe Jesu zu uns hat Gott sich durchgesetzt. In seiner Allmacht hat er seinen für uns elend gestorbenen Sohn aus dem Tod zum Leben erweckt, zum Leben, wie Gott selbst es lebt: vollkommen lebendig, vom Tod nicht mehr gezeichnet und bedrückt, ewig bleibend.

Ulrich Wilckens

17. Juni

Gottes Liebe ist Wahrheit

Glaube ist immer ein Wagnis – und Wagnis macht verletzlich. Fragen eingestehen, Niederlagen zugeben, Armut einräumen, leere Hände öffnen müssen, all das bricht unseren Stolz. Zeigt unsere Abhängigkeit. Nicht wahr zu leben und Glauben nur zu spielen scheint uns Ruhe, Kontrolle – und Schutz vor Enttäuschung zu geben. Aber mein Herz kann ich nicht betrügen. Es weiß genau, dass ich nur spiele. Und es weiß genau, dass dieses gespielte Christsein am Ende selber eine einzige große Enttäuschung ist. Ohne Kraft, ohne Freude, ohne Liebe, ohne Freiheit, ohne Leben.

Gottes Liebe ist Wahrheit. Und deswegen liebt er uns auch in dieser dunklen, faszinierenden, leuchtenden, schrecklichen, wunderbar-hässlich verwirrend vielfältigen Wahrheit über uns. Sein Geist der Wahrheit will uns Mut machen, endlich unsere Lügen aufzugeben und die Freiheit des Wahrwerdens zu erfahren. Und zugleich flüstert uns dieser Geist beharrlich zu, dass Gottes Wesen vollkommene Liebe ist.

Ulrich Eggers

18. Juni

Gottesbilder

Ich habe in langen Jahren immer wieder meine Vorstellungen von Gott loslassen müssen und werde damit wahrscheinlich nie ans Ende kommen – angefangen bei dem Verdacht, Gott sei ein strenger Richter, dann die Vermutung, Gott sei zwar überwiegend gut, ab und zu aber womöglich auch böse, bis endlich zu der Gewissheit: Gott ist ein unendlich liebevoller Vater. Darüber sind wir uns doch inzwischen alle einig, oder? Heutzutage erlebe ich Gott manchmal wie ein verzehrendes Feuer (aber auch nur, solang ich in diese Zumutung einwillige).

Was auch immer ich von seinem Wesen verstanden zu haben meine: Es stimmt nicht. Gott ist mehr als das und immer auch der ganz andere.

Regina Laube

19. Juni

Ein von Gott geäußertes Wort

Beim treuen Hören auf das Wort Gottes vernachlässigen wir häufig sein erstes Wort an uns – das Geschenk unseres Selbst an uns selbst: unsere Existenz, unser Temperament, unsere persönliche Geschichte, unsere Einzigartigkeit, unsere Makel und Schwächen, unsere Identität. Schon unsere bloße Existenz ist eine der Methoden Gottes, sich ganz einzigartig und unwiederholbar in Raum und Zeit auszudrücken. Nach seinem Ebenbild geschaffen, sind auch Sie und ich ein weiteres Versprechen an das gesamte Universum, nämlich dass er es auch weiterhin lieben und sich darum kümmern wird.

Aber selbst wenn wir die Tatsache annehmen können, dass wir ein von Gott geäußertes Wort sind, wissen wir vielleicht trotzdem nicht, was er durch uns zu sagen versucht. In seinem Buch *Seeds of Contemplation* schreibt Thomas Merton: „Gott äußert mich wie ein Wort, das einen Teilgedanken von ihm selbst enthält. Ein Wort kann niemals die Stimme begreifen, von der es geäußert wird. Wenn ich aber dem Grundgedanken treu bleibe, den Gott in mir und durch mich zum Ausdruck bringt, wenn ich dem Gedanken, den ich verkörpern soll, treu bleibe, dann werde ich erfüllt von seiner Wirklichkeit und Unmittelbarkeit und finde ihn überall in mir, und mich selbst finde ich nirgends. Ich verliere mich in ihm."

Geduldig warten wir darauf, dass Gott uns zeigt, was er durch uns sagen will. Ein solches Warten erfordert nicht nur wache Aufmerksamkeit, sondern auch den Mut, ihn zu uns sprechen zu lassen. Dieser Mut wächst aus dem festen Vertrauen auf die Weisheit Gottes, der kein falsches Wort äußert.

Brennan Manning

20. Juni

Hunger nach Leben

Für Christen leitet sich „Spiritualität" vom „Spiritus Sanctus" ab, vom Heiligen Geist Gottes. Und „Geist" ist in der biblischen Sprache des Hebräischen oder Griechischen das Wort „Wind" oder „Hauch" oder „Odem" – etwas Unsichtbares, das sichtbare Auswirkungen hat.

Das ist der Wind/Geist, der alles Leben schuf, sichtbares und unsichtbares (1. Mose 1,2); der das Leben Jesu (Lukas 1,35; 3,22) und eine anbetende Gemeinde (Apostelgeschichte 2,2-4) schuf sowie jeden einzelnen Christen (Römer 8,11). Es gibt keine Erklärungen für das Leben – irgendein Leben – außer durch diesen Geist: „Sendest du deinen Geist (Odem/Wind) aus, so werden sie alle erschaffen, und du erneuerst das Antlitz der Erde" (Psalm 104,30).

Das vom Geist erschaffene Leben umfasst mehr, als sich an Blutdruck und Pulsschlag ablesen lässt. Alle Lebenszeichen in Botanik, Biologie und Physiologie zusammen können es nicht ansatzweise schaffen, das Leben zu erklären. Wie will man Freude und Liebe, Glauben und Hoffnung, Wahrheit und Schönheit, Sinn und Wert allein aus der Materie erklären? Die meisten von uns mögen zwar nicht in der Lage sein, „Spiritualität" angemessen zu definieren, aber kaum jemandem fehlt das Gespür dafür, ob sie vorhanden ist oder nicht. Wir fühlen uns durch ihre Anwesenheit belebt und durch ihr Fehlen verarmt. Leben und nochmals Leben – danach hungern wir zutiefst.

Aber das wird in unserer Lebensweise nicht immer in *Geist, Geist und noch mehr Geist* übersetzt. Heiliger Geist ist – in christlicher Begrifflichkeit – das Leben Gottes in unserem Leben; es ist Gott, der in uns lebt und uns damit zu Teilhabern an der verschwenderischen Fülle des vom Geist erschaffenen (sichtbaren und unsichtbaren) Lebens werden lässt.

Eugene H. Peterson

21. Juni

Dämonen der Geschäftigkeit

Ich bin wie viele Pastoren. Ich verpflichte mich zu vielen Projekten und Aufgaben und frage mich dann, wie ich das alles schaffen soll. Das gilt für den Pastor, für den Lehrer, für den Manager. Genau genommen gilt es für unsere ganze Kultur, die uns ständig sagt: „Tu, so viel du kannst, oder du wirst es nie schaffen." In dieser Hinsicht sind Pfarrer ganz Teil der Welt.

Ich habe entdeckt, dass ich die Dämonen der Geschäftigkeit nicht direkt bekämpfen kann. Ich kann nicht ständig zu diesem Nein und zu jenem Nein sagen, solange es nicht etwas gibt, das zehnmal attraktiver ist. Zu meiner Lust, meiner Gier, meinen Bedürfnissen und den Mächten der Welt „nein" zu sagen kostet ein enormes Maß an Energie.

Die einzige Hoffnung ist, etwas zu finden, das so unübersehbar real und attraktiv ist, dass ich meine ganze Energie darauf verwenden kann, dazu Ja zu sagen. Dann habe ich eigentlich keine Zeit mehr, auf die vielen Ablenkungen zu achten.

Eine solche Sache, zu der ich Ja sagen kann, ist es, wenn ich begreife, dass ich geliebt bin. Sobald ich feststelle, dass ich in meiner vollkommenen Gebrochenheit trotzdem geliebt bin, werde ich von dem Zwang frei, ständig Erfolge vorweisen zu müssen.

Henri J. M. Nouwen

22. Juni

Geliebte Sünder

Wir müssen es dringend und bis in unsere tiefsten Tiefen hinein lernen, dass Gott uns schon jetzt und immer weiter als Sünder liebt und gebraucht. Wir müssen die Tatsache, dass wir zutiefst und bis in die letzte Haarspitze hinein Sünder sind, endlich annehmen und umarmen und im Tiefsten verstehen. Wir müssen die scheinbar gute, christliche Welt der angeblichen Sündlosigkeit und die böse Welt der argen Sünder endlich wieder vereinen und begreifen, dass Gott nur Sünder kennt, die durch ihn (und nicht durch unsere Leistung und Verdrängung) gerecht werden und geworden sind. Dank seiner Liebe sind wir in die Lage versetzt, das wahre Bild von uns selbst anzunehmen. Und weil wir diese Wahrheit über uns selbst kennen, deswegen werden wir frei, an diesem wahren Bild zu arbeiten – hässliche und zerstörende Sünde nach und nach zu überwinden, dank seiner Liebe immer mehr in sein Bild verwandelt zu werden.

Ulrich Eggers

23. Juni

Quelle und Strom

Wer nie mit Gott zu tun bekommen hat, für den ist bereits die Rede von Gott fremd und unzugänglich. Aber faszinierend ist sehr wohl, was von Gottes „Charakter“ und von der Art seines Umgangs mit den Menschen der Bibel zu lesen ist. Einfach poetisch-schön sind viele Partien in ihr. Wo gäbe es zum Beispiel schönere Liebesgedichte als im Hohelied des Alten Testaments in ihrer natürlichen Einfalt konkreter erotischer Sinnlichkeit? Nicht nur deswegen aber stehen sie in der Bibel, weil eben – entgegen aller falschen Nachrede – leibhaftige Liebe zum biblischen Menschenbild gehört, sondern: Der Gott der Bibel selbst ist von einer solchen sinnlichen Liebesglut für seine Menschen erfüllt, dass er im Buch Hosea voller Begeisterung wie ein Ehemann spricht, der seiner fremdgegangenen Ehefrau in glühender Liebe treu zugetan bleibt. Und umgekehrt wirbt in den Sprüchen Salomos Gottes „Weisheit“ um den Glauben seiner Menschen wie eine liebende Frau mit zärtlich verlockender Sprache.

Das ist das ganz Außerordentliche an Gott: Er ist „er selbst“ mit einer Absolutheit und Ich-Stärke, wie sie kein noch so auf Freiheit und Selbstverwirklichung hin lebender Mensch unserer modernen westlichen Welt aufzubringen vermag. „Ich werde sein, der ich sein werde“ ist sein Name (2.Mose 3,14). Aber als dieser *ich* ist er so vollkommen und so rückhaltlos für die Menschen da, die er geschaffen und zu seinen Auserwählten erklärt hat, dass er selbst in seinem ureigenen Wesen die Liebe ist, die er schenkt (1. Johannes 4,16). Entsprechend heißt in biblischer Sprache an Gott zu glauben, ihn zu „lieben mit ganzem Herzen, von ganzer Seele und mit all deiner Kraft“ (5. Mose 6,4-5). Das ist der Grund dafür, dass Jesus diese Liebe zu Gott mit der Liebe von Mensch zu Mensch verbindet wie Quelle und Strom (Markus 12,29-31; Lukas 10,27).

Ulrich Wilckens

24. Juni

Der Schatz im Acker

Manchmal muss Gott unseren Acker um- und umgraben, bis etwas vom kostbaren Schatz, Christus in uns, zum Vorschein kommt. Immer wieder ist dieser Reichtum in Gefahr, verschüttet zu werden – gerade auch, indem wir ihn festhalten wollen. Es wäre ein hoffnungsloses Unterfangen, wenn das Projekt nicht von Gott selbst initiiert wäre. Unser Vater im Himmel wird uns keinen Stein geben, wenn wir ihn um Brot bitten, und keine Schlange, wenn wir um einen Fisch bitten ...

Regina Laube

25. Juni

Frei durch Gnade

Der Psalmist schreibt in Psalm 85,11 (Elberfelder Übersetzung): „Gnade und Wahrheit sind sich begegnet, Gerechtigkeit und Frieden haben sich geküsst.“ Wenn wir der Wahrheit glauben, nämlich dass allein die Gnade errettet und frei macht, dann wird endlich Frieden in unserem Leben einkehren, und unser Vater kann uns mit seiner Gerechtigkeit küssen. Eiserne Disziplin und Druck werden uns niemals in die rechte Nachfolge bringen. Nur das Begreifen der Liebe Gottes zu uns Menschen wird unser Leben und unser Handeln bestimmen.

Andy Treibenbacher

26. Juni

Das Heimkehrfest

„Aber der Vater sprach zu seinen Knechten: Bringt schnell das beste Gewand her und zieht es ihm an und gebt ihm einen Ring an seine Hand und Schuhe an die Füße und bringt das gemästete Kalb und schlachtet's; lasst uns essen und fröhlich sein! Denn dieser mein Sohn war tot und ist wieder lebendig geworden; er war verloren und ist gefunden worden" (Lukas 15,22-24; Lutherbibel).

Es ist schwer für uns, zu glauben, dass Gott uns vergeben hat. Es ist fast noch schwieriger, zu glauben, dass er es immer wieder tut. Dass er nicht eines Tages sagt: „Jetzt reicht es mir aber wirklich! Du hast deine x-te Chance gehabt, die habe ich dir gern gegeben, aber irgendwann muss Schluss sein!" So würden wir reagieren! So ist Gott nicht. Bei ihm bekommen wir nicht nur eine zweite oder vielleicht noch dritte Chance. Wir bekommen so viele, wie wir brauchen. Und wenn wir tausend Mal wiederkommen mit derselben Schuld und sie uns Leid tut, dann vergibt er uns auch das tausendste Mal. Gott hat einen Geduldsfaden, den wir gar nicht zerreißen können.

Wie gesagt: Das ist schwer zu glauben. Darum brauchen wir viele Gelegenheiten, wo Gott uns diese Gnade neu zeigt. Wir brauchen auch so ein „Heimkehrfest", das uns an die Gnade Gottes erinnert. Das Abendmahl ist dieses „Heimkehrfest". Wenn wir Abendmahl feiern, zeigt uns Gott: „Ihr meine lieben Söhne und Töchter! Ihr könnt so zu mir kommen, wie ihr seid. Nicht nur am Anfang. Sondern immer wieder. Ich weiß, solange ihr leben werdet, werdet ihr nicht frei von Sünde. Aber das ist nicht schlimm, solange ihr nur immer wieder zu mir kommt und meine Gnade empfangt. Wenn ihr eure Sünden bekennt, bin ich treu und gerecht und vergebe euch und mache euch rein von aller Ungerechtigkeit. Meine Gnade genügt für euch!"

Ingo Scharwächter

27. Juni

Vom Leben gebeutelt

Wenn Jesus sagt: „Kommt her zu mir alle, die ihr mühselig und beladen seid; ich will euch erquicken“ (Matthäus 11,28; Lutherbibel), sehe ich das Bild seiner ausgestreckten Arme vor mir. Es drückt eine große Sehnsucht aus, Mitleid und ein tiefes Verständnis für die Wirrnisse der menschlichen Seele. Jesus weiß, dass wir auf unserem Glaubensweg nicht vor Erschöpfung gefeit sind. Dass wir vom Leben gebeutelt, niedergeschlagen und ausgebrannt sein werden – sei es durch unseren Dienst in der Gemeinde, zwischenmenschliche Beziehungen, unsere Aufgabe als Eltern, unseren Beruf, durch unsere Gelüste, Süchte oder wiederkehrende Neurosen.

Die barmherzige Liebe Jesu befreit uns von unserem Schamgefühl gegenüber uns selbst. Jesus macht deutlich, dass wir uns nicht zu verstecken brauchen, da unsere Gefühle, Sexualität oder Fantasien durch seine heilende Berührung gereinigt werden, heil werden.

Die unendliche Liebe Jesu ist in der Geschichte vom Jüngling zu Nain auf eindrucksvolle Weise dargestellt (Lukas 7,11-17). Der einzige Sohn einer Witwe ist gestorben, und Angehörige tragen seinen Leichnam zur Bestattung zum Stadttor hinaus. Als Jesus das von Trauer gezeichnete Gesicht der Mutter sieht, ergreift ihn das Mitleid. Er nimmt ihr Gesicht in seine Hände und flüstert: „Ich weiß, wie dir zumute ist!“ Er wischt ihre Tränen ab und sagt: „Weine nicht!“ Jesus ist das menschliche Gesicht Gottes – und in diesem Augenblick sieht er Sie und mich mit demselben Blick voll unendlicher Liebe und Zärtlichkeit an.

Brennan Manning

28. Juni

Eine Liebesgeschichte

Wer sich Gott als einen über alles Irdisch-Menschliche erhabenen, himmlisch fernen „unbewegten Beweger“ vorstellen will, der mag sich stoßen an diesem so menschennahen und menschartig handelnden Gott der Bibel. Doch wer sich nach einem Gott sehnt, der ganz für ihn da ist und durch alle Dickichte und Abgründe des Lebens bei ihm bleibt, der wird bei Gott ein weites Feld von Erfahrungen ebendieser Art finden. Und wer einmal angefangen hat, so zu leben, wird schwerlich wieder aufhören können. Denn die Liebe dieses Gottes ist so grenzenlos und vorbehaltlos am Geschick seiner Menschen interessiert, dass sie ihn schließlich buchstäblich in den Tod für sie führt (wie es die Erfahrungsweisheit der Völker immer von echter Liebe sagt). Im Neuen Testament nimmt Jesus, Gottes Sohn, den Tod auf sich, um uns von den todesträchtigen Wirkungen unseres Umgehens mit uns selbst, miteinander und mit der Schöpfung frei zu machen. Diese Liebe, die sich so ganz für uns hingibt bis in den Tod, hat in der Auferstehung Jesu ihren Sieg gefunden, durch den alles noch so beschädigte Leben heil wird und den keine Macht des Bösen je wird rückgängig machen können. Das ist gemeint mit jenem Wort Jesu im Johannesevangelium: „Ich habe die Welt besiegt.“

Ulrich Wilckens

29. Juni

Gott hält mein wahres Ich aus

Die Bekehrung meines Herzens ist ein langwieriger Prozess. Es gibt dabei keine Abkürzungen. Ich vermute: Ein ganzes Leben reicht dafür nicht aus. Gott will nach und nach mein ganzes Herz erobern. Seine Gnade will etwas zu verwandeln haben. Der Geist Gottes will unsere ganze Person durchdringen, unsere Hochherzigkeit und unsere Erbärmlichkeit, unsere Hoffnungen und unsere Enttäuschungen, unsere Liebesfähigkeit und Aggression, unsere verdrehten Motive, unseren Ehrgeiz und Hochmut, unsere frommen und nicht zuletzt unsere gottlosen Anteile. Gott hat kein Interesse an unserer braven, perfektionistischen Fassade. Er will mit uns hinabsteigen in unsere innerste Realität, in unsere Verletzungen und Verkrustungen, unsere Bedürftigkeit und unsere Leidenschaften. Ecce ego – so bin ich, und Gott hält mich aus. Alles darf heimfinden in seine bedingungslose Liebe. Dazu brauchen wir vielleicht einen Begleiter, der uns immer wieder glaubhaft vermittelt, dass unsere innere Wahrheit genau das ist, was Gott wie ein kostbares Geschenk von uns entgegennimmt.

Regina Laube

30. Juni

Lebensmitte – Midlifecrisis?

An der Schwelle in der Mitte meines Lebens gibt mir Gott meine Verantwortung für mich selbst ganz deutlich in meine Hand. Er nimmt mich ernst und gesteht mir eigenständige und mündige Entscheidungen zu. Ich darf – mehr als früher – sein Partner in der Gestaltung meines Lebens sein. Das fordert mich ganz neu heraus, mich zu mir selbst zu stellen mit meinen Schwächen und Stärken. Und dass ich mich zu Gott stelle, dem großen DU, mit all meinen Fragen, die er mir zurückgibt: Antworte du selber, du bist nun alt genug! Gott nimmt mich ernst in dieser Situation meines Lebens – indem er schweigt und nicht alle Rätsel meiner Existenz auflöst, ja, indem er erst recht selbst Rätselaufgaben stellt. Jetzt gibt er mir die schwersten Nüsse zu knacken. Und nun sind es nicht mehr Ehrgeiz oder fromme Begeisterung, die mein Handeln bestimmen. Jetzt geht es um die großen Fragen des Lebens, jetzt geht es um das Eigentliche. Und das erschließt sich nicht mit jugendlicher Kraft, sondern mit Geduld, Ausdauer und langem Atem – indem ich mich und die Situation aushalte, mich ihr stelle oder mich ihr aussetze. Indem ich mich auf der Schwelle zwischen zwei Räumen niederlasse und zurückschaue ohne Zweifel, Beschämung und Ausflüchte und wahrnehme, was war, und indem ich in den neuen Raum, der vor mir liegt, ohne Angst und Selbstüberschätzung hineinschaue.

Johannes Stockmayer

1. Juli

Ein Meer an Liebe

Ich kann Gottes Zorn nicht mit meinen eigenen Wutausbrüchen vergleichen, aber ich kann verstehen, dass Liebe und Engagement vielfältige Ausdrucksformen haben können. Dass sein Blick sowohl bestätigt als auch korrigiert. Diese Einsicht hat mich sehr dankbar gemacht. Gott ist warmherzig. Welche unendliche Geduld muss er haben! Welches Meer an Liebe, das genug Geduld hat, um auf uns Menschen zu warten – auf uns, die wir uns oft so langsam vorwärts bewegen.

Lena Bergström

2. Juli

Meine ungeliebten Seiten

Es gibt so viele Stellen in meinem Wesen, die ich nicht leiden kann und deshalb ablehne oder verdränge. Aber je mehr ich diese Seiten ablehne, desto mehr negative Wirkung bekommen sie und desto mehr Raum fordern sie in meinem Leben. Ich erlebe, wie sie mich im Kontakt mit anderen Menschen anspringen.

Und dann ist da wieder die Stimme von Jesus, die sagt: „Ich liebe dich so, wie du bist! Ich stelle keine Bedingungen. Ich höre nicht auf, dich zu lieben, auch dann nicht, wenn du Fehler machst. Denk daran, ich bin für dich gestorben, als du Sünderin warst."

Wenn ich das immer wieder höre und es mein Herz immer ein bisschen mehr erreicht, kann ich diese von mir ungeliebten Seiten ansehen, ihre Existenz zur Kenntnis nehmen und eingestehen. Sie können mich nicht mehr beherrschen, und ich brauche mich oder andere nicht durch sie zu verletzen.

Antje Balters

3. Juli

Das Geheimnis gnädiger Liebe

Zutiefst zu glauben, wie auch Jesus es tat, dass Gott gegenwärtig ist und im Leben der Menschen wirkt, heißt zu begreifen, dass ich ein geliebtes Kind dieses Vaters bin und deshalb die Freiheit habe zu vertrauen. Das verändert die Beziehung zu mir selbst und zu anderen; es bedeutet für meine ganze Art zu leben einen enormen Unterschied. Dem Vater zu vertrauen, und zwar sowohl im Gebet als auch im Leben, heißt, in kindlicher Offenheit vor einem Geheimnis gnädiger Liebe und grenzenlosen Angenommenseins zu stehen.

Brennan Manning

4. Juli

Besser kann das Leben nicht sein

Ich empfinde, dass ich heute einen Gott kenne, der größer ist als alles, was ich mit Worten beschreiben kann. Und er liebt mich! Die letztgültigen und entscheidenden Momente meines Lebens sind die, wo ich ruhig und still empfinde, dass ich geliebt bin, und tief empfinde, dass ich geliebt bin, diese Liebe durch mich strömen fühle und diese Verbindung mit der Quelle des Lebens empfinde, mit dem transzendenten Gott – und ich denke: Das ist es! Das ist die ultimative, äußerste, allerletzte Erfahrung, die wir im Leben haben können! Dieser Moment, in dem ich weiß, dass Gott real ist, dass er mich liebt, dass er mich umgibt. Dass er der Ruhepunkt meiner Seele ist. Diese Momente, darum geht es, das ist Leben. Das ist das Beste, was das Leben bieten kann. Besser kann das Leben nicht mehr sein! Und wie sollte man das nicht lieben?

Lynn Hybels

5. Juli

Mein Ja zu Gott

Kein Mensch braucht darüber zu grübeln, wozu Gott ihn berufen hat. Er hat uns zu Christus gerufen. Ich brauche nicht nervös darauf zu warten, was Gott wohl mit meinem Leben vorhat. Gott ist nicht in einer abstrakten „Berufung" zehn Meter weiter vorne, er ist hier bei mir. Die ganze Zeit, die ich herumgesprungen bin und meine Berufung gesucht habe, ist er schon da gewesen. Er hat geduldig darauf gewartet, dass ich endlich auch da bin, damit er mir in die Augen sehen kann und nicht nur auf den Rücken. Für den Menschen, der bewusst oder unbewusst Gott als „Projekt" betrachtet hat, ist es eine umwerfende Erfahrung, ihm von Angesicht zu Angesicht zu begegnen. Welche Vereinfachung! Welche Erleichterung!

Magnus Malm

6. Juli

Die gute Nachricht

Wenn Gott Menschen gegenübertritt, muss man mit allem rechnen. Ein heiliger und gerechter Gott kann unmöglich von dem begeistert sein, was wir tun. Darum zeigt die Religionsgeschichte viele Bilder von Göttern, die in Zorn und Strafbegehren herniederfahren. Sie kommen nicht, um zu schonen, sondern um zu verderben. Die gute Nachricht ist eine andere. Gott ist nicht auf Rache und Vernichtung aus. Nicht Strenge und Strafgewalt Gottes erscheinen mit der Geburt Jesu, sondern hilfsbereite Freundlichkeit, die sich ihrerseits menschlichem Hass und Streit, Kälte und Mord aussetzte. In dieser wunderbar unerwarteten Ankunft Gottes bei uns Menschen wird offenbar, wie sehr Gott uns Menschen liebt:

„Aber dann erschien die Freundlichkeit und Menschenliebe Gottes, unseres Retters. Wir selbst hatten keine guten Taten vorzuweisen, mit denen wir vor ihm hätten bestehen können. Nein, aus reinem Erbarmen hat er uns gerettet durch das Bad der Taufe – das Bad, in dem wir zu einem neuen Leben geboren wurden, erneuert durch den Heiligen Geist. Ihn hat er in reichem Maß über uns ausgegossen durch Jesus Christus, unseren Retter. Durch dessen Gnade können wir vor Gott als gerecht bestehen, und darum sind wir auch eingesetzt zu Erben ewigen Lebens, auf das wir nun hoffen dürfen“ (Titus 3,4-7; Gute Nachricht).

Arne Völkel

7. Juli

Gott ist da

Gottes Wesen ist kreativ, reich, überfließend und spielerisch. Er ist nicht nur im Sichtbaren gegenwärtig, sondern auch im Unsichtbaren, und wir erleben viel Freude, wenn wir ihn dort entdecken, wo wir ihn niemals vermutet hätten. Er verbirgt sich in Schwierigkeiten, im Leiden, in der Armut, er verbirgt sich im Versagen und allen Erfahrungen unseres Lebens. Wie die Lebensumstände auch sein mögen, Gott ist da, unsichtbar, verborgen; er wartet darauf, von uns entdeckt zu werden, und möchte uns zeigen, dass wir im Schatten wie im Licht von ihm lernen können.

Mike Yaconelli

8. Juli

Unterwegs sein

Es ist nicht schwer für uns, zu lieben. Aber es ist schwer für uns, zu begreifen, dass wir geliebt werden. Wir können nicht von heute auf morgen in der unerschütterlichen Gewissheit leben, dass Gott uns liebt. Es ist ein Lernprozess. Jeden Tag lerne ich die tiefe, hingebungsvolle Liebe, die Gott mir entgegenbringt, ein bisschen besser kennen. Liebe bedeutet unterwegs sein, nicht ankommen. Ankommen werden wir erst nach unserem Tod. Aber der Weg, auf dem wir gehen, ist gesäumt von Wegweisern, die in alle Ewigkeit feststehen: den Verheißungen der Bibel. Sie gelten immer und überall, unabhängig davon, ob wir an sie glauben oder nicht. „Ich liebe dich", sagt Gott leise und wünscht sich, dass wir auf seine Stimme hören. „Ich bin immer bei dir, ganz egal, was du getan hast. Du bist wertvoll für mich. Ich werde dich niemals verlassen."

James Smith

9. Juli

Der Name, unter dem Gott uns kennt

Gott hat uns geschaffen, damit wir Gemeinschaft mit ihm haben. Das ist der eigentliche Sinn unseres Lebens. Und es heißt von Gott, er sei Liebe (1. Johannes 4,16). Im Bewusstsein zu leben, dass wir geliebt sind, das ist die Achse, um die sich das Leben von Christen dreht. Geliebte zu sein, das ist unsere Identität, der Kern unseres gesamten Seins. Es ist nicht einfach ein vager Gedanke, eine interessante Idee oder ein Name unter vielen. Es ist der Name, unter dem Gott uns kennt, die Art, auf die er mit uns in Kontakt tritt.

Brennan Manning

10. Juli

Gott läuft uns nach

Für viele Christen ist Gott nicht länger ein Gott, der bei uns und ständig hinter uns her ist, sondern ein ferner Gott, der sich höchstens mal am Sonntag in der Kirche zeigt. Statt einen Gott zu erleben, der uns nachgeht und unsere Aufmerksamkeit haben will, beginnen wir Gott hinterherzulaufen und versuchen, seine Aufmerksamkeit zu erhalten.

Psalm 139 ist recht eindeutig. Wir müssen nicht erst Gottes Aufmerksamkeit auf uns lenken, wir haben sie bereits. David betet: „Wohin kann ich gehen, um dir zu entrinnen, wohin fliehen, damit du mich nicht siehst?“ (Psalm 139,7; Gute Nachricht). Gott ist bei uns. Aber Gott ist nicht nur bei uns, er kennt uns auch. Er geht nicht nur neben uns her, er ist auch in uns. Um Gott zu begegnen, müssen wir nicht erst in einen Kirchenraum gehen. Um Gott zu finden, müssen wir nicht erst unser Leben von jeglicher Sünde befreien. Denn Gott hat uns gefunden! Egal, in welcher Situation wir stecken, egal, in welchem Zustand wir uns befinden. Vielleicht haben wir die Richtung verloren und unsere geistliche Sicht ist völlig verschwommen – doch Gott ist bei uns, er lockt uns zu sich zurück. Vielleicht drehen wir Gott den Rücken zu; er sieht uns immer ins Gesicht.

Mike Yaconelli

11. Juli

Ein Leben, das sich lohnt

Das Leben, das sich lohnt, wurzelt im ewigen Leben Gottes. In der Verbindung zu Jesus schenkt uns Gott Anteil an seinem Leben – jetzt in dieser Zeit und nach unserem Tod. Aus dem ewigen Leben Gottes, aus dem „Brot" seines Wortes und seiner Liebe, speist sich unser Leben auch heute. Von dort beziehen wir unsere Hoffnung und unsere Kraft.

Unsere eigenen Kräfte sind schnell verbraucht und unsere Ideale rasch verschlissen. Darum wurzelt das Leben, das sich lohnt, im ewigen Leben. Und darum ist die Botschaft vom ewigen Leben keine abgegraste Nachricht.

Arne Völkel

12. Juli

Mehr als ein Schmuckstück

Gottes Liebe zu uns ist insofern erstaunlich, als er uns ohne besonderen Grund liebt. Wenn wir an seiner Liebe zweifeln, brauchen wir nur an die Geburt, das Leben, den Tod und die Auferstehung Jesu Christi zu denken. Es gibt kaum einen eindeutigeren Beweis dafür, dass Gott uns vorbehaltlos annimmt. Allzu oft ist das Kreuz für uns nichts als ein Schmuckstück. Dabei ist es in Wirklichkeit Ausdruck der größten Liebestat, die je geschehen ist.

Durch Jesus Christus sagt Gott zu uns: „Was ihr nicht selbst für euch tun könnt, werde ich für euch tun. Eure Sünde steht zwischen uns, und weil ihr sie nicht wegtun könnt, werde *ich* sie wegnehmen. Mein Blut wird eure Sünden wegwaschen, und ich werde nicht mehr an sie denken. Es wird nichts mehr zwischen uns stehen. Ich werde von den Toten auferstehen, damit ihr leben könnt. Meine Liebe ist stärker als der Tod. Wenn ich auferstanden bin, werde ich euch einladen, mit mir zu sterben und aufzuerstehen. Auch ihr könnt jetzt das ewige Leben ergreifen. Es ist in mir."

James Smith

13. Juli

Gott nimmt uns an

Gott nimmt uns an, und darum dürfen und sollen wir lernen, uns selbst auch anzunehmen. Gott heilt unsere Scham nicht dadurch, dass er versucht, etwas Gutes und Liebenswertes an uns zu finden, sondern indem er uns so sieht und annimmt, wie wir sind – mit guten und schlechten, liebenswerten und hässlichen Seiten. Gott nimmt uns an und verspricht uns gleichzeitig, dass er das auch in Zukunft immer tun wird. Nun ist es an uns, dasselbe zu tun.

James Smith

14. Juli

Warum ist es so schwer, zu lieben?

Wenn wir einem Menschen mit liebevoller Annahme begegnen, dann ist das – wie wir überrascht feststellen werden – nicht etwas, das wir tun, sondern etwas, das mit uns geschieht. Wenn wir uns dafür öffnen und es geschehen lassen, wird es immer weitere Kreise ziehen. Bedingungslose Annahme lässt sich nicht erzwingen. Die Menschen merken sofort, wenn sie nur aufgesetzt ist.

Natürlich gelingt es nicht jedem von uns jederzeit, anderen Menschen mit dieser vorbehaltlosen Annahme zu begegnen. Das liegt meist daran, dass unsere eigenen Nöte uns zu sehr in Anspruch nehmen. Ein Psychiater wurde einmal gefragt, wie ein Mensch lieben lernt. Er antwortete, dass Menschen, die leiden, dazu neigen, sich hauptsächlich mit ihrem eigenen Schmerz zu beschäftigen. Wenn wir Zahnschmerzen haben, dann können wir kaum noch an etwas anderes denken. Der Psychiater meinte: „Die meisten Menschen brauchen so viel Kraft dazu, ihren eigenen Schmerz zu bewältigen, dass kaum noch etwas übrig bleibt für die Liebe.“

Darum ist es so wichtig, dass wir begreifen, mit welch einer umfassenden Annahme Gott uns begegnet, und dass wir wiederum lernen, seine Annahme im Glauben anzunehmen. Erst dann kann „etwas übrig bleiben“, das wir weitergeben können. Vielleicht gibt es in unserem Leben immer noch Leid und Schmerz, aber wenn wir mit uns selbst Frieden geschlossen haben, dann werden wir allmählich lernen, auch andere Menschen so anzunehmen, wie sie sind.

James Smith

15. Juli

Gott ist größer als unser Herz

Wie ein Kind darauf vertraut, dass die Liebe seiner Eltern ihm einfach deshalb gilt, weil es ihr Kind ist, und nicht von irgendwelchen Leistungen abhängt, so dürfen wir Gott wie Kinder einfach vertrauen. Wir werden eingeladen, uns mit unserem Da-Sein und So-Sein auszusöhnen und uns auf das Geheimnis unseres Menschseins einzulassen.

Wir sollten den Mut haben, nicht davonzulaufen, wenn unser Herz uns verdammt und uns von dem Platz vertreiben will, an den wir gehören, wie Gott zu uns sagt: „Du bist mein geliebtes Kind, an dem ich Wohlgefallen habe." Selbst wenn unser Herz uns verdammt – Gott ist größer als unser Herz.

James Smith

16. Juli

Gott ist Liebe

Gott ist Liebe, lesen wir in der Bibel. Aber was heißt das? Wie ist Gottes Liebe überhaupt? In 1. Korinther 13,4-8 lesen wir eine der schönsten Beschreibungen der Liebe, die es gibt: „Die Liebe ist langmütig und freundlich, sie bläht sich nicht auf und verhält sich nicht ungehörig, sie rechnet das Böse nicht zu, sie glaubt alles, sie hofft alles, sie hört niemals auf" (Lutherbibel).

So ist die Liebe, die Gott uns entgegenbringt. Gott ist langmütig – er erträgt unsere Fehler und Schwächen, ohne zu murren. Gott ist freundlich – er übt keinen Druck auf uns aus und zwingt uns zu nichts. Gott bläht sich nicht auf – er hat es nicht nötig, uns zu beeindrucken. Gott verhält sich nicht ungehörig – er kränkt und manipuliert uns nicht. Gott rechnet das Böse nicht zu – er schreibt sich nicht auf, was wir alles falsch machen, um uns eines Tages dafür zu verurteilen. Gott glaubt an uns und hofft für uns – selbst wenn wir an uns selbst verzweifeln und nahe daran sind, alle Hoffnung aufzugeben.

James Smith

17. Juli

Wie ist Gott überhaupt?

Eines Tages kam mir die Idee, das Markusevangelium einmal in einem Zug durchzulesen und mit einem Leuchtstift jedes Verb zu unterstreichen, das eine Handlung Jesu beschreibt. Als ich damit fertig war, fand ich, dass ich durch diese Übung mehr über das Wesen Gottes gelernt hatte als durch alles andere, was ich jemals getan hatte.

Das erste Verb, das Markus benutzte, um eine Handlung Jesu zu beschreiben, heißt *kam*. Jesus *kam*, um mit uns Gemeinschaft zu haben. Das Erste, was Gott tat, war, zu uns zu kommen – Immanuel, Gott mit uns. Gott kommt zu uns, lange bevor wir zu ihm kommen. Wir glauben vielleicht, dass wir Gott suchen, aber in Wirklichkeit reagieren wir nur darauf, dass er uns zuerst gesucht hat.

Dann berichtet uns Markus von einem Jesus, der *lehrte*, *heilte*, *sie bei der Hand nahm und aufhob* und *vergab*. Wir sehen einen Jesus, der *zu Tisch saß*, *Erbarmen hatte* und den Leuten *die Hände auflegte*. Er *segnete*, er *sang*, er *weinte*, er *starb* und er *erstand vom Tode auf*. Das alles sind Verben, die zum Ausdruck bringen, dass er mit uns fühlt und auf unserer Seite ist. Wenn wir wissen wollen, wie Gott ist, dann müssen wir auf das schauen, was Jesus getan hat.

James Smith

18. Juli

Ich will dich nicht verlassen

Einer der Menschen, die meinen Glaubensweg am nachhaltigsten beeinflusst haben, war ein vierundachtzigjähriger Mann, ein sehr weiser und liebevoller Christ, dem ich nur ein einziges Mal begegnet bin. Ich fragte ihn, welches die wichtigste Wahrheit sei, die er im Laufe seines Lebens erkannt habe. Er sagte: „Gott hat mich niemals verlassen. Ich habe viel leiden müssen, aber Gott war immer bei mir. Das ist nicht nur die wichtigste Wahrheit, die ich erkannt habe, es ist auch das *Einzige*, woran ich wirklich glaube."

Ich habe dieses Gespräch niemals vergessen. Mein eigenes Leben bestätigt, was dieser Mann gesagt hat. Ich habe Zeiten erlebt, in denen ich schlimme Zweifel hatte, zornig auf Gott war oder das Gefühl hatte, dass Gott sich von mir abgewandt hätte. Aber wenn ich auf mein Leben zurückblicke, dann weiß ich, dass Gott die ganze Zeit über bei mir war. Ganz egal, was wir tun – Gott wird uns niemals verlassen.

James Smith

19. Juli

Frieden, den die Welt nicht gibt

Als Jesus seinen Jüngern sagte, dass er von ihnen gehen würde, hatten sie verständlicherweise große Angst. Aber er tröstete sie mit den Worten: „Den Frieden lasse ich euch, meinen Frieden gebe ich euch. Nicht gebe ich euch, wie die Welt gibt. Euer Herz erschrecke nicht und fürchte sich nicht“ (Johannes 14,27; Lutherbibel).

Der Frieden, den die Welt gibt, beruht auf Macht und Reichtum, Alarmanlagen und internationalen Verträgen, Polizeistreifen und Airbags auf der Fahrer- und Beifahrerseite. Der Frieden, den die Welt gibt, ist unsicher und vergänglich. Der Frieden, den Jesus uns anbietet, beruht auf der Tatsache, dass er uns niemals verlassen und nicht von uns weichen wird (Hebräer 13,5).

Frieden haben wir nicht dann, wenn wir mit niemandem Streit haben, sondern dann, wenn Jesus mit uns ist. Ganz egal, womit wir konfrontiert werden – derjenige, der die ganze Welt überwunden hat, steht uns bei. Denn er hat gesagt: „Das habe ich mit euch geredet, damit ihr Frieden in mir habt: In der Welt habt ihr Angst; aber seid getrost, ich habe die Welt überwunden“ (Johannes 16,33).

James Smith

20. Juli

Gott ist mit uns

Gott lädt uns ein, seine Gegenwart, seine Weisheit, seine Macht und all das, was er tun kann, in unser Leben einzubeziehen. Er lädt uns dazu ein, Tag für Tag zu erfahren, wie es ist, in seiner Gegenwart zu leben. Gott möchte, dass wir für jeden Bereich unseres Lebens seine Hilfe in Anspruch nehmen, ganz besonders für das, was schwierig für uns ist. Es tut Gott weh, wenn er sieht, dass wir uns auf eigene Faust mit belastenden Beziehungen, schmerzhaften Erinnerungen und familiären Problemen herumschlagen. Für uns selbst im Sinne Gottes zu sorgen bedeutet, Gott zu erlauben, dass er eine Rolle in unserem Leben spielt.

Gott verlangt von uns nicht mehr, als dass wir an ihn glauben und uns nach ihm ausstrecken. „Ich habe den Herrn allezeit vor Augen; steht er mir zur Rechten, so werde ich fest bleiben“ (Psalm 16,8; Lutherbibel), schrieb David. Er bemühte sich bewusst darum, seine Aufmerksamkeit auf die Gegenwart Gottes zu richten. Gott ist hier. Gerade jetzt in diesem Moment, wo Sie diesen Satz lesen, ist Gott gegenwärtig. Unsere Aufmerksamkeit ist oft auf irgendetwas anderes konzentriert, so dass wir uns der Gegenwart Gottes gar nicht bewusst sind. David wusste, dass es ihm Kraft gab, den Herrn allezeit vor Augen zu haben – so viel Kraft, dass er sagen konnte: „Ich werde festbleiben.“ Gott ist mit uns. Das ist der Grund, auf dem wir stehen.

James Smith

21. Juli

Der Menschenfreund

Manchmal steigt in mir ohnmächtiger Zorn auf, der nach Gottes Eingreifen verlangt. Mit Gewalt soll er Einhalt gebieten: den religiösen Fanatikern, die die Welt mit ihrem Hass überziehen, den Technokraten, die unsere Kinder von der Nabelschnur der Natur trennen, den politischen Kräften und Lobbyisten, die nur das Ihre suchen. Ich will, dass er die ungezählten Ungerechtigkeiten gegenüber wehrlosen Männern, Frauen, Kindern in der Welt bestraft.

Aber Gott kommt als der Menschenfreund. Und er stellt eine Frage: Bleibt es nicht dabei, dass in allem, worin du andere verurteilst, du dir selbst das Urteil sprichst? Ist das, was du an deinem Nächsten auszusetzen hast, nicht Spiegelbild deiner selbst?

Arne Völkel

22. Juli

Risiko!

Als unser Enkel Noah fünfzehn Monate alt war, verbrachten wir mit ihm ein paar Ferientage in einem Hotel, wo er zu seinem Entzücken einen Swimmingpool entdeckte. Sofort riss er sich von uns los, rannte zum Becken und quietschte aufgeregt: „Wahwah!“ Unvorstellbar schnell stand er am Beckenrand und wollte hineinspringen. Ohne die geringste Angst. Zum Glück konnten wir ihn davon abhalten, bevor er merkte, dass er unter Wasser nicht atmen kann. Mit seinen fünfzehn Monaten befolgte Noah die Lebensregel: Erst springen, dann fürchten. Doch es wird nur ein paar Monate dauern, bis er die Regel gelernt hat, die wir alle kennen: Erst fürchten, dann springen.

Natürlich hätte ihn die Angst in diesem Fall vor dem Ertrinken geschützt, aber leider könnte Angst ihn in Zukunft leichter davon abhalten, überhaupt ins Wasser zu springen. Für viele Menschen gilt, dass die Angst, die uns als Kinder vor dem Sterben bewahrte, uns nun vom Leben abhält. Angst hält uns davon ab, zu experimentieren, Risiken auf uns zu nehmen, Neues auszuprobieren, das Unbequeme zu wählen und unbekannte Gewässer zu erforschen, aus dem Dunkel zu treten und dorthin zu gehen, wo noch niemand war.

Jesus sagte ständig zu den Menschen in seiner Nähe: „Habt keine Angst.“ Er wusste, dass in dieser Welt niemand in Sicherheit lebt. Wir nehmen jeden Tag Risiken auf uns. Die Frage ist nur, zu welchen Risiken wir bereit sind.

Nachfolge Jesu ist ein Risiko.

Mike Yaconelli

23. Juli

Entscheide dich!

Unser alltägliches Leben ist eine Abfolge von ständigen Entscheidungen. Manchmal laufen sie sehr schnell ab, so dass uns die einzelnen Prozesse dabei gar nicht bewusst werden. In der Gewissheit, dass ein Gerechter gesegnet ist in all seinem Tun (Psalm 1), müssen wir sicher nicht für jedes Wort und jeden Schritt Gott fragen. Aber auch im Alltäglichen, Selbstverständlichen kann es wichtig sein, Gott zu hören. Er ermutigt, warnt, gibt neue Impulse. Vielleicht sagt er an der grünen Ampel: Halt! Stopp! Weil ein anderer das Haltesignal übersehen hat. Wenn wir Gott wirklich hören wollen, werden wir ihn hören.

Aber wollen wir das wirklich? Gott hören bedeutet ja, eigene Gedanken zurückzustellen. Es bedeutet auch die Bereitschaft, etwas zu hören, was mir vielleicht nicht passt. Beides fällt uns Menschen schwer. Könnte dies der verborgene Grund sein, warum die Meinung kursiert, Gott zu hören falle schwer?

Werner May

24. Juli

Krisenzeiten

Plötzlich bist du mit deinem Latein am Ende. Plötzlich reicht die Kraft nicht mehr. Plötzlich steckst du in der Krise. Die Krise kann viele Namen haben. Mal heißt sie „ärztliche Diagnose", mal heißt sie „Kündigung", mal „Trennung", mal „Tod". Du ahnst, dass du nicht der erste Mensch bist, der in eine solche Krise gerät, doch hilft dir das wenig. Diese Krise ist *deine* Krise. Sie ist darum die wichtigste Krise der Welt und die größte noch dazu.

Glaubst du an Gott, hast du ihm dein Leben anvertraut, trifft dich die Krise am Ende doppelt. Warum hat Gott sie nicht verhindert? Konnte er nicht oder wollte er nicht? Wo ist er jetzt, wo du mit deinem Latein am Ende bist – mit deiner Kraft?

Seit vielen Jahren begleitet mich ein Wort aus dem apokryphen Buch Jesus Sirach, das in manchen Bibelausgaben zum Alten Testament gehört. In der Übertragung von Jörg Zink lauten die ersten fünf Verse aus dem zweiten Kapitel so: „Mein Kind, wenn du Gott dienen willst, dann mache dein Herz bereit, auf die Stunde in der du meinst, du habest Gott verloren. Mache dein Herz fest und habe einen langen Atem. Verzweifle nicht zu schnell, wenn du Feindschaft erfährst. Halte dich fest an Gott und lass ihn nicht los, damit du am Ende immer fester stehst. Alles was dir geschieht, nimm willig an und halte geduldig durch, wenn du den mühsamen Weg gehst, denn im Feuer wird das Gold rein und die Menschen, an denen Gott Freude hat, bewähren sich in der Glut des Leidens."

Das heißt doch auch: Es gibt solche Stunden. Sie gehören zum Leben dazu. Auch zum Leben mit Gott. Sie sind vorgesehen. Nicht einfach eine unvorhersehbare Katastrophe.

Jürgen Werth

25. Juli

Du bist nicht allein

Im 1. Buch der Könige, Kapitel 19, schildert die Bibel, wie der Prophet Elia in eine tiefe Krise gerät. Gerade hatte er einen schier unglaublichen Triumph über 450 Baals- und 400 Ascherapropheten gefeiert. Nun ist er am Ende. Er hat Angst vor der Rache der Königin Isebel. Das erste Buch der Könige schildert: „Da packte Elia die Angst. Er rannte um sein Leben und floh bis nach Beerscheba im Süden Judas. Dort ließ er seinen Diener, der ihn bis dahin begleitet hatte, zurück. Allein wanderte er einen Tag weiter bis tief in die Wüste hinein. Zuletzt ließ er sich unter einen Ginsterstrauch fallen und wünschte, tot zu sein. ‚Herr, ich kann nicht mehr', stöhnte er, ‚lass mich sterben'. Er streckte sich unter dem Ginsterstrauch aus und schlief ein."

Der große Prophet in der Krise. Wie gut, dass die Bibel auch das erzählt. Krisen gehören zum Leben – auch zum Leben mit Gott. Wir müssen ehrlich sein. Müssen es uns eingestehen, wenn wir in einer Krise stecken. Darüber nachdenken, mit uns selbst darüber reden, mit Menschen und mit Gott. Müssen zu Fragen und Zweifeln stehen, sie aussprechen. Müssen sie Gott klagen. Und müssen offen sein für neue Begegnungen, neue Erfahrungen, Einsichten und Aufgaben.

So geht das weiter mit Elia. Gott sorgt für ihn, auch ohne dass er das richtig wahrnimmt. Elia isst, trinkt und wandert anschließend 40 Tage bis zum Berg Gottes, dem Horeb. Dort wartet eine neue Begegnung mit Gott auf ihn. Er begegnet ihm neu und unerwartet. Nicht mit Blitz und Donner, nicht mit spektakulären Ereignissen, sondern leise und still. Gott öffnet Elia die Augen: „Du bist nicht allein. Das, was du wahrnimmst, ist nicht die ganze Wirklichkeit." Und dann gibt er ihm eine neue Aufgabe.

Jürgen Werth

26. Juli

Träume glätten meine Seele

Gott hat den Menschen so geschaffen, dass er mehr als ein Viertel seines Lebens (ver)schläft. In dieser Zeit soll nicht nur der Körper zur Ruhe kommen, sondern auch die Seele sich glätten. Die unzähligen Bilder und Informationen, die unterschiedlichen Gefühle und Sehnsüchte müssen neu ausgerichtet werden. Dabei spielt auch das so genannte Unterbewusste eine große Rolle. Der Traum kann Tiefenschichten unseres Lebens aufsuchen, die wir mit unserem Bewusstsein nur schwerlich erlangen können. Die Tiefenpsychologie nutzt diese Fähigkeit des Menschen zu Recht, um durch die Analyse von Träumen zu den Tiefendimensionen des Menschseins vorzudringen. Warum sollte der Heilige Geist im Leben eines Christen diese vom Schöpfer angelegte Fähigkeit nicht auch nutzen, um an uns zu wirken oder auch nur zu uns zu sprechen?

Schon Elihu, der Freund Hiobs, weiß davon, wenn er sagt: „Denn auf eine Weise redet Gott und auf eine zweite, nur beachtet man's nicht. Im Traum, im Nachtgesicht, wenn der Schlaf auf die Menschen fällt, wenn sie schlafen auf dem Bett, da öffnet er das Ohr der Menschen und schreckt sie auf und warnt sie, damit er den Menschen von seinem Vorhaben abwende und von ihm die Hoffart tilge und bewahre seine Seele vor dem Verderben und sein Leben vor des Todes Geschoss" (Hiob 33,14-18; Lutherbibel).

Elihu betont hier, dass die Zeit des Schlafens nicht nur eine Zeit des Nichtstuns ist. Sie soll zu einer bewussten Zeit mit Gott werden. Der Geist Gottes möchte auch unser Unterbewusstsein prägen, reinigen und heiligen. Hierzu kann er sich der Traumfähigkeit eines Menschen bedienen.

Heinrich Christian Rust

27. Juli

Loslassen

Alles, was ich habe, was ich scheinbar habe, ist mir geliehen, ist mir anvertraut von Gott. Alles gehört Gott, so wie ich ihm gehöre. Wenn ich also etwas loslasse, dann mache ich mir nur bewusst, wohin es eigentlich gehört. Wohin die Menschen gehören, mit denen ich mein Leben teile, wohin meine Arbeitsstelle gehört und die vielen Dinge, mit denen ich mein Leben dekoriert habe. Alles gehört ihm, und alles ist bei ihm gut aufgehoben. Vielleicht kann ja überhaupt nur derjenige wirklich loslassen, der Gott vertraut. Er weiß: Alles, was ich loslasse, überlasse ich Gott, gebe ich in seine Hand, vertraue ich ihm an: „Bitte kümmere du dich darum. Pass auf meine Menschen auf, meinen Arbeitsplatz, meine Fragen. Und bring alles zu einem guten Ende.“

Jürgen Werth

28. Juli

Gottvertrauen

Ich liebe es, mein Leben im Griff zu haben, den Überblick zu haben, Freund und Feind einschätzen zu können, Lösungen zu finden auf die tausendfachen Fragen des Lebens. Ich liebe es, anderen Menschen Steine aus dem Weg zu räumen. Ich weiß, dass das etwas mit meiner persönlichen Geschichte zu tun hat, auch mit den Verhaltensmustern, die ich in der Familie gelernt habe. Und ich weiß, dass sich das nicht so einfach ändern lässt. Ich weiß aber auch, dass dahinter oft mangelnder Glaube steckt und mangelndes Vertrauen. Mein Selbstvertrauen ist größer als mein Gottvertrauen. Das aber geht nur so lange gut – solange es gut geht. Denn jeder von uns kommt in Situationen, wo er mit seinem Latein am Ende ist. Und dann fängt mancher an zu begreifen, dass manches vielleicht auch einfacher gegangen wäre. Mehr Gottvertrauen hätte das Leben nachhaltig erleichtert. Das eigene Leben und das Leben der Menschen neben uns.

Jürgen Werth

29. Juli

Richtig verstandene Spiritualität

Richtig verstandene Spiritualität bedeutet Leben. Sie besteht im demütigen Empfangen von Gnade und dem zuversichtlichen Ergreifen der Liebe. Falsch verstandene Spiritualität bringt Menschen dazu, mangelnde Liebe fälschlicherweise als Überlegenheit zu verstehen. Solche Menschen halten ihre schäbigen Lumpen für Rechtschaffenheit. Was sind solche „pseudogeistlichen" Lumpenpuppen unter einem Deckmantel falsch verstandener Spiritualität?

John Ortberg

30. Juli

Die Offenbarung unseres Herzens

In jeder Begegnung geben wir entweder Leben weiter, oder wir ersticken es. Es gibt keinen neutralen Raum. Wir stärken die Würde des Menschen oder, wir setzen sie herab. Erfolg oder Versagen eines jeden Tages werden daran gemessen, wie weit wir uns für die Menschen in unserer Umgebung interessiert haben und ihnen mit Mitgefühl begegnet sind. Wir sind daran zu erkennen, wie wir auf die Nöte der Menschen eingehen. Die Frage ist nicht, was wir unserem Nächsten gegenüber empfinden, sondern was wir für ihn getan haben. Wir offenbaren unser Herz in der Art, wie wir einem Kind zuhören, mit dem Briefträger reden, eine Beleidigung erdulden und unsere Mittel mit dem Bedürftigen teilen.

Brennan Manning

31. Juli

Gott fragt uns!

Keine Gottheit irgendeiner Religion hat sich je so weit herabgelassen, uns zu fragen, *was wir für sie empfinden.* Die heidnischen Götter schleudern Blitze und Donner, um ihren Dienern zu zeigen, wer das Sagen hat. Der Rabbi aber, in dem die ganze Unendlichkeit wohnt, fragt, ob uns an ihm liegt. Der Jesus, der einen blutigen, gottverlassenen Tod starb, damit wir leben, fragt uns, ob wir ihn lieben!

Brennan Manning

1. August

Nicht jetzt!?

Gott überrascht mich regelmäßig. Ich habe meistens eine ganz bestimmte Vorstellung davon, wo ich ihm begegnen kann, unter welchen Voraussetzungen und zu welchen Zeiten. Ich plane mir Gottesbegegnungen ein. Und bin dann natürlich sauer, wenn Gott die Verabredung nicht einhält. Schließlich habe ich mir ja Zeit genommen! Jetzt müsste er doch auch zur Stelle sein, dazu ist er doch da, oder?

Finden Sie es nicht auch ärgerlich, dass Gott sich manchmal der Begegnung mit uns entzieht? Man fühlt nichts, aber auch gar nichts von seiner Gegenwart oder seinem Trost – wie sehr man sich auch anstrengt. Kennen Sie das auch, diesen Frust mit Gott? Es fällt mir schwer, zu akzeptieren, dass ich Gott nicht in der Tasche habe.

Ich erkenne: Im Grunde ist es Gott, der auf der Suche nach mir ist. Er will die Begegnung mit mir. Er ist unterwegs zu mir. Auch da, wo ich ihm gar nicht begegnen will. Er nimmt sich das Recht, in meinen Alltag hineinzuplatzen. Das ist meine ganz persönliche Erfahrung: Ich werde überrascht von Gott.

Roland Werner

2. August

Wegbegleiter

Es ist kein „schöner Spruch“, wenn Jesus von sich sagt, dass er „der Weg, die Wahrheit und das Leben ist“. Genau das ist es! Mit ihm kommen wir voran; bei ihm klären sich unsere Situationen und Fragen; im Vertrauen zu ihm (er)öffnet sich unser Leben. Gott will uns ganz persönlich in seiner uneingeschränkten Liebe berühren. Das ist unbegreiflich und zugleich wunderbar.

Manfred Pagel

3. August

Kraft für die Verlängerung

Glaube führt uns nicht um die Schmerzen herum, sondern er geht mit uns durch die Schmerzen hindurch. Unser Glaube macht uns nicht frei von unseren Gegnern, nein, er lädt unsere Gegner ein zum Mittagessen und bringt uns dazu, ihnen zu begegnen. Glaube schenkt dir nicht das entscheidende Tor in der letzten Sekunde des Spiels, sondern er gibt die Kraft für die Verlängerung. Glaube gibt dir nicht automatisch die Lösung, sondern er zwingt dich, eine Lösung zu finden. Glaube lehrt nicht in diesem Moment, aber im Rückblick macht er dir etwas klar. Glaube ist nicht das sichere Netz über den Abgründen des Lebens, sondern er gibt deinen Fingern Kraft, sich noch ein bisschen länger festklammern zu können.

Glaube ist die anhaltende, sich immer wieder in Erinnerung bringende Gegenwart Gottes, die sich manchmal anfühlt wie eine Abwesenheit.

Mike Yaconelli

4. August

Herr, hilf mir, flexibel zu bleiben!

Ich habe den Hang, einmal Erkanntes und Gehörtes festzuhalten. Das gilt auch in Bezug auf das Reden Gottes in meinem Leben. Je länger ich mit ihm unterwegs bin, umso deutlicher wird es mir: Gott kann auch seinen Kurs ändern. Im Nachdenken über das Leben Abrahams ist mir das besonders deutlich geworden. Immer wieder forderte ihn Gott heraus, sich auf ein neues Wort der Verheißung einzulassen. Wie schwer muss es ihm gewesen sein, als er den Weg mit seinem Sohn Isaak auf den Berg Moria ging. Aber er war auch für einen solchen Weg bereit und hielt nicht einfach nur stur an „alten“ Verheißungen fest. Und wie gut, dass er dann wiederum auf die Stimme Gottes hörte, als dieser durch einen Engel eingriff und erneut in die Situation hineinsprach. So soll Gott auch in meinem Leben die Regie führen. Er hat das Recht, mich zu unterbrechen und mich auf einen neuen Weg zu setzen. Ich möchte jeden Tag offen und flexibel bleiben für seine Regie.

Heinrich Christian Rust

5. August

Kraft zum Durchhalten

Gottvertrauen ist das Wesentlichste, was es im geistlichen Leben zu lernen gibt. Es ist leicht, Christus voll zu vertrauen, wenn wir uns von seiner Liebe getragen und erhoben fühlen. Ebenso fällt es kaum schwer, mit Jesus zu rechnen, solange wir selbst agieren und uns engagieren können. Daher prüft er unser Vertrauen durch Menschen, die das eigene Handeln bremsen oder gar zum Erliegen bringen. Ob wir wirklich Vertrauen auf Christus haben, zeigt sich in solchen Zeiten der eigenen Ohnmacht.

Arne Völkel

6. August

Nah bei der Quelle

Nur auf den Wegen, die das Evangelium lehrt, kann ich Gott finden und bewahren. Das bedeutet für mich, dass ich mein Denken mit den Wegen des Evangeliums vertraut machen muss. Ich muss Altes ablegen, entlernen, und Neues annehmen und lernen. Wege des Evangeliums. Da mache ich erste Gehversuche. Laufen lernen in der Disziplin des Evangeliums, Denken einüben in den Bahnen des Wortes Jesu, gelehrt werden vom Heiligen Geist über der geöffneten Bibel ... das ist es, was ich brauche. Denn hier finde ich den wahren Gott – nicht den der Philosophen und Gelehrten. Nicht den gedachten Gott, sondern den wirklichen. Denn es gibt nichts Gutes, außer man tut es. Nicht nur Hörer, sondern Täter des Wortes zu sein, das ist der Weg, auf dem uns Gottes Quellen neu erschlossen werden. Wege des Evangeliums.

Roland Werner

7. August

Keine bejubelte Zirkusvorstellung

Jesus sagt, dass wir die Hände an den Pflug legen sollen. Wir sollten nicht erwarten, dass dieses Hand-an-den-Pflug-Legen eine bejubelte Zirkusvorstellung wird. Genauso wenig aber eine Beerdigung. Wir sollten uns einstellen auf einen langen, ertragreichen, aufwärts führenden, vom Heiligen Geist gesalbten Dienst, der ein ganzes Leben dauert.

Bill Hybels

8. August

Einer für den anderen

Es ist eine Erfahrung, dass Gott mir durch Menschen nahe kommt. Jesus hat es ja gesagt: Wo zwei oder drei zusammen sind in seinem Namen, da ist er mitten unter ihnen. Es ist die Erfahrung, die die beiden Freunde machten, die unterwegs waren von Jerusalem nach Emmaus. Plötzlich brannte es in ihren Herzen, und sie merkten, dass der Dritte, der unbekannte Weggenosse, kein anderer war als Jesus selbst. Zwei Männer waren ehrlich voreinander geworden. Sie sprachen über ihre Hoffnungen und Träume, über ihre Zweifel und ihre Enttäuschungen. Und in ihren Wanderungen wanderte ein Dritter mit. Jesus begegnete ihnen.

„Bekennt einander eure Sünden und betet füreinander, so dass ihr gesund werdet." So schreibt es Jakobus, der Bruder Jesu. Und wieder ist das Geheimnis da: Der eine betet für den anderen, der eine hört die Sünde des anderen und trägt sie gemeinsam mit ihm zu Jesus, und sie werden gesund. Beide, der eine wie der andere. So begegnet mir der Herr durch den anderen, durch den Bruder oder durch die Schwester: nicht indem ich den anderen überhöhe, auf ein Podest stelle oder verehre. Sondern indem wir ehrlich werden voreinander.

Roland Werner

9. August

Steh still und merke die Wunder Gottes

Beim Nachsinnen über die Ordnung der Erde sind Wissenschaftler zu dem Schluss gekommen, dass der Plan des Meisters nichts dem Zufall überlassen hat.

Die Neigung der Erde in einem Winkel von 23,5 Grad führt zu den Jahreszeiten. Hätte die Erde nicht genau diesen Neigungswinkel, würde Dampf aus den Meeren Richtung Norden und Süden aufsteigen und ganze Eiskontinente auftürmen. Wenn der Mond nur 80.000 Kilometer von der Erde entfernt wäre statt 380.000, wären die Gezeiten so gewaltig, dass alle Kontinente unter Wassermassen verschwinden würden – selbst die Berge. Wenn die Erdkruste drei Meter dicker wäre, gäbe es keinen Sauerstoff, ohne den kein organisches Leben möglich ist.

Wären die Meere ein paar Meter tiefer, würden Kohlendioxid und Sauerstoff absorbiert – es gäbe kein pflanzliches Leben. Das Gewicht der Erde wird auf sechs Trilliarden Kilogramm geschätzt (das ist 6×10^{15}). Aber sie ist perfekt ausbalanciert und dreht sich mit Leichtigkeit um ihre Achse. Sie dreht sich täglich mit einer Geschwindigkeit von knapp 40.000 Kilometern pro Tag, das summiert sich auf fast 15 Millionen Kilometer pro Jahr. Wenn man bedenkt, dass das gewaltige Gewicht von sechs Trilliarden Kilogramm sich mit dieser fantastischen Geschwindigkeit dreht, von der unsichtbaren Schwerkraft an Ort und Stelle gehalten, bekommen die Worte aus Hiob 26,7 eine besondere Bedeutung: „... er hängt die Erde über das Nichts." Die Erde kreist auf ihrer Umlaufbahn um die Sonne, wobei sie eine lange elliptische Bahn von 940 Millionen Kilometern pro Jahr zurücklegt – das heißt, wir bewegen uns auf der Umlaufbahn mit 30 Kilometern pro Sekunde.

Hiob lädt uns dazu ein, nachzusinnen: „Steh still und merke auf die Wunder Gottes" (37,14; Lutherbibel).

Brennan Manning

10. August

Gott ist weit mehr als unser Bild von ihm

Unser Gottesbild prägt unser Leben. Auch deshalb weist die Bibel immer wieder darauf hin, wie wichtig es ist, Gott kennen zu lernen.

Der Prophet Jona hatte auch Vorstellungen von Gott, die nicht mit dem zusammenpassten, was dann geschah. Als die Einwohner von Ninive aufgrund seiner Predigt Buße tun und Gott ihnen vergibt, ist Jona so außer sich, dass er sterben möchte. Er will nicht, dass Gott den Menschen in Ninive vergibt; er will das Gericht. Wozu hat er diesen unangenehmen Auftrag in Ninive übernommen, wenn Gott den Leuten nach ihrer Umkehr einfach vergibt? Diese Liebe Gottes stört ihn. Aber die Botschaft dieses prophetischen Buches weist über die Begrenztheit des Propheten hinaus. Es verkündet, wie gut Gott ist, wie sich sein Mitleiden auf jedes Geschöpf in seinem ganzen Universum erstreckt, sogar, wie es im letzten Wort des Buches heißt, auf die Tiere. *Alle* Männer und Frauen sind Menschen, um die er sich kümmert. Alle sind aufgerufen, das extravagante Geschenk seiner Gnade anzunehmen, denn Annehmen heißt nichts anderes, als sich einfach Gott zuzuwenden.

Brennan Manning

11. August

Chaos

Die Bibel sagt: „Vor dem herrlichen Tag des Herrn wird Chaos herrschen.“ Sehnen Sie sich nach diesem herrlichen Tag des Herrn? Dann haben Sie keine Angst, wenn die Umstände um Sie herum nicht dem entsprechen, was Sie gerne haben würden. Bitten Sie den Herrn, mit der Kraft seines Geistes auf Sie, auf Ihre Gemeinde, Ihr Land und Ihr Volk zu kommen. Bitten Sie ihn um Vision, die aus dem nüchternen Blick auf die Realitäten heute weiter sehen kann auf den herrlichen Tag des Herrn und aus der Kraft des Heiligen Geistes schöpferisch aktiv wird. Seien Sie nicht ängstlich oder niedergeschlagen wegen des schwierigen Umfelds, in dem Sie leben: Bevor der herrliche Tag des Herrn anbrechen wird, ist das Chaos gegenwärtig. Männer und Frauen mit Vision aber werden immer glauben, dass es sich in Jesu Namen lohnt, diesem Chaos ins Auge zu sehen.

Caio Fábio

12. August

Was heißt es, als ein Visionär zu leben?

Vision haben bedeutet auch, Leid, Schmerz und Krisen zu erfahren. Wer immer Vision hat, macht denen, die mit ihrem Leben zufrieden sind, das Leben unbequem. Stimmt das? Natürlich! Deswegen leidet, wer Vision hat. Man spricht mit Menschen und man spürt, dass sie sich unwohl fühlen. Warum? Bin ich unhöflich? Was ist es? Es ist nichts – außer Vision. Vision belästigt, stört. Die Menschen wollen ein ruhiges und friedliches Leben führen. Jemandem ausgesetzt zu sein, der von morgen träumt, der denkt, dass aus Dunkelheit wieder Licht werden kann, ist sehr problematisch. Wenn man in Begrenzungen leben muss, ist es unbequem, Vision zu haben.

Wer immer Vision hat, weiß, dass es keine möglichen Veränderungen ohne Risiko gibt. Sie möchten Visionen haben? Dann gehen Sie das Risiko ein, es zu versuchen. Menschen, die das nicht wagen, haben keine Vision. Und wer immer Vision hat, weiß, dass er einen Preis dafür zahlen muss.

Caio Fábio

13. August

„Zachäus, komm herunter!" – Christ sein hat Öffentlichkeitscharakter

Wenn persönliche geistliche Wachstumsprozesse verborgen bleiben und wir es nicht wagen, sie anderen mitzuteilen, fördern wir damit ein geteiltes und oft widersprüchliches Leben. Das Verborgene verselbstständigt sich und verliert mehr und mehr den Bezug zum offiziellen Leben. Schließlich bringen wir die verschiedenen Ebenen unseres Lebens nicht mehr in Übereinstimmung.

Ist es nicht merkwürdig, dass Jesus den Zachäus vor den Augen aller von seinem Baum holt, um in sein Haus einzukehren? Hätte es nicht auch einen dezenteren Weg der Zusammenkunft gegeben? Jesus hätte doch erst einmal vorübergehen können, ohne die Aufmerksamkeit aller auf den Mann zu lenken, der sich im dichten Blätterwerk des Maulbeerbaumes verborgen hielt. Aber Jesus fordert ihn in der Öffentlichkeit auf, sich zu ihm zu bekennen. Dieser öffentliche Schritt aus seinem Versteck hin zu Jesus bewahrte Zachäus vor der Diskrepanz zwischen verborgenem und öffentlichem Leben. Nun war er festgelegt. Alle wussten von seiner Hinkehr zu Jesus. Selbst die Konsequenzen blieben nicht verborgen: „Die Hälfte meines Vermögens gebe ich den Armen, und wo ich betrogen habe, gebe ich viermal so viel zurück" (Lukas 19,8; Lutherbibel).

Peter Strauch

14. August

Die Gemeinschaft der Begnadigten

Je länger Christen Christen sind, desto größer die Gefahr, dass sich mit ihrem moralischen Gutsein eine Werteskala verknüpft, auf der sie verständlicherweise nicht schlecht abschneiden wollen. Andererseits verwehrt uns das Wissen um die Gnade Gottes den Hinweis auf moralische „Erfolge". Folglich entpersönlichen wir Gespräche über Bibeltexte und das gemeinsame Beten. Wir weichen auf theologische Sachdiskussionen aus und auf das gegenseitige Bestätigen von Richtigkeiten. Wir finden sogar eine theologische Begründung dafür: Allein das Wort Gottes soll zur Sprache kommen und nicht das eigene Leben. Das klingt so gut – und ist in diesem Zusammenhang doch so falsch.

Die ganze Bibel beschreibt Gottes Geschichte mit den Menschen. Sie ist gefüllt mit dem, was Gott im Leben von Menschen tut. Woher nehmen wir das Recht zu sagen, dass das eigene Leben hier auszuklammern sei? Es ist zwar richtig, dass Hausbibelkreise auch zu Plauderstunden verkommen können, in denen nicht mehr der Geist Gottes, sondern ausschließlich persönliche Erfahrungen und Einschätzungen zur Sprache kommen. Aber die richtige Antwort darauf kann nicht lauten: Wir lesen die Bibel unter Ausschluss des eigenen Lebens. Gottes Wort will unser Leben gestalten, und dabei können wir uns gegenseitig helfen, wenn wir bereit sind, unser Leben voreinander zu öffnen und Erfahrungen einander mitzuteilen. Dazu gehört Ehrlichkeit, und die schließt auch weniger Schönes voreinander auf. Was für ein Segen ist es, wenn alte und junge Christen ihre Ängste verlieren, ehrlich zueinander werden und offen miteinander reden und beten! Die Gnade Gottes kommt zur Entfaltung.

Peter Strauch

15. August

Evangelium oder Gesetz?

Das ist die entscheidende Frage bei unserem Dienst für Jesus. Es ist oft nicht leicht, sich persönlich darüber klar zu werden, ob unser Dienst in der Luft des Evangeliums oder in der Luft des Gesetzes geschieht. Wir neigen zweifellos alle sehr stark dazu, unser Leben und unsere Arbeit in der Luft des Gesetzes zu gestalten. Nichts wird uns so schwer, wie das Evangelium einmal wirklich zu erfassen und in ihm zu bleiben.

Das Evangelium enthält nichts als Jesus ganz allein. Er ist schlechthin der Rettende, der nach keiner Seite hin einer Ergänzung bedarf. Jesus selbst ist unser Friede mit Gott, die Vergebung der Sünden, der Anfang eines neuen Lebens, der Gestalter unseres Dienstes, der treue Berater in allen Fragen, der Vollender seines Werkes in uns. Das ganze Leben aus Gott ist gesammelt in ihn hineingelegt.

So ist er der einzige ruhende Pol im Reich Gottes und im Leben seiner Leute. Er persönlich ist das einzige Gesetz unseres Lebens. Darum gibt es neben ihm keine Gesetze für das Leben seiner Kinder. Er bleibt der souverän Gestaltende, der jedes seiner Kinder original führt und jedem den Stil aufprägt, den er ihm zugedacht hat.

Erich Schnepel

16. August

Lebens-Lauf

Alle wichtigen Dinge im Leben erfordern Disziplin: eine Sprache erlernen, eine gute Ehe führen, Charakter entwickeln. In diesem Lebens-Lauf geht es darum, dass Jesus in meinem Wesen erkennbar wird und ich in dieser Welt eine Spur mit Ewigkeitswert hinterlasse. Diesem Ziel wird alles Denken und jede Gewohnheit untergeordnet. Ohne die Bibel als verlässlichen Begleiter, ohne eine Gruppe von Freunden, die mir sagen, dass ich nicht verrückt bin, werde ich nicht durchhalten. Gebe ich dem Stolz nach und überfordere mich, brenne ich aus und schleppe mich nur noch unter Schmerzen dahin. Ohne gesunde Selbsteinschätzung und die richtigen Prioritäten ist nicht sicher, ob ich über die Runden komme, um schließlich das „Gut gemacht!“ aus dem Mund des Einen zu hören, der Schweiß und Tränen abwischt und Worte des Lebens spricht.

Peter Aschoff

17. August

Gottes Design

Wir müssen uns die Freiheit nehmen zu entdecken, wie wir nach Gottes Vorstellung wachsen sollen. Gottes Design sieht für jeden Menschen anders aus. Vielleicht spricht uns Gott durch die Natur an. Vielleicht hat er uns so geschaffen, dass wir uns durch Musik verändern lassen. Vielleicht können wir überdurchschnittlich gut schweigen und beten. Oder wir lassen uns am stärksten durch Bilder, Symbole und die schönen Künste ansprechen. C. S. Lewis mutmaßte einmal, dass jeder Mensch eine andere Facette von Gottes Schönheit sehen kann – eine Facette, die kein anderer Mensch auf dieselbe Weise erkennen kann –, und dass er folglich alle Christen aller Zeiten mit einem Aspekt von Gott bekannt machen soll, den sie sonst nicht sehen könnten.

John Ortberg

18. August

Jeder Lebensabschnitt zählt!

Unsere Lebensumstände, egal, wie sie aussehen, hindern Jesus niemals daran, Veränderung und Wachstum in uns zu bewirken. Nicht im Geringsten. Alle Lebensumstände bieten ihre eigenen Möglichkeiten und Herausforderungen für geistliches Wachstum. Statt uns zu wünschen, in einem anderen Lebensabschnitt zu stehen, sollten wir lieber herausfinden, was der momentane Lebensabschnitt zu bieten hat.

Unser Leben zählt, und zwar ganz. Jeder Augenblick ist potenziell eine Gelegenheit, von Gott in seinen Lebensstil hineingeleitet zu werden. Jeder Augenblick ist eine Chance, von Jesus zu lernen, wie wir im Reich Gottes leben können.

John Ortberg

19. August

What would Jesus do?

Gegen unsere Gottesvergessenheit im Alltag brauchen wir Erinnerungen, die uns die Gegenwart Gottes und unsere Entscheidung für ein Leben mit ihm wieder ins Bewusstsein rufen. So sehe ich die schlagende Kirchturmuhr, die diese Rolle innehatte, als man sie in Dorf und Stadt noch hören konnte: Auch zu dieser Stunde ist Gott da! So sind die Tageszeitengebete des klösterlichen Lebens zu verstehen, die immer wieder erinnern wollen: Du bist nicht allein, bring dein Anliegen zu Gott, lebe von seiner Gegenwart her. Durchschaue deinen materiellen Alltag und sieh durch das Sichtbare hindurch auf die ermutigende und verpflichtende Gegenwart Jesu.

So schätze ich die Ideen von Leuten, die uns Hilfe an die Hand geben wollen, um uns die Gegenwart (und kraftvolle Wirklichkeit!) Gottes in unserem Alltag ins Bewusstsein zu rufen: Da ist die gute Freundin, die sich als Lehrerin vorgenommen hat, bei jedem Klingeln der Pausenglocke die Gegenwart Gottes ins Auge zu fassen, ihm die Situation hinzulegen, ihn einzubeziehen. Ein antrainierter Reflex, um eine Wirklichkeit wahrzunehmen, die uns im Druck des Alltags so leicht wegrutscht.

Da ist die Idee, bei jedem Stundenpiepsen der (eigentlich nervigen) Digitaluhr am Handgelenk aufzumerken und sich klarzumachen: Er ist da! Und da ist eben dieses kleine Bändchen am Handgelenk, das mir immer wieder einmal am Tag ins Auge fallen soll – am Schreibtisch, im Zug, in der Stadt –:Was würde Jesus jetzt tun? Bist du dir klar, dass er hier ist? Willst du jetzt noch gelten lassen, was du beschlossen hast? Darf er wirklich dein Herr sein?

Wir brauchen dieses Wissen im Alltag: Das Sichtbare ist nicht die letzte Wirklichkeit. Stress und Ärger, Krankheit und Not, Angst und Gefahr sind nicht das letzte Wort. Gott ist da! Erinnere dich doch!

Ulrich Eggers

20. August

Alte Schuhe und neues Vertrauen

Vor einigen Tagen merkte ich zum ersten Mal, dass etwas mit meinen Schuhen nicht stimmte. Ich trage diese Schuhe gern, denn sie sind ausgetreten. Doch irgendwie fühlten sie sich jetzt anders an. Die Sohlen waren gebrochen. Zeit, sich nach neuen umzusehen.

Wie mit den Schuhen, so kann es auch mit dem Glauben gehen. Er ist bequem und vertraut. Aber vielleicht merken Sie irgendwann einmal, dass irgendetwas nicht stimmt. Auch der Glaube an Jesus läuft sich ab. Wenn wir das merken, ist es höchste Zeit, sich nach einem neuen Profil umzusehen. Wie wir zu einem Paar neuer Schuhe kommen, ist uns klar. Aber wie finden wir zu einem neuen oder erneuerten Vertrauen? Wer „besohlt" löchrigen Glauben?

Wollen wir uns darum kümmern, müssen wir bereit sein, mit etwas Neuem zu beginnen. Von alten Schuhen kann ich persönlich mich immer nur sehr schwer trennen. Sie sind so schön bequem, so herrlich ausgetreten und vertraut! Erst wenn mich der Schaden an dem altgewohnten Paar richtig stört, mache ich mich auf den Weg ins Schuhgeschäft. Was Schuhe angeht, bin ich wenig erneuerungsfreudig ...

Was den Glauben an Christus betrifft, bin ich dagegen sehr interessiert daran, dass Gott mich samt Gemeinde neu „beschuht". Der Zuspruch Gottes bei Jesaja, dass er mich nicht vergessen hat, verspricht das, was ich mir erträume: dass Gott kommt und mich zu einem Menschen macht, der ihn liebt und sich seine Nähe wünscht. In Wirklichkeit nämlich macht es auf Dauer keinen Spaß, in kaputten Schuhen herumzulaufen. Gut, wenn wir in Sachen Glauben ebenso empfinden. Dann nämlich haben wir die Chance, zu einem erneuerten Glauben zu kommen, den uns Gott anpasst.

Arne Völkel

21. August

Gott hat einen anderen Fahrplan

Wir sind Geschöpfe, die an Raum und Zeit gebunden sind. Wir richten uns nach Uhren, Terminkalendern und Zeitplänen, der schmerzlichen Tatsache bewusst, dass wir nur begrenzte Zeit haben und dass diese Zeit rasch dahinfließt. Für uns gibt es Vergangenheit, Gegenwart und Zukunft. Für Gott gibt es nur Gegenwart, das ewige Jetzt.

Gott nimmt sich fast immer mehr Zeit, als wir denken, wie schon bei Abraham und Sara und Mose. Er hat die große Perspektive, denn für ihn sind tausend Jahre wie ein Tag und ein Tag wie tausend Jahre (von dem zweiten kenne ich etwas ...). Dieses gegenwärtige Leben macht erst im Licht der Ewigkeit Sinn. Bei Gott ist der rechte Zeitpunkt wichtiger als die Länge des Zeitraums.

Ronald Dunn

22. August

Am gedeckten Tisch

„Du deckst mir den Tisch im Angesicht meiner Feinde, Du salbst mein Haupt mit Öl und schenkst mir den Becher voll ein“ (Psalm 23,5).

Am Tisch Gottes zu sitzen, das heißt, mit ihm zu essen, Gemeinschaft zu haben, seine Gegenwart zu genießen. Nicht aber: nur geschäftliche Dinge zu klären. Bei mir ist das oft anders: Manchmal habe ich den Eindruck, alle „Feinde“ überrennen mich, und ich bin alles andere als stark. Mitten in dieser Situation lädt mich Gott an seinen Tisch ein. Er will mich stärken. Doch ich möchte nur schnell etwas vom Tisch mitnehmen und im Gehen essen. Satt und gestärkt bin ich davon nicht. Es geht mir wie nach einem Hamburger, den ich hastig in einem Fast-Food-Restaurant verschlungen habe: Hungrig fühle ich mich eigentlich immer noch. Wenn ich mir dagegen Zeit nehme, allein mit Gott zu sein, dann erlebe ich, wie er mich stärkt und ich an seinem Tisch, in seiner Gegenwart, wieder Kraft schöpfen kann.

André Buschbeck

23. August

Störende Momente

Autobahnen bringen uns auf langen, geraden Strecken ohne scharfe Kurven schnell und reibungslos vorwärts – das ist ihr Sinn. Mein eigener Lebensweg aber gleicht eher einer Fahrt auf Nebenstraßen. Würde man von den Stationen meines Lebens eine Landkarte zeichnen, gäbe es praktisch keine einzige gerade Strecke. Ein Logbuch meiner Lebensreise wäre voller Umwege, Unfälle, Reifenpannen, Schlaglöcher und Strafzettel. Doch genauso enthielte es Beschreibungen von atemberaubenden Aussichten, stillen Rastplätzen, bezaubernden kleinen Ortschaften und anderen wunderbaren Entdeckungen, von tiefen Freundschaften und dem Geschenk, mein Leben individuell zu gestalten. Oft habe ich die Leute bewundert, deren Leben so geradlinig zu verlaufen scheint wie eine Fernautobahn. Meines war nie geradlinig – und ich bedauere es nicht.

Verstreut auf dieser Landkarte meines Lebens mit ihren Überraschungen hinter jeder Kurve sind lauter kleine Punkte, die „störenden Momente". Es sind jene unvorhergesehenen Ereignisse, von denen man den meisten – hätte man die Wahl – am liebsten aus dem Weg gegangen wäre. Doch je länger ich über diese störenden Punkte meines Lebens nachdenke, desto deutlicher wird mir, dass sich ein Großteil von ihnen zu wunderbaren Gelegenheiten entwickelten, mit Jesus auf der Seelenebene zu kommunizieren – zu solch tiefen Gesprächen, wie er sie mit seinen Jüngern nach Enttäuschungen oder Rückschlägen führte. Er, der beste Lehrmeister, hatte die Gabe, nach jedem Ereignis die richtigen Fragen zu stellen. Fragen, mit denen er in den Tiefenschichten der Seele nach Beweggründen, nach inneren und äußeren Motiven forschte. Das ist Kommunikation auf der Seelenebene: das tiefe, unvergessliche Gespräch mit Gott oder mit anderen, das Herzen bewegen und Leben verändern kann.

Gordon MacDonald

24. August

Nehmen und Geben

Vor einiger Zeit hatte jemand in einem unserer Gottesdienste ein inneres Bild: Ein Stausee, bis an den Rand gefüllt mit Wasser. Er drohte überzulaufen und so die Staumauer und alles Land dahinter zu zerstören. Das Wort, das sich mit dem Bild verband: Öffnet die Schleusen! Lasst das Wasser kanalisiert abfließen! So bringt es Nutzen und nicht Schaden.

Als Gemeinschaft versuchen wir, dieses Wort ernst zu nehmen. Wir wollen nicht einfach sammeln, ansammeln, aufhäufen, den Stausee füllen, sondern immer neu nach Wegen suchen, das, was wir haben, gezielt und kanalisiert weiterzugeben. Wir wollen nicht horten – weder Menschen, noch Gaben, weder Erfahrungen noch Kontakte. Sondern wir wollen lernen zu geben, weiterzugeben, mitzuteilen, freizusetzen, zu ermächtigen und nicht zu beschneiden.

Roland Werner

25. August

Gott tut etwas für uns

Der christliche Glaube besteht nicht in erster Linie in dem, was wir für Gott tun, sondern darin, was Gott für uns tut – in all den großen, wundersamen Dingen, die Gott sich ausgedacht und in Jesus Christus für uns geschaffen hat. Wenn Gott durch die Kraft seines Wortes in unser Leben strömt, dann erwartet er nichts anderes, als dass uns vor Überraschung und Staunen der Mund offen bleibt und wir erst einmal tief Luft holen.

Brennan Manning

26. August

Die Liebesbeziehung zu Gott pflegen

Das größte Wunder des Glaubens ist, dass der dreieinige Gott sich nicht zu gut ist, mit uns Menschen eine Liebesbeziehung einzugehen, und dass er diese Beziehung pflegen möchte (Johannes 3,16). Der Mensch wird von Gott so hoch geachtet, dass er zu einem Du für Gott wird. Gott liebt den Menschen so, dass er sich um jeden einzelnen kümmert und sein Leben entfalten möchte.

Und der Mensch nimmt diese Liebe an und lässt sie dankbar gelten. Zu einer wirklichen Liebesbeziehung, die auf Gegenseitigkeit beruht, kommt es aber erst, wenn der Mensch auch Gott gegenüber seine Liebe erklärt wie in diesem Lied: „Ich lieb dich, Herr, keiner ist wie du, anbetend neigt sich mein Herz dir zu ..."

Günther Schaible

27. August

Immanuel – Gott ist mit uns

Mit welchem Bewusstsein lebe und gestalte ich meinen Alltag? Bin ich fixiert auf die Probleme, die da sind? Bestimmt die jeweilige Situation meine Gefühls- und Stimmungslage? Oder gestalte ich meinen Alltag in dem Bewusstsein, dass Gott da ist, dass er mit mir ist und dass er Herr der Lage ist? Wenn ich Jesus Christus in mein Leben aufgenommen habe und als Christ zu leben bereit bin, dann hat der dreieinige Gott Wohnung in mir genommen. Dann ist also Gott, der Vater, der Sohn und der Heilige Geist, „als Beweger" in mir und in meinem Leben anwesend. Das heißt, dass *Gott mit uns* ist – an jedem Tag neu! Gott ist in uns, und er ist für uns da – das heißt „Immanuel".

Günther Schaible

28. August

Leben als die Friedensstifter

„Selig sind die Friedensstifter, denn sie werden Gottes Kinder heißen." Diese Seligpreisung Jesu aus der Bergpredigt (Matthäus 5,9; Lutherbibel) ist heute dringender denn je zu hören. Überall gibt es Unfrieden und Unversöhnlichkeit, Kleinkrieg und Streitereien, vergiftete Situationen bis hin zum Krieg unter Volksgruppen und ganzen Völkern.

Wo aber sind die Friedensstifter? Wo sind die Christen, die als Versöhner wirken, die das Gesetz „Wie du mir, so ich dir" durchbrechen? Wo sind die Christen, die Lasten tragen, eventuell stellvertretend für andere? Die sich entschuldigen und um Vergebung bitten, die bereit sind, sich auszusöhnen mit anderen?

Günther Schaible

29. August

Stecken zu bleiben ist ein großartiger Moment

Man könnte ihn mit Frustration, Einsamkeit, Loslösung beschreiben – aber diese Bezeichnungen sind lediglich das Vokabular, das unsere Seele wählt, um uns zu sagen, dass wir uns in Gefahr befinden. Sie sind der Schrei der Seele, die um mehr fleht. Unser Sehnen und Verlangen, die unsere Aufmerksamkeit wollen. Ein Ruf von innen. Die großartige Musik der Unzufriedenheit und Ablehnung der Stelle, an der wir uns gerade befinden. Es ist die Angst unseres inneren Lebens, die mit uns argumentiert und sich dafür einsetzt, nicht aufzugeben, sondern endlich nachzugeben.

Es ist der Heilige Geist, der dafür sorgt, dass wir uns plötzlich auf unseren alten Wegen festfahren, damit wir endlich das Wort lesen können, das Gott auf unsere Herzen geschrieben hat: Hingabe.

Hingabe. – Nehmen Sie Ihre Seele in die Arme, umarmen Sie Ihre Angst und antworten Sie auf diese Vorladung Gottes. Machen Sie sich bereit für das Abenteuer, in den nächsten Teil Ihres Lebens hineinzuwachsen. Stecken zu bleiben ist alle Angst wert, die es kostet, sich durch diese Phase hindurchzukämpfen – allein schon deswegen, um am Ende von Gott hören zu können: „Halte durch! Du bist kurz davor, wieder loszukommen und dich freizuschwimmen.“

Mike Yaconelli

30. August

Zweifel

Zweifel ist ein wilder, unkontrollierbarer Feind, der ohne Vorwarnung losschlägt, jedes Hindernis durchbricht, als ob es nicht da wäre. Ich kann ihn nicht kontrollieren, ihn nicht aufhalten, mich nicht dagegen wehren. Ich kann nur dastehen, mich davon verwüsten lassen und hoffen, dass mein Glaube danach immer noch da sein wird.

Und hier ist das Wunder: Ich habe erkannt, dass wir die Tiefe und Macht des Glaubens nur dann entdecken, wenn wir seinen Verlust erfahren, wenn er von uns genommen wird. Ich muss Ihnen sagen, dass ich in den letzten paar Monaten einige Male von Zweifeln besucht wurde – und jedes Mal war es genauso beängstigend wie beim ersten Mal. Aber ich werde nie wieder vor ihnen wegrennen. Heute weiß ich: Nur wenn ich gezwungen bin, meinen Zweifeln ins Auge zu sehen, erfahre ich auch die verlässliche Wirklichkeit Jesu Christi ganz hautnah. Jesus Christus – der Anfang, ja: aber viel wichtiger noch, das Ende ... sogar des Zweifels.

Mike Yaconelli

31. August

Sie konnten nicht lieben

Er war ein zorniger Mann. Er stritt sich mit Vorliebe über dogmatische Fragen und hörte Predigten nicht, um Gott zu begegnen, sondern um zu sehen, an welchen Punkten er dem Prediger Fehler nachweisen konnte. Die Menschen außerhalb der Gemeinde fanden ihn unausstehlich. Aber innerhalb der Gemeinde betrachtete man seine Unausstehlichkeit als „Eifer für die Wahrheit". Man hielt ihn für einen geistlichen Riesen – aber er konnte nicht lieben.

Sie war die gefürchtetste Person in der Gemeinde. Perfekt darin, anderen Schuldgefühle einzureden und sie zu manipulieren. Sie mischte sich in das Leben vieler Menschen ein, aber sie liebte sie nicht. Um genauer zu sagen: Sie mochte sie nicht. Jeder wusste, dass sie zu Hause die Hosen anhatte, obwohl sie einem System treu war, das besagte dass der Mann der Herr im Haus ist. Deshalb war zu Hause auch ihr Mann der Chef – doch der Himmel mochte ihm beistehen, wenn er nicht so der Herr im Haus war, wie sie ihn haben wollte. Sie galt als geistliche Riesin – aber sie konnte nicht lieben.

Sie lebte, um sich zu beschweren. Sie beklagte sich über ihre Kinder, ihre Nachbarn und das Leben im Allgemeinen. Als in ihrer Gemeinde Veränderungen anstanden, widersetzte sie sich ihnen. Sie wollte keine Menschen in der Gemeinde haben, die nicht so aussahen, dachten und sich so kleideten wie sie. Vor nicht allzu langer Zeit gab es in dieser Gemeinde eine Spaltung. Die Veränderer, die ihr Kontrollbedürfnis bedroht hatten, hatten die Gemeinde verlassen. Alles war so kirchlich, steif und unzugänglich für die Menschen außerhalb der Gemeinde, wie vorher. Ihr Kommentar lautete: „Ist das nicht schön? Wir haben unsere Gemeinde wieder!" Sie galt als geistliche Riesin – aber sie konnte nicht lieben.

John Ortberg

1. September

Wer nicht liebt, kennt Gott nicht

Richtig verstandene Spiritualität zeigt sich in einem Leben voller Staunen, Ehrfurcht, Freude, Einfachheit, Anbetung, Dankbarkeit, Dienst, Demut, Mut und Wahrheit. Das zentrale Merkmal richtig verstandener Spiritualität ist die Liebe.

„Wer nicht liebt, kennt Gott nicht; denn Gott ist die Liebe" (1. Johannes 4,8; Gute Nachricht). Falsch verstandene Spiritualität produziert Menschen, die selbstgefällig, selbstgerecht und nicht in der Lage sind, andere zu lieben oder Gefühle zu empfinden. Sie produziert kalte Herzen, plastikartige Masken, traurige Gesichter, einen unauthentischen Lebensstil und ausgetrocknete Seelen.

John Ortberg

2. September

Lass dich finden!

Wenn ich Teile von mir vor anderen verberge, versuche ich sie davon zu überzeugen, dass ich besser bin, als ich wirklich bin. Wenn ich geschickt darin bin, kann ich damit durchkommen. Der andere drückt mir gegenüber vielleicht seine Liebe und Zuneigung aus. Aber in mir höre ich immer eine leise Stimme: „Ja, aber wenn du die Wahrheit über mich wüsstest, wenn du die verborgenen Orte kennen würdest, dann würdest du mich nicht lieben. Du liebst den Menschen, der ich deiner Ansicht nach bin. Aber du liebst nicht mein wahres Ich, weil du mein wahres Ich nicht kennst."

Zu allen, die sich am liebsten verstecken wollen, die sich danach sehnen, gesucht zu werden, und die es schließlich in Verwirrung stürzt, wenn sie gefunden werden, sagt Gott durch Jesus Christus: „Kommt heraus, kommt heraus, wo auch immer ihr seid! Die Zeit des Versteckspiels ist vorbei. Jetzt ist es an der Zeit, nach Hause zu kommen. Keine Strafen, keine negativen Folgen – kommt einfach nach Hause! Vertraut mir."

Das sagt Gott allen Kindern, die sich zu lange und zu gut versteckt haben. „Lass dich finden, mein Kind! Komm nach Hause!"

John Ortberg

3. September

Lebendig glauben

Meine Frau und ich würden New York lieber gestern als heute verlassen, wenn Gott uns nicht immer wieder neu mit seiner Liebe füllen würde. Jedes Mal, wenn ich einem Mann begegne, der ein Mädchen sexuell missbraucht hat, bin ich tief in mir versucht, ihn aus einem Fenster im fünften Stock zu werfen. Das hier ist kein Ort, an dem die Liebe leicht gedeiht. Aber Christus starb für diesen Mann. Was könnte ihn jemals verändern? Was könnte die Lust und Gewalt in seinem Herzen ersetzen? Es ist nicht sehr wahrscheinlich, dass dieser Mann die theologischen Kommentare liest, die auf meinem Bücherregal stehen. Er muss von der Macht eines liebenden und allmächtigen Gottes überrascht werden.

Wenn der Heilige Geist mein Herz nicht in Einklang mit meiner Lehre hält, dann fehlt etwas Entscheidendes. Ich kann die Existenz Jesu Christi so stark betonen, wie ich will, aber um effektiv zu sein, muss er in meinem Leben so lebendig sein, dass ihn auch der Pädophile, die Prostituierte und der Dealer sehen können.

Jim Cymbala

4. September

Maß halten

Wir leben in einer totalitären Multioptionsgesellschaft, also in einer Gesellschaft, in der es fast unendlich viele Wahlmöglichkeiten gibt und die einen Anspruch auf unser ganzes Leben erhebt. Während früher die Menschen immer wieder Zeiten des Hungers, des Mangels und der Entsagung erlebten, können wir uns alles leisten. Es gibt nicht nur eine Sorte Käse, sondern hunderte. Es gibt nicht nur eine oder zwei Auto- oder Kleidermarken, sondern eine unüberschaubare Vielfalt. Maßhalten ist deshalb umso wichtiger, damit wir uns nicht verlieren im Dickicht der tausend Möglichkeiten. Die Klage: „Ich habe keine Zeit!", müsste eigentlich anders lauten: „Ich bin mit so vielen Dingen beschäftigt, dass ich für andere Dinge – die ich auch will oder vielleicht sogar eigentlich will – eben keine zusätzliche Zeit mehr habe."

Vielleicht lautet die Klage des heutigen Menschen im Alter einmal: „Ich war im Leben so beschäftigt, dass ich keine Zeit für das Leben hatte!" Angesichts dieser Wirklichkeit gewinnt Askese eine ganz neue Bedeutung. Wenn schon die Christen früherer Jahrhunderte es für notwendig und hilfreich gehalten haben, zu bestimmten Zeiten Verzicht und Mäßigung einzuüben, um wie viel mehr brauchen wir das heute? Welchen Ballast müssen wir aus unserem eigenen Leben hinauswerfen, um Zeit für das Eigentliche zu finden?

Roland Werner

5. September

Wunder

Im Glauben an Gott leben wir mit tausend und abertausend Wundern, die er an uns und um uns herum tut. Für den Glauben gibt es nichts Gewisseres als Gottes Wunder schaffende Wirklichkeit. Und für den Glauben gibt es eben darum auch nichts Wichtigeres zum Bestehen unseres Lebens, als dass Gott bei uns ist. Gott ist die Liebe, die nie trügt, nie versagt, die keine wechselnden Launen kennt, die vielmehr treu ist alle unsere Tage und Nächte, unser ganzes Leben hindurch, ja auch durch den Tod hindurch.

Ulrich Wilckens

6. September

Verändertes Menschsein

Christen betonen, dass der Glaube ein reines Geschenk sei – und glauben angestrengt. Wir lechzen nach friedvollem, entspanntem Glauben – aber gelebt wird fromme Askese. Oft wissen wir mehr von Pflicht zu reden als von Freude und vertrauen eher den eigenen Kräften als dem Zuspruch Jesu: „Es ist vollbracht!“ Wie kommt es, dass ausgerechnet Christen, die so viel von Gnade sprechen, oft so erbarmungslos mit sich selbst umgehen?

Nicht allein unser Gottesbild trägt zu einem entspannten, zuversichtlichen Glauben bei, sondern ebenso das Bild, das wir vom Menschen und uns selbst haben. Der Glaube allein macht wenig glücklich, wenn wir mit ihm nicht auch uns selbst annehmen. Es gibt keine menschliche Theologie ohne eine barmherzige Anthropologie. Und es gibt keinen gnädigen Gott im Herzen unbarmherziger Menschen. Wenn wir den Mut finden, unsere Menschlichkeit anzuschauen, dann können wir befreiter mit uns umgehen und gelassener glauben. Das Ziel ist nicht Perfektion, sondern ein Weg zu verändertem Menschsein.

Arne Völkel

7. September

Gott ist barmherzig

Viel Arbeit kann viel Freude, kann Anerkennung und Erfolg bringen. Aber allzu oft besetzt die Arbeit die ganze Lebenszeit und raubt dem Alltag jegliche Muße. Auf freie Wochenenden und Urlaube konzentriert sich dann eine solche Fülle von Erwartungen – endlich zum Erleben des eigenen, eigentlichen Lebens zu kommen –, dass diese Tage und Wochen oft mit Enttäuschung enden müssen. Gerade Freizeit kann offenkundig werden lassen, wie leer das innere Leben ist: ohne Ruhe, ohne Antwort. Es fehlt die tragende Mitte.

Genau dies ist das Großartige eines Lebens mit Gott. Mit Gott verbunden kann es Ruhe finden, auszuatmen, um neuen Atem zu schöpfen; Einkehr in Geborgenheit, aus der heraus ich den Mut und den Gleichmut gewinnen kann, um all die Kämpfe des Alltags aufzunehmen und durchzustehen; Vertrautheit mit einer Urliebe, in der die Einsamkeit meines nur auf sich selbst gestellten Ich schon überwunden ist, bevor ich ihrer gewahr werde; ein andauerndes Gespräch tief drinnen in mir, das mich aufschließt zum Verstehen meiner selbst und zum Zuhören und Ausredenlassen anderer; eine Güte, aus der Erkenntnis des Guten und Wahrhaftigkeit, Geduld und Treue wachsen können.

Ulrich Wilckens

8. September

Jesus ist der Ermutiger zum Glauben

So verstehe ich ihn. Wir missverstehen ihn, wir hören seine Aussagen falsch, wenn wir meinen, er forderte Glauben von uns – wie ein harter Herr, wie ein Geldeintreiber, der über das Maß hinaus fordert, oder wie ein Krämer, der zuerst das Geld sehen will, bevor er die Ware rausrückt.

Glaube ist etwas anderes. Glauben ist Anteilhaben am Vertrauen, das zwischen dem Vater und dem Sohn herrscht. Glauben ist ein Mithineingenommenwerden in den weiten, freien Raum der Möglichkeiten Gottes. Glaube ist Atmenkönnen, Mitatmenkönnen mit dem Leben schaffenden Odem Gottes.

Roland Werner

9. September

Gott traut uns etwas zu

So konsequent das Evangelium die Erlösung allein durch den Glauben betont, traut uns Gott dennoch gutes Handeln und sinnvolle Entscheidungen zu. Wenn er uns Vertrauen entgegenbringt, warum sollten wir es einander absprechen? Schauen wir uns und unsere Mitmenschen als durch die Sünde total verdorben an, tut uns das offensichtlich nicht sehr gut. Denn wir sind keine ohnmächtigen Objekte, an denen Gottesbegegnung einfach nur geschieht. Wir können das personhafte Gegenüber des Menschen zu Gott nicht leugnen, wenn wir andererseits seine Eigenverantwortung (einschließlich Annahme bzw. Ablehnung des Rufs zur Entscheidung für Christus) ernst nehmen. Gott wird geehrt, indem wir ihm antworten – als wir selbst.

Arne Völkel

10. September

Persönliche Lebenssätze

Mancher Christ fragt sich, weshalb es trotz aller Bemühung und Anstrengung keinen Fortschritt in seinem Leben mit Christus gibt. Die Ursache ist meist nicht ein Mangel an theologischem Wissen oder praktischem Willen, sondern ein hilfloser Umgang mit den eigenen Charakterzügen. Es hilft nicht, gegen die erlernten Lebenssätze Front und uns selbst Vorwürfe zu machen. Der Druck, unter den wir uns damit setzen, ermüdet und enttäuscht zusätzlich: „Immer wieder scheitere ich, immer wieder dieselben Fehler, es gibt keinen Fortschritt!" Unsere charakterlichen Veranlagungen verändern wir nicht allein auf der geistlichen Ebene unseres Personseins durch mehr Gebet, mehr Bibellese oder Selbstverurteilung. Es gilt vielmehr, zu sich selbst zu kommen. Wir müssen schauen, wer wir geworden sind. Wenn wir unsere persönlichen Lebenssätze kennen, werden wir auch unsere Gottesbeziehung besser verstehen lernen. Denn zwischen unseren geistlichen Defiziten und unseren menschlichen Prägungen bestehen unmittelbare Zusammenhänge.

Arne Völkel

11. September

Keine menschliche Anspannung

Wann immer Jesus den Menschen Mut machen wollte, zu vertrauen, erzählte er von seinem Vater, der die Himmel erfüllt. Er ist es, der auch für die Blumen und die Spatzen sorgt! So ist er! Also entspanne dich! Glaube ist eben keine menschliche Anspannung. Glauben heißt, sich hineinzukuscheln in die Hand des allmächtigen Vaters.

Mitten in allem Stress, aller Anspannung, allen Widerständen, allem Bösen, das es leider nur zu deutlich gibt. Die holländische Evangelistin *Corrie ten Boom* drückte diese Wahrheit in ihrer unnachahmlichen Weise aus: „Don't wrestle, just nestle! – Kämpfe nicht, schmieg dich einfach an!"

Diese Erfahrung macht es dann auch möglich, fest zu stehen, durchzuhalten und den „guten Kampf des Glaubens" zu kämpfen. Das ist die andere Seite, die ebenso wirklich ist. Aber dieses Stehen im Glauben, dieser Kampf, ist erst der zweite Schritt.

Geboren wird der Glaube durch die Begegnung mit dem Gott, der da ist. Das ist die Quelle. Glaube wächst aus der Gotteserfahrung. Wer einen großen Glauben haben will, muss zuerst dem großen Gott begegnen. Und daran haben die Leute wie Abraham und Sara, wie Mose und Elia, wie Maria und Petrus ein Leben lang zu lernen gehabt.

Roland Werner

12. September

Dankbarkeit

Im Duden ist zu lesen, dass das Danken das mit dem Denken verbundene Gefühl bezeichnet: ein Gefühl der „Geneigtheit", ein angenehmes Gefühl. Danken heißt also, über etwas nachzudenken und es positiv zu beurteilen, etwas mit einem guten Gefühl zu bedenken.

Zum Danken gehört deshalb das Nachdenken darüber, woher die Dinge kommen, die mein Leben ausmachen. Es heißt, die Dinge zurückzuführen zu ihrem Ursprung, sich bewusst zu machen, wer der Geber ist. Es gibt zwar auch ein allgemeines Gefühl der Dankbarkeit, doch in aller Regel richtet sich der Dank an jemanden, an eine Person. Wenn wir ein Geschenk bekommen, möchten wir wissen, von wem es ist, damit wir uns bedanken können.

So richtet sich unser Dank in erster Linie an Gott, den Schöpfer, der uns das Leben geschenkt hat und uns gibt, was wir zum Leben brauchen. Er richtet sich aber auch an Jesus Christus, der uns die Versöhnung geschenkt hat, damit wir mit Gott in enger Verbundenheit und Vertrautheit leben können. Er richtet sich an den Heiligen Geist, der Freude und Dynamik, der Liebe und Frieden in unser Leben hineinbringt. Er richtet sich aber auch an die Menschen, die Wesentliches zum Gelingen meines Lebens beigetragen haben.

Ulla Schaible

13. September

Tausend Jahre wie ein einziger Tag ... – Geduldiges Vertrauen

Was bedeutet es, auf den Herrn zu warten? Fangen wir damit an, was biblisches Warten *nicht* ist. Es ist kein passives Herumsitzen, bis etwas passiert, das mir die Flucht vor meinen Problemen ermöglicht. Manche Leute sagen: „Ich warte auf den Herrn", doch es ist eigentlich nur eine Ausrede, nicht der Realität ins Auge sehen zu müssen und die Verantwortung zu übernehmen. Biblisches Warten ist nicht passiv; es ist keine Möglichkeit, die unbequeme Realität zu umgehen.

Auf den Herrn zu warten ist ein zufriedenes, diszipliniertes, erwartungsvolles, aktives und manchmal schmerzliches Klammern an Gott. Auf den Herrn zu warten ist die kontinuierliche, täglich neue Entscheidung: „Ich will dir vertrauen und ich werde dir gehorchen. Auch wenn die Umstände meines Lebens nicht so sind, wie ich will, und vielleicht auch nie so werden, setze ich alles auf dich. Ich habe keinen Plan B."

Was kostet es also, gut zu warten?

Auf den Herrn zu warten verlangt nach geduldigem Vertrauen. Glaube ich, dass Gott gute Gründe dafür hat, dass er zu mir sagt: „Warte!"? Denke ich daran, dass die Dinge für Gott anders aussehen, weil er sie aus der Perspektive der Ewigkeit sieht? Petrus schrieb: „Meine Freunde, ihr dürft eines nicht übersehen: Beim Herrn gilt ein anderes Zeitmaß als bei uns Menschen. Ein Tag ist für ihn wie tausend Jahre, und tausend Jahre wie ein einziger Tag. Der Herr erfüllt seine Zusagen nicht zögernd, wie manche meinen. Im Gegenteil: Er hat Geduld mit euch, weil er nicht will, dass einige zugrunde gehen. Er möchte, dass alle Gelegenheit finden, von ihrem falschen Weg umzukehren" (2. Petrus 3,8-9; Gute Nachricht).

John Ortberg

14. September

Wahr-Sein

Ich bin überzeugt, dass es neben der Liebe kaum eine wichtigere Tugend für uns Menschen gibt als das Wahr-Sein. Mut zur Wahrheit scheint mir eine der wesentlichen Eigenschaften weiser Leiter zu sein. Führungskraft definiert sich zu einem wesentlichen Teil aus dem Willen zur Wahrheit, zum (ehrlichen!) Wahrnehmen. Denn Kraft und Notwendigkeit zur Veränderung erwachsen aus dem schonungslosen Hinsehen – und das ist eine seltene Tugend. Allzu viele schauen lieber weg, setzen auf dubiose Hoffnungen, sitzen aus, pflegen Mythen über sich und die Verhältnisse um sich herum. Das stille Leiden am Ist-Zustand ist beherrschbarer und bequemer als der Mut zur Wahrheit. Denn wer Wahrheit wagt, der muss sich auf den Weg machen, der kann sich und anderen nicht mehr Sand in die Augen streuen.

Das gilt auch für den Glauben. Nicht umsonst finden wir in der Bibel Verheißungen, die uns eindringlich zeigen wollen, wie wichtig Wahrheit für unser Leben ist. Der Heilige Geist, der allen Christen zugesagt ist, ist ein Geist der Wahrheit: „Wenn aber jener, der Geist der Wahrheit, kommen wird, wird er euch in alle Wahrheit leiten“ (Johannes 16,13; Lutherbibel).

Ulrich Eggers

15. September

Gott hilft uns tragen

Wir haben von Gott die Zusage, dass wir niemals über unsere Kraft erprobt werden. Doch seien wir ehrlich: Diese Zusage entlockt uns in schweren Zeiten oft nur ein müdes Grinsen. Gott hat Widerstände auf dem Weg zum Ziel aus dem Weg geräumt? Und warum klettere ich gerade stundenlang auf einem unüberwindbaren Felsbrocken herum? Warum schaffe ich die Versöhnung mit meinen Feinden nicht? Warum wird der Schmerz über den Verlust einer Partnerschaft nicht geringer? Warum bekomme ich noch ein Projekt aufgehalst? Warum haben unsere Kinder oder Eltern heute eine neue Dimension des Terrors zu Hause eröffnet? Warum dieses Leid?

Und schon geraten wir wieder in die Gefahr, zum ersten Punkt zurückzurutschen. Woher wissen wir, wie wunderbar Gott unsere Wege segnet trotz aller Härte, trotz allen Leides? Wir wissen es nicht – doch ich bin überzeugt: Wenn Gott alles auf uns niederprasseln lassen würde, was er von uns fern gehalten hat, wir würden im selben Augenblick erschlagen niedersinken. Es stimmt: Gott setzt manche unserer Grenzen weiter, als wir sie setzen oder setzen würden. Aber wir könnten nicht eine Sekunde weiterleben, wenn er nicht permanent Unheil von uns fern halten würde. Und es ist Teil unserer Wohlstandsnatur, dass wir immer wieder in die Gefahr rutschen, eine solch wunderbare Zusage Gottes so zu verstehen, als wolle er und das Paradies auf Erden erschaffen. Doch wir bleiben *im* Leid, aber unter Gottes Segen.

Christof Lenzen

16. September

Es gibt keine schwarzen Löcher!

Wo Gott in der Mitte ist, wo ich mich Gottes Liebe vertrauensvoll hingebe und allen Sinn, alle Erfüllung, alles Glück meines Lebens von Gott erwarte, da kehrt Ruhe ein, wo sonst die unselige Hast und Sucht nach immer Neuem und immer mehr mich verzehren; da kann man endlich wirkliche Freude am Leben erleben und genießen; da kann man auch Kummer und Leid, Krankheit und Todesangst durchstehen und gewahr werden, dass es „schwarze Löcher", in die wir rettungslos hinein- und hinabfallen, in Wirklichkeit nicht gibt, denn Gottes Wirklichkeit ist auch mitten in der Dunkelheit bei mir. So kann der Glaube an Gott ein Leben wirklich lebendig, sinnvoll, erfüllt, vom Grunde her zuversichtlich, froh und glücklich machen. Nicht mein Glaube freilich macht das, sondern Gott: Wer mit Gott lebt, lebt anders als die, die die Türen ihres Lebens gegenüber Gott zusperren.

Ulrich Wilckens

17. September

Sich öffnen

In jedem Menschen gibt es offensichtlich einen Abwehrmechanismus gegen seine negativen Persönlichkeitsanteile. Wir haben unsere individuellen Schmerz-vermeidungs-Strategien entwickelt: Flucht in Aktivitäten, Zerstreuung oder Suchtverhalten. Manche haben sich einen regelrechten Gefühlspanzer zugelegt, um einigermaßen schmerzfrei durchs Leben zu kommen. Kann es sein, dass diese Abwehrmechanismen bei Christen umso stabiler sind? Einsamkeit oder Verzweiflung, Liebesunfähigkeit oder Machtgelüste – das darf es unter uns nicht geben, das passt nicht in unser frommes Selbstbild. Wenn wir nun aber trotz der wunderbaren Tatsache unserer Erlösung nicht erlöster aussehen, was dann? Kann es sein, dass es nur eine Attrappe unserer selbst ist, die sich auf die Gottesbeziehung einlässt, unsere wirkliche, authentische Person aber immer noch hinter dem nächsten Busch versteckt ist?

Regina Laube

18. September

Den dunklen Hintergrund nicht verschweigen

Eine Gefahr bei der Weitergabe der Gottesgeschichte unseres Lebens besteht darin, dass wir nur die Segenslinie erzählen, nur die Erfolge und Heilungen, die Wunder und außergewöhnlichen Führungen. Doch jede Heilung geschieht auf dem Hintergrund einer Krankheit, jede Erfahrung von Rettung und Erlösung vor dem Hintergrund der Verlorenheit und Gebundenheit. Der sollte nicht vertuscht oder schöngefärbt werden. Auf der anderen Seite geht es auch nicht darum, nun die Verlorenheit und Verderbtheit unseres Lebens besonders zur Schau zu stellen oder vielleicht sogar noch zu feiern oder staunend zu begaffen, wie es manchmal geschieht. Das ist nicht das, was ich meine.

Aber weil Gott mit uns meist nicht nur punktuell handelt – früher war ich schlecht, nun bin ich gut; früher hatte ich oft Angst, heute bin ich der mutigste der Mutigen –, sondern geschichtlich, in Entwicklungen und Prozessen, dürfen wir es wagen, auch solche Veränderungen und Heilungen, die über längere Zeitläufe gehen, echt und ehrlich zu erzählen. Und wir dürfen auch Abschnitte der Geschichte Gottes mit uns erwähnen, wo wir Rückschritte erlebt, Fehler gemacht und versagt haben oder wo eine Heilung oder Befreiung bislang ausgeblieben ist.

Roland Werner

19. September

Den Vater entdecken

Wenn Sie Gott mit nur zwei Wörtern beschreiben sollten – einem Adjektiv und einem Substantiv –, wie würden Sie ihn nennen? Wer ist er für Sie? Und wie ist er?

Haben Sie das, was Sie dann sagen, von anderen gehört oder gelesen? Oder sagen Sie es, weil „alle es sagen", weil Sie meinen, dass „man" es sagen muss? Oder ist es wirklich die Stimme Ihres Herzens? Das meine ich hier: Was sagt Ihr Herz über Gott?

Astrid Eichler

20. September

Mit dem Widerspruch leben lernen

Das Geheimnis des Reiches Gottes in unserer Zeit liegt in einem Widerspruch: „Schon (angebrochen ...)“ und „noch nicht (vollendet ...)“. Diese Spannung wirkt auf den ersten Blick enttäuschend: So viel in unserer Welt ist widersprüchlich – könnte nicht wenigstens Gott für seine Kinder klare Verhältnisse schaffen? Die Versuchung ist groß, zur (scheinbar) höheren Ehre Gottes oder um unserer erlebten Wirklichkeit willen diese Spannung einseitig aufzulösen.

Nach genauerem Hinsehen ist dieses „Schon und noch nicht“ inzwischen ein großer Trost, eine große Hilfe für mich geworden: Dieses Spannungsfeld hilft mir, mit meinen eigenen Widersprüchen und Erfahrungen Raum zu finden, ohne dass ich einen Teil von mir vor der Tür lassen muss. Ich habe schon zu viel von Gott und seinem Wirken erlebt, als dass ich dahinter zurückgehen könnte. Ich kann nicht mehr damit zufrieden sein, dass der Himmel eben „noch nicht“ auf Erden ist. Ich kann mich nicht mehr auf die Ewigkeit vertrösten lassen. Aber ich kann auch nicht alle meine Erfahrungen von Gottesferne in der Welt außerhalb und innerhalb von mir ignorieren oder als Rückfall deuten, in dem naiven Glauben, dass wir „schon“ vollständig im Reich Gottes leben.

Jesus zeigt diese Spannung in seinem Abschiedsgebet in Johannes 17 selber auf: Er spricht von seinen Jüngern als „*in* der Welt“, aber nicht „*von* der Welt“. Wir leben auf der Erde, die nach wie vor nicht so ist, wie sie sein sollte – einschließlich unseres eigenen Verhaltens wohlgemerkt. Aber wir haben einen Geschmack des Himmels gekostet, ein tiefes Wissen über die eigentliche Heimat in uns. Zwischen Himmel und Erde gibt es einen Zwischenraum, den Jesus – als wahrer Mensch und wahrer Gott zugleich – eröffnet hat, und in den er uns auch ruft.

Albert Frey

21. September

Gottes Ruf hören

Wenn wir nur zuhören, so werden wir in jedem Moment unseres Lebens durch unser Herz den Ruf einer göttlichen Romanze vernehmen, Gottes Liebesgeschichte mit uns. Sie flüstert uns zu im Wind, sie lädt uns ein durch das Lachen guter Freunde, sie streckt uns die Hand entgegen durch die Berührung eines Menschen, den wir lieben. Wir hören den Ruf in unserer Lieblingsmusik, wir spüren ihn in der Geburt unseres ersten Kindes, wir werden zu ihm hingezogen, wenn wir die Pracht eines Sonnenuntergangs über dem Meer beobachten. Sogar in Zeiten großen persönlichen Leids ist die Romanze gegenwärtig: in der Krankheit eines Kindes, in dem Verlust einer Ehe, im Tod eines Freundes. Etwas ruft nach uns durch solche Erfahrungen und erweckt tief in unserem Herzen eine unstillbare Sehnsucht, eine Sehnsucht nach Intimität, Schönheit und Abenteuer.

Diese Sehnsucht ist der stärkste Teil jeder menschlichen Persönlichkeit. Sie treibt uns an auf unserer Suche nach Sinn, nach Ganzheitlichkeit, nach dem Gefühl, wahrhaftig lebendig zu sein. Wie auch immer wir dieses tiefe Verlangen beschreiben mögen, es ist das Wichtigste, was wir haben, unser innerstes Herz, die Leidenschaft unseres Lebens. Und die Stimme, die uns von diesem Ort aus ruft, ist keine andere als die Stimme Gottes. Und diese Stimme können wir nicht hören, wenn wir den Kontakt zu unserem Herzen verloren haben.

Brent Curtis/John Eldredge

22. September

Ich wollte dich genau so!

Ein Wasserträger in Indien hatte zwei Töpfe. Sie hingen an einer Stange, die er über den Nacken legte. Einer der Töpfe hatte einen Riss. Der heile Topf enthielt am Ende des Weges vom Fluss zum Haus des Herrn immer noch das gesamte Wasser. Der Topf mit dem Sprung kam nur halb voll an. Zwei Jahre brachte der Wasserträger seinem Herrn nur anderthalb Töpfe Wasser.

Der heile Topf war stolz auf seine Leistung, der beschädigte Topf jedoch schämte sich für seine Unvollkommenheit, weil er nur die Hälfte leistete. Nach dem zweiten Jahr, das er sich nun schon als bitterer Versager empfand, sprach der unglückliche Topf eines Tages den Wasserträger an: „Ich schäme mich und möchte mich bei dir entschuldigen." „Warum?", fragte der Wasserträger. „Ich habe die vergangenen Jahre immer nur die Hälfte abliefern können, weil auf dem Weg immer die Hälfte des Wassers aus mir heraustropft. Wegen dieses Mangels musst du viel mehr arbeiten und bekommst noch nicht einmal den vollen Gegenwert für deine Mühe", sagte der Topf.

Der Wasserträger entgegnete er: „Wenn wir gleich zurückgehen, möchte ich, dass du auf die wunderschönen Blumen am Wegrand achtest." Und tatsächlich, als sie den Hügel hinaufgingen, bemerkte der alte Topf die Blumen am Wegesrand, aber am Ende des Pfades fühlte er sich immer noch schlecht.

Der Träger sagte zu dem Topf: „Ist dir aufgefallen, dass nur an *deiner* Seite des Weges Blumen wachsen? Das liegt daran, dass ich deinen Mangel genutzt habe. Ich habe an deiner Seite Blumen gesät, und du hast sie jeden Tag gegossen. Seit zwei Jahren kann ich jetzt wunderschöne Blumen pflücken. Wenn du nicht genau so wärst, wie du bist, wäre das Haus des Herrn nicht so schön geschmückt."

Brennan Manning

23. September

Gott will uns gebrauchen

Wir formulieren Pläne, um zu erfüllen, was wir als Zweck unseres Lebens wahrnehmen (unweigerlich eingeschränkt ...), und wenn dann die Lokomotive unserer Wünsche und Pläne entgleist, halten wir uns selbst für Versager. Ich habe beispielsweise hier in New Orleans ein Büro gemietet. Warum? Offiziell, um allein zu sein und ohne Ablenkung ein Buch zu schreiben. Drei Monate lang war ich durch eine Schreibblockade völlig gelähmt. Mit jedem weiteren Tag nahm der innere Druck zu, und die Anspannung wuchs. Eines Tages spazierte ich völlig frustriert um den Apartmentkomplex herum. Der achtzigjährige Johnny, der nicht Auto fahren kann und auch kaum noch gehen kann, rief: „Hey, Junge, kannst du mir einen Gefallen tun?“ „Was denn?“, fragte ich nach. „Könntest du für mich einkaufen gehen?“

Das war der Beginn eines zweimal wöchentlich stattfindenden Rituals. Ich gehe in den Laden und hole ihm seine Grundnahrungsmittel, bestehend aus Wiener Würstchen, Weißbrot, Coca-Cola und Schokoladen- oder Zitronenkuchen.

Eines Tages flüsterte der Heilige Geist im Gebet: „Dein Büro hat die Funktion, dem Zweck deines Lebens zu dienen: nämlich Zeit im Gebet zu verbringen, Gott von ganzem Herzen, ganzem Sinn und mit aller Kraft zu lieben und für Johnny einkaufen zu gehen. Das Buch ist dabei nur ein nettes kleines Extra.“ Und dann schwangen wie ein Glockenschlag die Worte von Meister Eckart in meiner Seele nach, der hartnäckig behauptete, das eigentliche Ziel unseres geistlichen Lebens sei Mitgefühl. „Wenn du in einer Entrückung wärest so tief wie Paulus und da wäre ein kranker Mann, der eine Tasse Suppe bräuchte, dann wäre es besser für dich, wenn du aus deiner Entrückung herauskämst und ihm um der Liebe willen die Tasse Suppe brächtest.“

Brennan Manning

24. September

Warum lässt Gott Leid zu?

Ich sehe nicht, dass er uns Gegenteiliges versprochen hat. Ich nehme beim Bibellesen im Gegenteil wahr, dass es offensichtlich unabwendbar zum menschlichen Leben gehört. Auch wenn das unserem Ideal vom bereichernden erfüllten Glauben und vom „lieben“ Gott nicht entspricht; schauen wir uns schließlich seinen Sohn an. Andere heilte Jesus, sich selbst half er nicht. Er litt, qualvoller, als man es sich auszudenken vermag. Dass Gott selbst leidet, geht uns vielleicht nicht in den Kopf. Doch genau das ist die Meinung der Bibel. In Gestalt, Wesen und Qual seines Sohnes leidet Gott mit ihm. An der Unvernunft der Menschen, an ihrer Widerborstigkeit, an ihren Krankheiten und Kriegen, an ihrem Hunger und Elend.

Warum Gott das Leid nicht verhindert? Ich weiß es nicht. Nach dem, was die Autoren der Bibel dazu sagen, kann es wohl niemand wissen. Offensichtlich ist unsere verständliche Frage dennoch unzutreffend gestellt. Denn wir werden (heute wie in der Bibel) nicht *eine* Antwort darauf bekommen – sondern viele. Viele Antworten, von vielen unterschiedlichen Menschen. Wenn ich die vielen unterschiedlichen und herausfordernden Antworten der biblischen Schriftsteller richtig höre, stellen sie nur eines klar: Wer „Warum?“ fragt, muss persönlich antworten. Anders geht es nicht, weil keine Antwortschablone passt. Lassen wir uns darauf ein, wollen wir nicht mehr die Unsinnigkeit des Gottesglaubens beweisen oder länger unsere Passivität und Hartherzigkeit verschleiern. Fragen wir persönlich, müssen wir unsere ganz eigene Antwort geben. Immer wieder anders und unterschiedlich wird sie ausfallen. Nach Situation und Art, Alter und Glaube, Erfahrung und Betroffenheit unterschiedlich.

Wir müssen antworten – aber für andere können wir es nicht.

Arne Völkel

25. September

Das Herz ist das Erkenntnisorgan!

Das Wort will uns in die Beziehung zu Gott ziehen, so dass wir uns auf Grund des Wortes auf ihn einlassen und ihn erleben. Und dabei lernen wir ihn besser kennen. Bei dem biblischen Begriff für „kennen“, „erkennen“ ist ganz deutlich: Das Erkenntnisorgan ist hier das Herz, nicht der Kopf! Und mit dem Herz meint die Bibel die Mitte der Persönlichkeit.

Astrid Eichler

26. September

Auf der Schwelle

Wie es scheint, müssen wir alles daransetzen, einen „Zwischenraum“ zu suchen, einen Raum zwischen Himmel und Erde, ein Stück Himmel mitten auf der Erde. Jesus hat diese Brücke geschaffen, als wahrer Mensch und als wahrer Gott hat er den offensichtlichen Graben zwischen Himmel und Erde überbrückt. Er ist die Tür zwischen diesen beiden Räumen. Es ist uns noch nicht gestattet, in den zweiten Raum zu gehen, aber wir stehen auf der Türschwelle und sehen durch einen Türspalt das Licht, das aus dem Festsaal dringt (wie die Musiker „Arno & Andreas“ es einmal klassisch in einem Lied ausgedrückt haben). Vielleicht können wir uns nicht ständig dort aufhalten, aber immer wieder und immer öfter – je älter wir werden und je näher wir dem Durchschreiten dieser Tür kommen. Dieser Schwellenraum, dieser heilige Zwischenraum, gehört zu dem Besten, was man als Christ, eigentlich überhaupt als Mensch, erleben kann. Er findet sich in Liedern, Predigten, im Abendmahl und anderen gottesdienstlichen Elementen. Aber er findet sich auch in überwältigenden Naturerlebnissen, tiefen zwischenmenschlichen Begegnungen und in wahrer Kunst. Immer dann, wenn wir etwas von der Ewigkeit erahnen oder spüren. Wenn wir mit dem tiefen inneren Wissen um die ewigen und heiligen Dinge in uns in Berührung kommen.

Albert Frey

27. September

Ich bin Gottes Geschenk

Der Autor Thomas Merton, der mit seinem geringen Selbstwertgefühl zu kämpfen hatte, sah als einzigen Ausweg aus dem Kreisen um die eigene Person, „völlig im Augenblick präsent zu sein“. Ob man nun den Geschmack einer frischen Scheibe Brot genießt, sich ein Mozart-Konzert anhört, an einer Rose schnuppert, ein Spinnennetz betrachtet, die samtene Haut eines Babys berührt, seine volle Aufmerksamkeit der Person widmet, mit der man gerade spricht, oder bewusst Zeit im Gebet „verschwendet“ – wir können augenblicklich Entlastung und Erleichterung vor dem Verfolger finden, der uns tyrannisiert, indem wir im Hier und Jetzt gegenwärtig sind. Und um ehrlich zu sein – es *gibt* nur das Jetzt. Ich habe den Verdacht, dass Henry David Thoreaus häufig zitierter Ausspruch „Ich möchte nicht sterben, ohne gelebt zu haben“ dem Wissen entsprang, dass die Selbstumkreisung und die Beschäftigung mit dem Gestern und Morgen dazu führten, das Heute zu vernachlässigen – und ein derartiges Leben ist kein Leben mehr.

Brennan Manning

28. September

Als hätte Gott mit mir gerungen

In den Jahren, in denen es für mich tief untendurch ging, durch manche Kämpfe und manche Bedrängnis, hatte ich ein Wort immer wieder ganz tief in meinem Herzen: „Komme ich um, so komme ich um!“ (Esther 4,16; Lutherbibel). Mit diesem Wort hatte ich meinem Herrn das Recht auf mein Leben gegeben – oft mit einem tiefen Luftholen ...

Aber: Ich bin nicht umgekommen! Ganz im Gegenteil! Mir ist, als hätte Gott mit mir gerungen – dass ich ihm alles überlasse, wirklich alles, und mich selbst. Dass ich aufhöre zu jammern, zu rebellieren, zu kämpfen – denn er ist mein Herr. Und mitten darin, da wo ich ihm sagte: „Komme ich um, so komme ich um – ich will dir vertrauen!“, da kam er mir nahe, unsagbar tröstlich und liebevoll, und zeigte mir: Ich bin dein Vater!

Astrid Eichler

29. September

Ja sagen zu allem

Sehr früh in meinem Leben mit Gott wurde mir etwas Wesentliches deutlich: Wenn ich wirklich tiefere Einsicht haben möchte, dann muss ich Ja sagen zu allem, was in meinem Leben passiert. Paulus sagt: „Alle Dinge sind richtig in Christus." Das heißt: Auch wenn ich eine ziemlich schlimme und harte Erfahrung im Leben mache, Gott meint es dennoch gut mit mir. Wenn ich also bitter und zornig werden würde, dann würde ich all diese tiefere Einsicht verlieren. Ich verstand: So wie der Adler durch den Gegenwind immer höher fliegen kann, so kann auch ich immer höher fliegen, wenn schwere Zeiten auf mich zukommen.

Gail MacDonald

30. September

Ist meine Berufung klar?

Bei dieser Frage gehöre ich zur alten Schule. Jeder von uns sollte sich Gott ganz hingeben und sich ihm völlig zur Verfügung stellen, jeder hat eine Berufung. Jeder von uns sollte fragen: „Was ist mein Auftrag, Gott? Wo soll ich mich nach deinem Willen einsetzen? Welche Rolle soll ich in deinem großen Drama einnehmen?“

Erinnern Sie sich, was Paulus über seine Berufung sagte? „Aber ich will mit keinem Wort mein Leben wichtig nehmen, wenn ich nur meinen Lauf vollende und den Dienst erfülle, der mir von Jesus, dem Herrn, übertragen wurde“ (Apostelgeschichte 20,24). Für Paulus gab es keine höhere Priorität als die Erfüllung des Dienstes, den Gott ihm anvertraut hatte.

Es ist ein großes Privileg und ein Segen, vom Heiligen Geist berufen und in die Arbeit gesendet zu werden. Unser Leben gewinnt Richtung. Wir haben mehr Energie und ein stärkeres Selbstvertrauen. Das Wissen um einen wichtigen Auftrag lässt jeden Tag sinnvoll werden. Aber wir können diese Vorzüge nur genießen, wenn unsere Berufung klar ist und klar bleibt.

In den letzten Jahren habe ich endlich verstanden, dass ich selbst dafür verantwortlich bin. Deshalb frage ich Gott regelmäßig nach meinem Platz. Wenn ich von Gott eine Bestätigung dafür bekomme, sage ich: „Dann los! Ich werde alle Ablenkungen und Versuchungen ignorieren. Ich werde die Brücken hinter mir einreißen und vorwärts gehen!“

Bill Hybels

1. Oktober

Brennt meine Leidenschaft?

Letztes Jahr fragte mich einer unserer Gemeindeältesten: „Bei all deiner Arbeit: Warum fliegst du freitagabends in irgendeine Stadt, um einer kleinen Gemeinde zu helfen, Spenden zu sammeln oder ein Gemeindehaus einzuweihen?“ Meine Antwort: weil es die Flamme meiner Leidenschaft entfacht. Vor kurzem z.B. habe ich geholfen, ein neues Gemeindehaus einzuweihen. Als ich den neuen Saal betrat, nahm mich ein Mitarbeiter mit in eine Ecke, schlug den Teppichboden zurück und zeigte mir den Betonboden, auf den jeder, der zum Kern der Gemeinde gehörte, die Namen der Familienangehörigen und Freunde geschrieben hatte, die noch fern von Gott waren. Nun steht jeden Monat der Kern der Gemeinde dort auf dem Teppich auf den Namen der Menschen, die sie liebt, und betet glühend für ihre Errettung.

Ich erzählte meinem Ältesten, dass ich auf dem ganzen Flug zurück nach Chicago unruhig und aufgeregt war. Diese Gemeinde beflügelte mich! Sie inspirierte mich. Nach meinem Besuch dort predigte ich am Wochenende besser. Ich habe erkannt, dass meine Leidenschaft weiß glühend sein muss, bevor ich erwarten kann, dass sie auf andere überspringt. Und deswegen muss ich alles tun, um glühende Leidenschaft zu bewahren oder zu bekommen.

Bill Hybels

2. Oktober

Fördere ich meine Gaben?

Die Bibel lehrt, dass wir vor Gott verantwortlich sind, unsere Gaben wirklich auszuschöpfen. Gott hat mir drei Gaben anvertraut. Andere Menschen haben mehr. Ich habe nur drei – Leitung, Evangelisation und Lehre –, aber ich weiß, dass Gott von mir erwartet, diese drei Gaben weiterzuentwickeln und auszubauen. Deswegen lese ich alles, was sich auf diese Gaben bezieht, und verbringe so viel Zeit wie möglich mit Menschen, die in diesen Bereichen besser sind als ich.

Achten Sie darauf, Ihre geistlichen Gaben regelmäßig weiterzuentwickeln? Gute Selbstleitung verlangt das.

Bill Hybels

3. Oktober

Die Freundschaft zu Jesus pflegen

Geistliches Leben pflegt die Bereitschaft, für den Geist empfänglich zu bleiben, der uns Leben bringt. Informationen über die Fakten des Glaubens haben wir heutzutage genug. Nur die Freundschaft zu Jesus tatsächlich zu pflegen, das Gespräch mit Gott wirklich zu wagen und die verändernde Gemeinschaft mit anderen Christen wirksam werden zu lassen – das ist es, was uns wachsam und bereit bleiben lässt, auf das Wehen des Windes zu warten – sei es ein heftiger Sturm, eine frische Brise oder ein sanfter Hauch.

Eugene H. Peterson

4. Oktober

Sich von Festlegungen lösen

Jeder von uns hat im Laufe seines Lebens, insbesondere in der Kindheit, Festlegungen getroffen. Im Vordergrund stehen heute nicht mehr die schmerzlichen Entstehungssituationen, sondern die Strategie, die wir entwickelt haben, um den Schmerz damals abzumildern. Die Festlegungen haben uns als Kind geschützt, heute wirken sie nach wie vor, und uns dazwischen. Das Tragische ist, dass uns diese Sätze nicht bewusst sind, dass wir sie also nicht an der heutigen Realität messen und hinterfragen. Dennoch beeinflussen sie unser Denken und Handeln.

Da wir diese Zusammenhänge nicht verstehen, suchen wir Erklärungen für unser Verhalten in den äußeren Umständen, bei anderen Leuten oder unserem Charakter und erkennen gar nicht die eigentliche Ursache dafür: unsere inneren Festlegungen.

Was kann ich machen, wenn ich solche Festlegungen in meinem Leben entdecke? Der erste Schritt hat mit Demut zu tun: Haben Sie den Mut, sich einzugestehen: Das Problem liegt in mir.

Versuchen Sie, inmitten einer typischen, problematischen Situation innezuhalten und sich zu fragen:

- *Was treibt mich in dieser Situation gerade an?*
- *Was genau lässt mich unter die Decke gehen?*
- *Woher kenne ich dieses Gefühl der Hilflosigkeit, Enttäuschung, Angst, Wut oder Ohnmacht?*
- *Erinnert es mich an andere Situationen in meinem Leben?*
- *Was ist bei mir das Thema hinter dem Thema?*
- *Welcher Satz könnte das Thema zusammenfassen?*

Wenn Sie diesen Fragen nachspüren, werden Sie Ihren belastenden Lebensthemen auf die Spur kommen. Im Neuen Testament ist oft von der Kraft des „Ans-Licht-Bringens“ die Rede. Was offenbar ist, ist entmachtet – auch lang gehegte Festlegungen.

Birgit Schilling

5. Oktober

Geistliches Leben

Geistliches Leben ist nicht etwas, das wir einem bereits voll beschäftigten Leben noch hinzufügen. Es geht darum, an das, was wir tun, mit einer Haltung des Gottesdienstes heranzugehen und es immer mehr davon durchdringen zu lassen. Für einen Pastor kann dies bedeuten, während der Kirchenvorstandssitzung schweigend zu beten. Eine der größten Entdeckungen machte ich bei dem Versuch, bei Sitzungen mit Gott in Kontakt zu sein. Ich lernte, dass ich nicht immer sprechen und alles unter Kontrolle haben musste. Ich konnte für die Menschen im Raum beten, die eine schwere Last in ihrem Leben zu tragen haben.

Ich glaube, es ist auch sehr wichtig, was wir am Abend, bevor wir schlafen gehen, und am Morgen, wenn wir aufwachen, denken. So viele von uns lassen sich von den Spätnachrichten diktieren, mit welchen Gedanken sie ins Bett gehen.

Richard Foster

6. Oktober

Mit dem Wind oder gegen ihn?

„Gott widersteht den Hochmütigen und Stolzen, den Demütigen aber schenkt er seine Gnade“ (1. Petrus 5,5).

Falls Sie segeln, wissen Sie, wie schwierig es ist, *gegen* den Wind zu segeln. Sie wissen aber auch, wie entspannend es ist, *mit* dem Wind zu segeln. Petrus fragt: „Wie willst du es haben? Willst du *mit* dem Wind oder *gegen* den Wind segeln? Wenn du dich in Demut hüllst, wird die Gunst Gottes dich tragen. Wenn du stolz bist, musst du gegen den Wind segeln.“

Bill Hybels

7. Oktober

In Gottes Gegenwart leben

Vor kurzem stellte mir meine Frau die Frage, wie wir Gott in unserem Leben am meisten ehren könnten. Sofort gingen mir wieder die bekannten christlichen Gebote durch den Kopf: „gastfrei sein, das Evangelium predigen, ein gutes Zeugnis sein, treu den Zehnten geben“ usw. „Meinst du nicht“, erwiderte meine Frau, „dass wir Gott am meisten ehren, wenn wir uns jeden Tag in erster Linie an seiner Gegenwart und seiner Liebe zu uns Menschen erfreuen? Die anderen Dinge werden dann doch als Früchte der Nachfolge automatisch daraus folgen.“ Ich spürte, dass sie Recht hatte. Dennoch ist dies kein billiges Konzept für Leute, die auf der Suche nach einem „Christsein light“ sind und die biblischen Maßstäbe für ihr Leben umgehen wollen. So einfach es klingen mag, so schwer ist es doch, dies zu praktizieren: Gott stillhalten, sein Dasein genießen und sich seiner Gnade erfreuen.

Andy Treibenbacher

8. Oktober

Gott ist das Zentrum

Die Beziehung zu Gott ist das Modell für alle anderen Beziehungen, so wie die Speichen eines Rades von der Nabe zusammengehalten werden. Nimmt man aber die Nabe weg, beginnen die Speichen wirr in alle Richtungen zu gehen und können den Wagen nicht mehr tragen. Wenn Gott uns nicht mehr heilig ist, kommt ein Erdrutsch in all unseren Beziehungen in Gang – erst langsam, dann immer schneller, bis zum Schluss nichts mehr heilig ist. Wenn Gott nicht mehr Gott sein darf, kann der Mensch nicht mehr Mensch sein.

Magnus Malm

9. Oktober

Narben auf der Seele

Wie oft habe ich mir eine andere Geschichte gewünscht: weniger Verletzungen, weniger Verwundungen. Wie oft habe ich mir gewünscht, weniger Narben auf der Seele zu tragen. Aber ich bin meine Geschichte. Ich bin der Weg, den Gott mit mir geht. Zu diesem Weg darf ich Ja sagen. Diesen Weg darf ich annehmen. Ich muss es sogar, wenn ich Frieden will mit mir selbst, mit anderen Menschen und letztlich auch mit Gott. So etwas lässt sich leicht in einem steilen Satz formulieren. Es zu tun, es immer wieder zu tun, ist häufig genug ein langer, schmerzhafter Prozess. Zu einem solchen Prozess gehört auch, den Menschen zu vergeben, die mich verletzt haben.

Jürgen Werth

10. Oktober

Gott ist uns ganz nah

Was sind das für Taten, die wir Christus (auch) heute zutrauen dürfen? Heilung von körperlichen und seelischen Krankheiten, Befreiung von Süchten; Hilfe in familiärer Not mit dem Ehepartner oder den Kindern, mit den Eltern oder den Geschwistern. Befreiung von Schuld, Hilfe im Arbeitsleben, bei finanziellen Sorgen und Überschuldung, im Umgang mit den Gütern dieser Welt. Hilfe bei Überlastung oder Versagen, Hilfe in der Pubertät oder im Alter, bei Angst vor dem heutigen Tag, der morgigen Prüfung, der Zukunft oder dem Tod. Hilfe in Einsamkeit und bei der Suche nach einem Lebenspartner, Hilfe bei Problemen mit dem eigenen Charakter, der Berufsentscheidung oder dem Finden einer Lebensaufgabe. Hilfe, wo immer wir uns eingestehen, dass wir selbst machtlos sind und von Herzen gerne diese seine Hilfe in Anspruch nehmen.

Oder ist uns etwa eine solche Liste zu anstößig konkret? Reden wir im Zusammenhang mit Christus stattdessen lieber vom Weltfrieden, globaler Gerechtigkeit, Versöhnung der Generationen, Bewahrung der Schöpfung? Aber insgeheim ahnen wir es alle, dass Christus uns auf den Gipfeln weltumspannender Ideale nicht begegnen wird, wenn er nicht auch in den Niederungen unserer eigenen Lebenskrisen, Wünsche und Verirrungen erfahrbar ist. Aber dort ist er! Und wie er dort ist! Um die Anstößigkeiten fortzusetzen: Auch heute heilt und hilft er genial, souverän, spontan, perfekt und nicht wie ein Flickschuster. Auch heute schert er sich nicht um das, was Menschen für rational, wissenschaftlich erklärbar oder wie auch immer intellektuell verdaulich halten. Nein, so grandios und phänomenal Gott seine gesamte Schöpfung in und durch Gesetze geordnet hat, so souverän macht er von all seinen anderen Möglichkeiten Gebrauch – wenn er das will und wenn Menschen ihn im Vertrauen darum bitten.

Jörg Hofmann

11. Oktober

Enttäuschung für Gott?

Die göttliche Weisheit lehrt uns, dass es unser eigentliches Lebensziel ist, für immer bei Gott zu sein. Dass wir Pilger sind auf der Durchreise, deren irdische Tage gezählt sind und die sich an Gott halten, dessen Liebe alles andere in den Schatten stellt. Unsere Realität aber sieht oft anders aus: Wir fühlen uns getrieben von der Geschäftigkeit des Alltags, niedergeschlagen aufgrund eines unerfüllten Bedürfnisses nach Zuneigung. Wir sind überzeugt, dass unser Leben für Gott eine große Enttäuschung ist. Unser Selbstwertgefühl steigt und fällt, gleich einem Segel im Wind, je nach Anerkennung oder Ablehnung von anderen.

Viel zu oft habe ich Menschen mit geringem Selbstwertgefühl sagen hören: „Ich kann einfach nicht nachvollziehen, dass Jesus von mir eine höhere Meinung hat als ich." Mit anderen Worten: „Ich werde nicht zulassen, dass Jesus Herr über mein Leben ist." Eine solche Sturheit beraubt uns nicht nur der Möglichkeit, jeden Tag in der Weisheit der göttlichen Liebe zu leben, sondern verurteilt uns zu einer einsamen, lieblosen Existenz, in der es Jesus nicht gestattet ist, unser Erlöser zu sein, der uns frei macht von unserer Selbstverachtung und der Angst vor dem Vater.

Wenn wir die Erfahrung herzlicher, fürsorglicher, liebevoller Beziehungen machen, wird unser Herz fähig zur barmherzigen Liebe. Aber diese Liebe macht uns nicht automatisch leistungsfähiger oder ebnet uns den Weg zu leitenden Positionen, Geld oder Erfolg im Privatleben. Leben wir Liebe und Barmherzigkeit, so wirkt sich dies weniger auf unser *Tun*, sondern vielmehr auf unser *Sein* in der Welt aus. Es führt zu einer von Liebe geprägten Einstellung uns selbst, unseren Mitmenschen und Gott gegenüber.

Brennan Manning

12. Oktober

Kann ich Angst überwinden?

Angst kann lähmen. Manchmal frage ich Pastoren sterbender Gemeinden: „Warum hast du nichts verändert?" Ich frage Wirtschaftsbosse, die zögern, ein neues Produkt einzuführen: „Warum gehen Sie nicht den nächsten Schritt?" Ich frage Politiker: „Warum nehmen Sie nicht öffentlich Stellung?" Die Antwort lautet oft: „Weil ich Angst habe!" Angst lähmt.

Das geht mir nicht anders. Ich erinnere mich genau an den Morgen im Jahr 2000, als mir klar wurde, dass wir ein Siebzig-Millionen-Dollar-Bauprojekt starten mussten. Unsere Vision für die Zukunft war klar. Unser Leitungsteam hatte seine Zustimmung gegeben. Jetzt musste ich nur den Mut aufbringen und die öffentliche Phase des Projekts einläuten. Wissen Sie, welche Gedanken mir durch den Kopf schwirrten? „Wenn ich das tue, dann gibt es kein Zurück mehr." Ich realisierte, dass alles auf dem Spiel stand, die Glaubwürdigkeit, die unsere Gemeinde in vielen Ländern der Welt errungen hatte, stand in Frage. Die Angst steigerte sich. „Wir kommen doch gut klar! Wir wachsen und taufen jedes Jahr tausend Menschen. Ein falscher Schritt kann alles zunichte machen. Warum sollen wir das riskieren?"

Schließlich kam ich an den Punkt, an dem mir klar wurde, was ich gerade machte: Ich ließ zu, dass die Angst meine Leitung sabotierte. Ich erinnerte mich an den kleinen Vers in 1. Johannes 4,4: „Er, der in euch ist, ist größer als jener, der in der Welt ist" (Lutherbibel). Ich stellte mir selbst die Frage: Hat Gott zu mir gesprochen? Hat er die Richtung klar vorgegeben? Wird er mich immer noch lieben, selbst wenn ich hier versage? Ich kämpfte mit mir, aber schließlich fand ich den Mut, im Glauben vorwärts zu gehen.

Eine Leiterin oder ein Leiter sind dafür verantwortlich, so mit Angst umzugehen, dass ihr Auftrag dadurch nicht sabotiert wird.

Bill Hybels

13. Oktober

Führe mich, o Herr

Während meiner Schulzeit waren wir morgens meist etwas zu spät, so dass wir den Weg zur Straßenbahn, der im Gehen sieben Minuten dauerte, teilweise rennen mussten. Dennoch ließ uns unsere Mutter nicht aus dem Haus, bevor wir nicht kurz um Gottes Segen für den Tag gebetet hatten. So standen wir da, in Jacke und Mütze, mit dem Schultornister auf dem Rücken, und beteten gemeinsam diesen Liedvers: „Führe mich, o Herr, und leite meinen Gang nach deinem Wort. Sei und bleibe du auch heute mein Beschützer und mein Hort. Nirgends als bei dir allein kann ich recht bewahret sein." Oft rasselten wir diesen Vers in Windeseile runter, um endlich nach dem obligatorischen Abschiedskuss loszustürmen ...

Die Bitte um Gottes Führung gehörte also von Anfang an zu den Gebeten, die sich bei mir einprägten. Und das ist gut so. Denn durch den Heiligen Geist geführt werden ist ein Grundthema des Lebens als Christ. Wie kann ich Gottes Willen für mein Leben erkennen? Wie kann ich auf den Wegen gehen, die Gott für mich vorbereitet hat? Woher weiß ich in einer Entscheidungssituation, welche der verschiedenen Möglichkeiten die richtige ist? Solche und ähnliche Fragen hat sicher jeder schon einmal gestellt, der Nachfolge Christi ernst nimmt.

Roland Werner

14. Oktober

Stell dich deiner Berufung!

Würde es nicht unendlich viel Freiheit in unsere christliche Landschaft bringen, wenn wir einerseits aufhören würden, die Dinge, die Gott uns ganz persönlich aufs Herz gelegt hat, zum Allgemeingut zu erklären, und wenn wir andererseits in der Lage wären, unseren ureigensten Auftrag und Gabenschwerpunkt klar zu definieren? Wenn wir ein *Ja* zu unserer Berufung sagen könnten und ein befreites *Nein* zu allen Ansprüchen, die an diesem Auftrag vorbeigehen? Wenn wir aufhören würden, alle andern immer für jene Dinge mobil machen zu wollen, für die Gott *uns* berufen hat, und ihnen viel mehr helfen würden, in ihre ureigenste Aufgabe hineinzufinden?

Tamara Hinz

15. Oktober

Charakter

Das griechische Wort *Charakter* bedeutet ursprünglich Werkzeug. Es ist ein Werkzeug, das uns zeichnet, das uns formt, etwas in uns einmeißelt. Unser Charakter ist sozusagen unsere Kennzeichnung, unsere Signatur. Davon ausgehend hat dieses Wort auch die Bedeutung *Ruf* angenommen, eine Reihe von Tugenden, die Teil eines guten Rufes, eines guten Charakters, sind.

Mir ist die erste Bedeutung des Wortes wichtig: Unser Charakter ist unsere Kennzeichnung. Wodurch werden wir gekennzeichnet? Jeder von uns hat einen Charakter. Wir sind gezeichnet, und das macht uns zu dem, wer wir sind. Diese Zeichnung haben wir, weil wir nach dem Bild Gottes geschaffen sind. Jeder Mensch – ob er an Gott glaubt oder nicht – ist nach dem Bild Gottes geschaffen. In jeden von uns ist Gottes Herrlichkeit „einmarkiert", eingemeißelt. Wir alle geben ein Bild von Gott wieder, sind gekennzeichnet von ihm. In diesem Sinn haben wir alle einen bestimmten Charakter – eine Kennzeichnung, die Gott offenbart.

Was bedeutet es, dass wir Gott durch unsere Person, durch unsere Persönlichkeit, durch unseren Charakter offenbaren? Eine der ersten theologischen Aussagen, die das Wesen Gottes beschreibt, steht in Psalm 62,12-13 (Lutherbibel): „Gott allein ist mächtig, und du, Herr, bist gnädig." Zwei Dinge offenbaren die Herrlichkeit und den Charakter Gottes: Gnade und Stärke. Der Charakter Gottes wird uns sichtbar, wenn wir machtvoll und stark handeln und das mit einem gnädigen, barmherzigen Herzen tun.

Dan Allender

16. Oktober

Gekorkte Seelen

In der Tageszeitung lese ich von einem Baseballprofi, der aus dem Spiel flog, weil sein Schläger „gekorkt“ war. Er schlug einen Ball, der Schläger brach durch – und der Betrug war für jeden sichtbar. Noch nie zuvor habe ich von einem „gekorkten“ Schläger gehört, aber in der Zeitung erklären sie, wie diese Manipulation läuft: Der Kern eines Hartholzschlägers wird ausgebohrt und mit Kork gefüllt. Illegal, aber angeblich erfolgreich, weil der Schläger leichter wird und dennoch seine volle Schlagkraft behält. Natürlich, so beteuert der Spieler, hatte er „ganz aus Versehen“ den einzigen falschen Übungsschläger aus den siebzig richtigen gegriffen, die er besitzt. Dabei sind sich die Fachleute noch nicht einmal einig, ob das Anbohren wirklich Vorteile hat oder ob es mehr eine psychologische Sache ist.

Die Story von dem gekorkten Schläger riecht nach einem guten Predigtbeispiel über das geistliche Leben, finde ich. Von außen gut und solide anzusehen – aber irgendwann mal bricht die Fassade, und es kommt raus, dass das Innere in Wirklichkeit hohl und leichtgewichtig ist. Was nach draußen vermittelt wird, entspricht nicht der inneren Realität. Lehre: Wie wichtig ist es, auf den Kern der Persönlichkeit zu achten, ein von der Gegenwart Gottes erfülltes Herz zu haben. Pass auf, dass du nicht zu einem „gekorkten“ Menschen wirst. Auch wenn es Vorteile zu versprechen scheint, leichtgewichtiger agieren zu können: Wenn Kork in der Seele ist, zeigt sich das – früher oder später. Lot, Samson, König Saul, Salomo, der frühe Petrus oder Demas – alles Leute, denen man diese Geschichte hätte erzählen müssen.

Gordon MacDonald

17. Oktober

Familie als Lernort

Durch die Zugehörigkeit zu einer Familie wird die individuelle Freiheit begrenzt. Abhängigkeit, Verantwortung und Fürsorge lehren uns, Kompromisse mit unserem Willen einzugehen, Tag für Tag. Gewohnheiten entstehen und vergehen wieder, werden verändert und in Frage gestellt. Die Gemeinschaft und der Einzelne werden auf die Probe gestellt und bestraft, sie wachsen und reifen. Wenn Beziehungen entstehen, trifft man auf Widerstand – egal, ob es sich um eine Familie oder eine Klostergemeinschaft dreht. Egal auch, ob es um die Beziehung zu den Kindern oder die Beziehung zu Gott geht. Oft ist es gerade der Widerstand, der uns wachsen lässt ...

Aber natürlich: Man kann in solch einer speziellen Zeit auch stehen bleiben und aufhören zu wachsen. Man kann so aufgefressen werden durch das, was getan werden muss, dass man nicht mehr auf die Wachstumsmöglichkeiten achtet. „Ändert euch durch Erneuerung eures Sinnes", ermahnt Paulus (Römer 12,2; Lutherbibel). Man braucht nicht immer besondere geistliche Übungen dafür. Man braucht vor allem eine Art Bewusstsein, den Willen zu wachsen. Es beginnt oft mit dem Gedanken: Wenn ich lernen will, wenn ich meine Kinder als Gottes Gabe ansehe und die Elternrolle als eine Zeit charakterlicher Reifung, dann kann das tatsächlich Realität werden. Wenn ich meine Kinder dagegen als ein Hindernis für meine „wahre" Entwicklung ansehe oder sie als Entschuldigung für meine Trägheit benutze, dann wird nicht viel passieren. Der Wille zu wachsen ist deswegen ein guter und notwendiger Anfang. Danach geht es darum, diesen Willen immer wieder Gott hinzulegen und darum zu beten, dass er seine gute Arbeit mit uns und in uns tut: „Ohne mich könnt ihr nichts tun" (Johannes 15,5; Lutherbibel).

Lena Bergström

18. Oktober

Ist mein Tempo durchzuhalten?

Zu Beginn der 90er Jahre stand ich kurz vor einem Zusammenbruch. Ich verstand das Prinzip der Selbstleitung und Selbsterhaltung nicht. Ich nahm keine Rücksicht auf meine Gefühle, missbrauchte meine geistlichen Gaben, ruinierte meinen Körper und vernachlässigte meine Familie und Freunde. Nur knapp schrammte ich damals an einem vorzeitigen Ende vorbei.

Ich weiß noch, wie ich in einem Restaurant saß und schrieb: *Das Tempo, in dem ich für Gott arbeite, zerstört die Arbeit Gottes in mir.* Dann ließ ich den Kopf auf mein Spiralbuch fallen und fing an zu weinen. „Gott, was ist hier los?“, fragte ich. Ich spürte, wie der Heilige Geist antwortete: „Bill, wer hält dir ein Gewehr an den Kopf? Wer zwingt dich, mehr abzubeißen, als du kauen kannst? Von wem – abgesehen von Gott – suchst du Anerkennung und Zustimmung? Was bringt dich dazu, so zu leben?“ Die Antworten auf diese Fragen waren mehr als ernüchternd. Sie waren verheerend ...

Mein Problem war ich. Ich saß hier und war sauer, dass ich mit dem Finger nur auf mich zeigen konnte. Es ist ein schrecklich einsames Gefühl, wenn man niemanden hat, auf den man die Schuld schieben kann.

Wir müssen akzeptieren, dass nur wir selbst ein Programm aufstellen können, das uns bei Kräften hält. Fünfzehn Jahre meines Lebens hatte ich Monat für Monat viel zu viele Termine, und mein Leben geriet außer Kontrolle. Tief in mir fragte ich mich: *Warum haben mich die Ältesten nicht gerettet? Warum haben mich meine Freunde nicht davor bewahrt? Sehen die Leute nicht, dass ich sterbe?* Schließlich flüsterte mir die Stimme der Selbstleitung die Wahrheit ins Ohr: „Du bist selbst dafür verantwortlich, einen Plan aufzustellen und ihn auch Tag für Tag umzusetzen.“

Bill Hybels

19. Oktober

Brücke seines Geistes

Ich brauche den Heiligen Geist. Ohne ihn könnte ich nicht Christ sein, ja nicht einmal leben. Ich brauche ihn, denn zwischen Gott und mir gibt es häufig Barrieren. Blockaden, die ich mir selbst aufbaue. Unglaube, Misstrauen, bewusste Falschentscheidungen und manchmal einfach Gleichgültigkeit Gott gegenüber gehören zu den Dingen, die verhindern, dass ich Erfahrungen mit Gott mache. Dass ich sein Wirken im Alltag entdecke.

Gott aber baut immer wieder Brücken, um mich zu erreichen. Die Brücke der Vergebung, die Jesus ist. Die Brücke seines Geistes, durch den die Wirklichkeit Gottes in mein Leben hineinkommt.

Roland Werner

20. Oktober

Glaube heißt, Gott zu wollen und sonst nichts

Wenn wir Gottes Liebe als selbstverständlich betrachten, schieben wir ihn in eine Ecke und verbauen uns die Chance, dass er uns auf ganz neue und überraschende Weise liebt. Dann fängt unser Glaube an zu schrumpfen und zu verkümmern. Wenn wir geistlich so „fortgeschritten" sind, dass unser himmlischer Vater für uns ein alter Hut ist, dann ist es mit dem Vater aus, Jesus ist gezähmt, der Geist ist mit Beschlag belegt und das Pfingstfeuer gelöscht. Glaube nach dem Evangelium ist das Gegenteil von Lauheit. Es bedeutet immer eine grundlegende Unzufriedenheit mit unserem gegenwärtigen Zustand.

Brennan Manning

21. Oktober

Für die Not geboren

Wie können wir in einer Welt leben, in der Untreue und Verrat übliche Verhaltensmuster sind?

Bevor wir auf Betrug reagieren, sollten wir eine grundlegende Entscheidung treffen: Egal, wie sehr ich betrogen wurde, ich werde als vertrauenswürdiger Mensch leben. Wir müssen uns entscheiden, selbst vertrauenswürdig zu sein. Als Freund, Ehepartner oder Elternteil: Entscheiden Sie, ein vertrauenswürdiger Mensch zu sein.

Entscheiden Sie: „So wahr mir Gott helfe, werde ich meine Versprechen einhalten, Vertrauen nicht brechen und Klatsch vermeiden. Ich werde mich in meine Ehe und meine Beziehungen voll investieren. Ich werde Menschen respektieren, mit denen ich durch meine Arbeit in Kontakt komme, ich werde sie nicht benutzen, nicht manipulieren und nicht täuschen."

Wenn Sie diese Entscheidung treffen, werden Sie früher oder später in einen Konflikt kommen. Wahrscheinlich eher früher. Dann müssen Sie sich entscheiden: Werde ich bei dieser Entscheidung bleiben und zu den Menschen halten, denen ich treu sein muss, oder schlage ich einen anderen Weg ein?

In der Bibel heißt es: „Ein Bruder wird für die Not geboren", und: „Es gibt Freunde, die hangen fester an als ein Bruder" (Sprüche 17,17; 18,24; Lutherbibel). Wir werden an Weggabelungen kommen, an denen Loyalität uns etwas kostet, wo wir uns entscheiden müssen, welche Richtung wir einschlagen. Wenn wir an eine Weggabelung kommen und uns überlegen, ob wir ein vertrauenswürdiger Mensch sein wollen oder nicht, müssen wir wissen, ob wir uns für Sicherheit entscheiden oder für den Schmerz, den es manchmal kostet, ein Versprechen zu halten oder einer Liebe treu zu sein. Ein Freund oder ein Bruder wird für die Not geboren.

John Ortberg

22. Oktober

Falsch verstandener Verzicht

Gott will nicht, dass Sie sich selbst keine Gefühle oder Grenzen zugestehen, oder dass Sie sich selbst berechtigte Wünsche, Freizeitbeschäftigungen oder Beziehungen versagen, die gut und gesund für Sie wären. Wenn Sie gerade dabei sind, einer Sache um Jesu willen zu sterben, dann prüfen Sie vorher genau, ob das, worauf Sie verzichten wollen, wirklich Sünde ist. Bevor Sie sich selbst lobend auf die Schulter klopfen, weil Sie um Jesu willen auf eine bestimmte Sache verzichten, prüfen Sie lieber zuvor genau, ob Gott wirklich will, dass Sie darauf verzichten.

Wenn Sie versuchen, Jesus mit Hingabe und Einsatz nachzufolgen, aber spüren, wie Verbitterung Sie überkommt, dann könnte das ein Wink sein, dass Sie sich vielleicht etwas versagen, das Sie sich lieber zugestehen sollten.

Ich bin mit dieser Frage der Selbstverleugnung noch nicht ganz am Ende, aber eines weiß ich bestimmt – in der Bibel steht: „Dient dem Herrn mit Freuden, kommt vor sein Angesicht mit Frohlocken“ (Psalm 100,2; Lutherbibel). Wenn ich mir so viel von dem versage, was mich ausmacht und was wichtig ist für mich, und wenn daraus ein merkwürdiges Gefühl der Bitterkeit dem Gott gegenüber wächst, den ich doch zu lieben behaupte, dann versage ich mir irgendwo übertriebenermaßen etwas, und ich muss herausfinden, was es ist. Der Heilige Geist und Gespräche mit anderen Menschen können eine Hilfe sein, um zu einem gesünderen Maß an Einsatz zu gelangen.

Bill Hybels

23. Oktober

Sich auf ihn einlassen

Solange wir Gottes Führung suchen, um eine Aufgabe zu bekommen, die ihm unseren Wert beweist, werden wir lauter verschlossene Türen vorfinden. Auf diese Masche lässt sich Gott nicht ein. Aber der Mensch, der alle derartigen Spekulationen fallen lässt und so zu Gott kommt, wie er ist – selbst wo dies zu keinerlei sichtbaren Arbeit für Gott führen sollte –, der wird einen Gott finden, der mehr als bereit ist, sich mit ihm einzulassen.

Magnus Malm

24. Oktober

Abba, ich vertraue dir

Bei dem Glauben, der uns Christen mit Leben erfüllt, geht es weniger darum, die Existenz Gottes für wahr zu halten. Es geht vielmehr darum, ganz praktisch und konkret auf seine liebende Fürsorge zu vertrauen, so stark der äußere Druck auch sein mag. Es geht hier um sehr viel, denn erst wenn ich gesagt habe: „Ich vertraue dir", habe ich auch gesagt: „Gott existiert."

Auch angesichts unüberwindlicher Hindernisse und ohne den geringsten Hinweis, was wohl dabei herauskommt, sagt das Herz, das vertraut: „Abba, ich überlasse meinen Willen und mein Leben restlos und rückhaltlos und mit grenzenlosem Zutrauen dir, weil du mein liebender Vater bist."

Auch wenn wir unser Bedürfnis nach einem unerschütterlichen Vertrauen in die Liebe Gottes oft übergehen, ist es unser dringlichstes Bedürfnis überhaupt. Es ist das Heilmittel für so viele unserer Krankheiten, für Melancholie und Selbsthass. Das Herz, das sich vom Misstrauen zum Vertrauen auf die unwiderrufliche Vergebung durch Jesus Christus bekehrt, wird erlöst von der zersetzenden Macht der Angst.

Brennan Manning

25. Oktober

Nimmt meine Liebe für Gott und die Menschen zu?

Haben Sie sich gefragt, wessen Aufgabe es ist, die Flammen Ihrer Liebe am Brennen zu halten? Ist es Aufgabe Ihrer Gemeinde? Ihres Ehepartners? Ihrer Kleingruppe? Nein. Es ist Ihre und meine Aufgabe, sicherzustellen, dass unsere Liebe für Gott und für andere Menschen zunimmt. Niemand kann uns das abnehmen.

Ich möchte nicht mehr zulassen, dass mein Herz schrumpft. Mehr als je zuvor bin ich entschlossen, mein Herz während meiner verbleibenden Zeit als Gemeindeleiter im Wachstum zu unterstützen. Was nützt es, ein christlicher Leiter zu sein, wenn meine Fähigkeiten, meine Erkenntnisse, meine Entscheidungen und meine Energie nicht einer tiefen Liebe zu Gott und anderen Menschen entspringen?

Wie steht es um Ihr Herz? Wenn Sie so weitermachen wie bisher, wird Ihr Herz im Lauf der Jahre größer werden? Oder ist Ihr Spielraum zu eng? Laufen Sie so schnell, dass Sie beim Erreichen der Ziellinie völlig erschöpft sind? Schauen Sie den Tatsachen ins Auge. Verändern Sie, was Sie verändern müssen.

Bill Hybels

26. Oktober

Entlastung

Das Vertrauen auf Gott ist keine Frage unserer Stärke, sondern unserer Ergebenheit und geistlichen Demut. Häufig vergleicht die Bibel das menschliche Gottvertrauen mit dem Vertrauen eines Kindes zu seinen Eltern. Kindliches Vertrauen ist von fragloser Selbstverständlichkeit. Das Kleinkind fühlt sich bei der Mutter völlig geborgen. Darum vertraut es sich ihr ganz an. Wenn wir als Erwachsene jemandem vertrauen, fühlen wir uns in seiner Nähe wohl und gut aufgehoben. Unsicherheit und Anspannung weichen, weil wir uns auf ihn verlassen können und uns sicher fühlen.

Vertrauen auf Gott spielt sich empfindungsmäßig auf der gleichen Ebene ab. Dem Vater zu vertrauen lässt uns entspannen. Das Wesen des Glaubens ist nicht Anstrengung oder geistliche Leistung, sondern das genaue Gegenteil: Entlastung durch Christus.

Arne Völkel

27. Oktober

Mitfühlen

Die faszinierendste und köstlichste Frucht, die durch Aufmerksamkeit für das Hier und Jetzt wächst, ist die Fähigkeit mitzufühlen. Ohne Eile eine Blume oder ein schlafendes Kind zu betrachten, einem geliebten Menschen, der leidet, beizustehen – das ruft auf geheimnisvolle Weise zärtliche Gefühle uns selbst und anderen gegenüber hervor. Durch einen langen, liebevollen Blick auf das Wirkliche sind wir, ohne dass wir uns bewusst auch nur im Mindesten anstrengen müssen, in der Gegenwart des einen Mitfühlenden. Etwas von Gottes schöpferischer Barmherzigkeit regt sich in uns, unser erniedrigtes Selbstwertgefühl schwindet und wird zu schlichter und zarter Selbstannahme. Thomas Merton bemerkt dazu: „In unseren menschlichen Beziehungen haben wir dann nicht das Bedürfnis, andere für ihre Sünden zu verurteilen: denn wir sind in der Lage, auch bei ihnen unter die Oberfläche zu schauen und die Gegenwart von Gottes Ebenbild zu erahnen.“

Brennan Manning

28. Oktober

Kinder Gottes dürfen fragen

Glaube ist mehr als nur glauben, es ist ein Akt des Mutes, des kühnen Festhaltens an Gottes Wahrheit. Glaube ist wie ein Ringkampf mit Gott, es ist die intensive Auseinandersetzung mit der Wahrheit in dem Versuch, alles an Erfassbarem und Erkennbarem herauszuholen. Und Neugier ist der Ausdruck unseres Hungers nach Gott. Dann bringen wir Gott unsere Zweifel, ohne uns entschuldigen zu müssen; wir marschieren kühn und furchtlos in seine Gegenwart mit einem ganzen Rucksack voller Fragen, denn wir wissen, dass Gott keine Angst davor hat. Menschen haben Angst. Institutionen haben Angst. Aber Gott nicht.

Kinder haben einige nur ihnen zustehende Rechte, und eines davon ist das Recht zu fragen, egal, wo, egal, was. Wir haben als Kinder Gottes dasselbe Recht. Bringen wir unsere Fragen kühn, mutig und vertrauensvoll wie ein Kind vor!

Mike Yaconelli

29. Oktober

Kompromisslose Liebe

Im Glauben gibt es Bewegung und Entwicklung. Jeden Tag gibt es etwas Neues. Um Christ zu sein, muss der Glaube neu sein, lebendig, er muss sich entwickeln. Er kann nicht statisch und fertig sein. Wenn die Bibel, das Gebet, die Anbetung und die Nächstenliebe zur Routine werden, sind wir tot. Wenn ich zu dem Schluss komme, dass ich jetzt mit der Ehrfurcht gebietenden Liebe Gottes umgehen und fertig werden kann, gebe ich mich mit seichten Stellen zufrieden und vermeide die Tiefen. Aber eher bringe ich die Niagarafälle in einer Kaffeetasse unter, als dass ich die heftige, unfassbare Liebe Gottes ganz begreife. Wenn unser Glaube kritisiert wird, dann soll das wenigstens aus den richtigen Gründen geschehen. Nicht weil wir zu emotional sind, sondern weil wir nicht emotional genug sind; nicht weil unsere Leidenschaft so stark ist, sondern weil sie so gering ist; nicht weil wir zu liebevoll sind, sondern weil es uns an tiefer, leidenschaftlicher, kompromissloser Liebe zu Jesus Christus mangelt.

Brennan Manning

30. Oktober

Den emotionalen Tank füllen

Im Neuen Testament kann man nachlesen, wie Jesus gelebt hat. Es wird dort sehr deutlich, wie sorgfältig Jesus mit seinen Kräften umging, besonders wenn es ums Auftanken ging; denn Jesus befand sich häufig in emotional aufreibenden Situationen. Über lange Zeiträume reiste und lehrte er und schenkte den Menschen sein Mitgefühl. Darüber hinaus deckte er das Böse auf und nannte es beim Namen.

Aber dann hielt er auch immer wieder inne, ging in die Berge, in die Wüste oder an den Strand oder besuchte Freunde in der Gegend, um wieder aufzutanken. Jesus wusste ganz genau, was ihm gut tat, wohin er gehen musste und mit wem er zusammen sein wollte, um neue seelische Kräfte zu schöpfen.

Wissen wir, wohin wir in regelmäßigen Abständen gehen müssen, mit wem wir uns regelmäßig treffen sollten, um emotional aufzutanken?

Wir sind nicht egoistisch, wenn wir versuchen herauszufinden, wodurch unser emotionaler Tank so voll bleibt, dass der „Mitgefühlfaktor“ in unserem Leben weiter zunimmt. Nein, das Gegenteil ist der Fall. Wir sorgen für das Wachsen, das Weiterwerden unseres Herzens, wenn wir herauszufinden versuchen, was uns hilft, emotional aufzutanken.

Bill Hybels

31. Oktober

Bereit, zu vergeben

Die einzige wirkliche Bedingung dafür, dass Gottes Heilungsprozess in meinem Leben beginnen und weitergehen kann, ist, dass ich bereit bin, denen zu vergeben, die mich verletzt haben. Aber diese Bedingung ist absolut. Wenn ich nicht bereit bin, zu vergeben – und sei es mit jenem kleinen Funken an gutem Willen, dass ich „vergeben wollen will" –, bleibt die Tür zur Heilung verschlossen. Der bittere Stachel bleibt stecken, die Wunde eitert weiter, wie sehr ich auch versuchen mag, sie auf andere Weise zu reinigen. Aber sobald ich Gott meinen Willen zu vergeben hinlege, nimmt er ihn sofort entgegen und beginnt mit seinem Heilungswerk. Zuweilen kann es nötig sein, dass ich mich direkt an den betreffenden Menschen wende, damit die Versöhnung von Grund auf geschieht. Ist dies aus irgendeinem Grund nicht möglich, kann ich stattdessen vor einem Seelsorger Gott sagen, dass ich bereit bin, zu vergeben.

Magnus Malm

1. November

Durch die Finsternis hindurch

Kompromissloses Vertrauen in die Liebe Gottes bringt uns dazu, Gott auch für die geistliche Finsternis zu danken, die uns zeitweilig umgibt, für den Verlust unseres Lebensunterhaltes, für die Arthritis, und von Herzen zu beten: „Abba, in deine Hände lege ich meinen Körper, meine Seele und meinen Geist und diesen ganzen Tag – Morgen, Nachmittag, Abend und Nacht. Was du dir von mir wünschst, das wünsche auch *ich* mir von mir. Ich werfe mich auf dich, und ich vertraue dir mitten in meinem Leben. Und ich vertraue deinem Herzen mein schwaches, abgelenktes, unsicheres Herz an, Abba, an dich lasse ich mich selbst los in Jesus Christus, unserem Herrn. Amen."

Brennan Manning

2. November

Gott will, dass wir „blühen“

Neulich brachte ich Schnittblumen aus dem Blumengeschäft mit nach Hause und vergaß, sie ins Wasser zu stellen. Als es mir nach Stunden auffiel, bot sich mir ein armseliger Anblick. Hätten die Blumen weiter draußen auf ihrem Stängel stehen können, wären es wunderschöne Blumen geblieben. Sie hätten abends ihre Blütenblätter geschlossen, um sich morgens erneut der Sonne und ihrem Licht zu öffnen. Sie hätten geduftet und Menschen erfreut. Sie hätten Bienen angelockt und sich so an andere verströmt. Aber nach wenigen Stunden ohne Wasser waren sie vertrocknet. Dürr, nach nur einem Tag.

Gott will, dass wir Wurzeln in seinem Wort schlagen. Sonst welken wir, duften nicht mehr, sind unfähig zu lieben, weil wir eine „geistliche Schnittblume“ geworden sind. Gott will, dass Sie „blühen“! Dass Sie „duften“! Er will sich an Ihnen erfreuen. Es ehrt ihn, wenn Sie andere Menschen erfreuen.

Arne Völkel

3. November

Spielerisch handeln

Für viele Christen ist spielerisch zu handeln keine willkommene Idee. Das klingt unanständig und oberflächlich, zu wenig ernsthaft, ablenkend und uneffektiv. Wir leben in einer hoch technisierten Welt, die der Leistung und der Aktivität huldigt. Unter dem Deckmantel der Zeitersparnis lassen wir uns von E-Mail, Fax und Telefon vereinnahmen. Jeder Tag endet in Erschöpfung durch die Forderungen unseres Terminkalenders, und jeder neue Tag begrüßt uns mit noch mehr Anforderungen. Wie können wir uns Zeit zum Spielen nehmen, wenn der Berg der Arbeit und der Probleme jeden Tag wächst? Wie können wir es wagen, zu spielen, wenn die Welt in Armut, Hunger und Krieg versinkt?

Doch Spielen ist ein Ausdruck von Gottes Gegenwart in dieser Welt; und ein klares Zeichen von Gottesferne in unserer Gesellschaft ist das Fehlen von Spielen und Lachen. Spielen ist keine Flucht, es ist die Möglichkeit, dem Würgegriff des Leistungsdrucks und der Angst zu entkommen. Spielerisch handeln ist ein moderner Ausdruck von Hoffnung, ein Fest für das Licht des Evangeliums.

Mike Yaconelli

4. November

Freispruch

Im Laufe meines wenig bemerkenswerten Lebens, in dem Siege klein und eher privater Natur waren, die Prüfungen ziemlich prosaisch und das Scheitern groß genug, dass es mich selbst und die Menschen, die ich liebe, tief verletzt hat, bin ich immer wieder hingefallen – und immer wieder aufgestanden. Jedes Mal, wenn ich falle, werde ich angetrieben, mich erneut aufzurappeln, nämlich durch ein blindes Vertrauen darauf, dass mir meine Sünden aus reiner Gnade vergeben werden, und zwar in Form von Freispruch, nicht aufgrund guter Taten (das ist der Ansatz, den die Pharisäer im Tempel verfolgten), sondern auf der Grundlage eines unermüdlichen Vertrauens in die Liebe eines gnädigen und barmherzigen Gottes.

Brennan Manning

5. November

Tägliche Kämpfe

Als ich zu glauben begann, dass Gott mich wirklich so annimmt, wie ich bin, spürte ich plötzlich eine mir bis dahin völlig unbekannte Freiheit, meinen dunklen Seiten ins Auge zu sehen. Bevor ich begriffen hatte, dass Gott mich wirklich ganz und gar annahm, war ich nicht dazu fähig gewesen, Gott in meine täglichen Kämpfe einzubeziehen. Gelähmt von meiner Angst, abgelehnt zu werden, hatte ich meine Sünden verschwiegen und unter den Teppich gekehrt. Solange das Böse im Dunkeln bleibt, kann es Macht über uns ausüben. Wenn wir durch Gottes Gnade unsere Sünden ans Licht bringen, merken wir, dass sie ihre Macht verlieren.

James Smith

6. November

Widerstände

Das eigentliche Geheimnis, in der Kraft Gottes zu sein, besteht darin, dass wir uns ihm in allem überlassen. Wir möchten Frieden haben, wir wollen den Geist in uns spüren, seine Gaben in uns wissen, wir möchten die Liebe des Vaters erfahren. Tatsächlichen Frieden mit Gott erleben wir aber nur, wo wir uns in Widerwärtigkeiten, Anfechtungen und Mühen Gott anbefehlen. Dann ist Vertrauen gefragt, das sich nicht in Trockenübungen oder Gedankenspielen lernen lässt.

Ob wir Gott vertrauen, zeigt sich in aller Regel da, wo die Räume enger werden und Widerstände auftreten. Wer dann bleibt, hat durch Glauben überwunden. Vertrauen wird erprobt, indem Gott uns Wege führt, die wir selbst nicht gehen wollen, die wir uns nicht freiwillig wählen und in die wir uns dennoch fügen. Darin liegt das wirkliche Geheimnis des Friedens mit Gott: dass wir uns ihm in allem überlassen und alles, was kommt, aus seiner Hand annehmen.

Arne Völkel

7. November

Echt sein dürfen

Eugene Peterson sagte einmal, dass die Menschen ihr Leben damit verbringen, „sich selbst zu *spielen*“, anstatt sie selbst zu sein. Kinder dagegen sind so, wie sie sind. Aber leider dauert es nicht lange, und wir haben sie davon überzeugt, dass sie das sind, was sie tragen, haben oder wie sie aussehen. Doch wenn unsere Kinder Glück haben, überzeugen wir sie stattdessen davon, dass sie sie selbst sein dürfen und nicht einer Karikatur oder einer Illusion nachlaufen müssen. Können oder wollen wir aber nicht mehr erkennen, wie wir gemacht sind, hören wir auch Gott nicht mehr, oder wir fühlen uns unglücklich, weil wir uns von dem entfernen, wie wir nach Gottes Willen sein und handeln sollen. Jeremia schreibt, dass Gott schon im Mutterleib zu uns spricht: „Schon ehe ich dich ins Leben rief, hatte ich einen Plan mit dir. Als du noch nicht geboren warst, hatte ich bereits die Hand auf dich gelegt“ (Jeremia 1,5; Gute Nachricht).

Mike Yaconelli

8. November

Die Kontrolle abgeben

Unsere Illusion von Kontrolle ist wahrhaft Mitleid erregend, aber bisweilen auch überaus komisch. Zu entscheiden, was ich am dringendsten vom Leben brauche, sorgfältig den nächsten Schritt abzuwägen und meinem Selbst zu gestatten, Amok zu laufen, bläht mein Gefühl von Wichtigkeit auf und reduziert Gott auf die Rolle des Zuschauers an der Seitenauslinie. Es ist einzig die in einer Stunde stillen Gebets am Morgen erblühte Weisheit, die mich daran hindert, mich um die Position des Chefs über das Universum zu bewerben. Henri Nouwen hat in diesem Zusammenhang einmal bemerkt: „Eine der mühsamsten geistlichen Aufgaben besteht darin, die Kontrolle aufzugeben und dem Heiligen Geist zu gestatten, unser Leben zu führen."

Brennan Manning

9. November

Den Gefangenen freilassen

Vergebung ist die einzige Möglichkeit, wie wir von den Wunden der Vergangenheit geheilt werden können. Darum hat Jesus immer wieder über dieses Thema gesprochen. Er wusste, dass wir nur unser eigenes Leid verlängern, wenn wir nicht vergeben können. „Wenn du einem Menschen vergibst", schreibt Lewis Smedes, „dann lässt du einen Gefangenen frei, aber dann entdeckst du, dass der wirkliche Gefangene du selber warst."

Wenn wir uns entschlossen haben, die Gefangenen zu befreien und die Schmerzen der Vergangenheit hinter uns zu lassen, dann brechen wir zu einer Reise auf, die aus vier Etappen besteht: Wir entdecken, wie viel uns selbst vergeben wurde; wir entlassen den Menschen, der uns verletzt hat, aus seiner Schuld; wir nehmen ihn so an, wie er ist, und wir erlauben Gott, aus dem Schlechten, das passiert ist, etwas Gutes zu machen.

Jeder einzelne dieser Schritte ist notwendig für unsere geistliche und seelische Gesundheit.

James Smith

10. November

Die Schuld erlassen

Wenn uns jemand Schaden zugefügt hat, dann ist er dadurch an uns schuldig geworden. Er ist uns sozusagen etwas schuldig. Darum ist es so schwer, jemandem zu vergeben, der keine Genugtuung geleistet und seine Schuld nicht bezahlt, ja noch nicht einmal zugegeben hat. Vergebung bedeutet, eine Schuld zu erlassen, die jemand nicht bezahlt hat und vielleicht auch niemals bezahlen wird. Das ist dann auch gar nicht mehr nötig. Wenn wir einem Menschen vergeben, dann erlassen wir ihm die Schulden. Wir sagen: „Es gibt nichts mehr, was du tun müsstest. Ich befreie dich von dieser Schuld. Jetzt steht nichts mehr zwischen uns."

James Smith

11. November

Der eigenen Vergebung gewiss sein

Wenn wir wirklich erkennen, dass Gott uns vergeben hat, veranlasst uns das, einander ebenfalls zu vergeben. Paulus forderte die Epheser auf: „ ... vergebt einer dem anderen, wie auch Gott euch vergeben hat in Christus“ (Epheser 4,32; Lutherbibel).

Als Jesus seine Jünger beten lehrte: „Und vergib uns unsere Schuld, wie auch wir vergeben unseren Schuldigern“ (Matthäus 6,12; Lutherbibel), forderte er sie damit nicht zur Vergebung auf, sondern er stellte fest, was die tun, denen vergeben worden ist. Er beschrieb eine Tatsache: Ich vergebe so, wie mir selbst vergeben worden ist.

Wenn ich selbst nicht vergebe, dann bedeutet das schlicht und einfach, dass ich noch nicht begriffen habe, wie viel Gott *mir* vergeben hat.

Gott fordert uns dazu auf, einander zu vergeben, weil er uns vergeben hat. Deshalb kann Paulus die Kolosser ermahnen: „... und ertrage einer den anderen und vergebt euch untereinander, wenn jemand Klage hat gegen den andern; wie der Herr euch vergeben hat, so vergebt auch ihr!“ (Kolosser 3,13; Lutherbibel). Jesus sagte seinen Jüngern sogar, dass sie nicht im Gebet zu Gott kommen sollten, wenn es jemanden gab, dem sie vergeben mussten (Markus 11,25).

James Smith

12. November

Die uns verletzt haben so annehmen, wie sie sind

Vergebung ist an keinerlei Bedingungen geknüpft. Das Erlassen der Schuld ist nicht von einer zukünftigen Verhaltensänderung abhängig. Wenn es so wäre, wäre es keine Vergebung. Solange wir daran festhalten, dass der betreffende Mensch sich ändern muss, sind wir immer noch Sklaven der Vergangenheit. Wir werden erst dann frei, wenn wir ihn völlig aus seiner Schuld entlassen, und dazu gehört auch, dass wir ihn so annehmen, wie er ist.

James Smith

13. November

Zulassen, dass Gott das Schlechte in etwas Gutes verwandelt

Die letzte Etappe der Vergebung besteht darin, dass wir Gott erlauben, das, was geschehen ist, zu unserem Wachstum zu gebrauchen. Das, was passiert ist, kann niemand mehr ändern, aber Gottes Güte und liebevolle Fürsorge können bewirken, dass sogar aus etwas Schlechtem noch etwas Gutes wird.

Gott kann aus etwas Traurigem und Schmerzlichem etwas Schönes und Gutes machen. Josefs Brüder täuschten aus Eifersucht seinen Tod vor und verkauften ihn dann als Sklaven, aber Josef wurde zu einem mächtigen Mann am Hof des Pharao und sagte später zu seinen Brüdern: „Ihr gedachtet es böse mit mir zu machen, aber Gott gedachte es gut zu machen ..." (1. Mose 50,20; Lutherbibel). Er versorgte seine Brüder mit Getreide und kümmerte sich um sie, obwohl sie ihm damals etwas Schlimmes angetan hatten.

Gott will niemals, dass uns etwas Böses geschieht, glaube ich. Aber ich weiß, er kann unser Leid dazu benutzen, uns im Glauben wachsen zu lassen.

James Smith

14. November

Glaubenserfahrung

Im westlichen Denken ist mit Wissen das intellektuelle Erfassen der Realität gemeint, die Bestätigung eines wahrgenommenen Sachverhalts durch den Verstand. In den hebräischen und christlichen Schriften hingegen wird Wissen gefühlt, es entsteht eher aus einer Erfahrung Gottes in Glauben und Liebe als durch menschliches Erkunden. Wissen ist die Frucht einer Glaubensbegegnung mit Jesus als dem Christus. Nur durch unser persönliches Erleben werden wir erkennen, dass sich im transzendenten/immanenten Christus Gott offenbart. Will man Jesus und das ganze Prinzip der Offenbarung erkennen, spielt das Erleben dabei eine ganz wesentliche Rolle. Der holländische Theologe Edward Schillebeeckx behauptet: „Der christliche Glaube ist keine Botschaft, die geglaubt werden muss, sondern eine Glaubenserfahrung, die zur Botschaft wird."

Brennan Manning

15. November

Ich vertrau auf dich

Dennis Rainey erzählte die Geschichte einer Missionarsfamilie, die auf Heimaturlaub war und im Haus eines Freundes untergebracht wurde. Es lag an einem See. An dem besagten Tag werkelte der Mann im Bootshaus herum, die Frau war in der Küche, und die drei Kinder im Alter von vier, sieben und zwölf Jahren spielten auf dem Rasen vor dem Haus. Der vierjährige Billy entwischte der Beaufsichtigung durch seine große Schwester und schlenderte zu dem hölzernen Steg, an dem das glänzende Aluminiumboot vertäut war, das seine Aufmerksamkeit erregte. Irgendwie verlor er jedoch das Gleichgewicht und fiel in das etwa 2,50 Meter tiefe Wasser.

Als die Zwölfjährige schrie, kam der Vater herausgerannt, registrierte sofort, was passiert war, und sprang in die düstere Tiefe. Panisch tastete er nach seinem Sohn, aber zweimal musste er zwischendurch zum Luftholen auftauchen. Noch einmal tief einatmend, tauchte er wieder ab und fand Billy schließlich in einiger Tiefe an einen hölzernen Pfeiler des Bootssteges geklammert. Der Vater löste die Hand des Kleinen von dem Pfosten und tauchte dann mit Billy auf dem Arm wieder auf.

Als sie beide aus dem Wasser gestiegen waren, fragte der Vater: „Billy, was hast du denn da unten bloß gemacht?“ Worauf der Kleine antwortete: „Auf dich gewartet, Papa, einfach auf dich gewartet.“

Brennan Manning

16. November

Kein gewöhnlicher Gott

Es ist Zeit, dass das Christentum wieder ein Ort des Schreckens wird; ein Ort, an dem Gott uns sagen muss: „Fürchte dich nicht“; ein Ort, an dem unsere Beziehung zu Gott nicht nur irgendein Glaube, ein Dogma oder eine Theologie ist, sondern das Bewusstsein von Gottes erschreckender Gegenwart in unserem Leben. Der nette, liebe Gott muss ersetzt werden durch einen Gott, vor dessen bloßer Gegenwart unser Ego zu Staub zerfällt, unsere Sünde zu Asche verbrennt und unser wahrer Mensch offenbar wird. Eine gesunde, kindliche Furcht sollte in uns bewirken, dass wir mehr Respekt vor Gott haben als vor unseren Regierungen, unseren Problemen, unseren Lebensüberzeugungen und unseren Terminkalendern. Unser Gott kann ohne weiteres einen Sturm um uns stillen oder uns mitten in einen Sturm hineinstellen. Egal, wie, wenn es Gott ist, macht es uns sprachlos, wir erschrecken und ... wir lächeln.

Es ist an der Zeit, ein Volk zu werden, dessen Gott groß, heilig, schrecklich, sanft und unser Gott ist; ein Gott, dessen Liebe uns in so große Furcht versetzt, dass wir in seine starken Arme laufen und uns von seiner erschreckenden liebenden Gegenwart umfangen lassen.

Wie ist es möglich, dass unser Gott so gemütlich werden konnte? Wie ist es möglich, dass sich unsere Ehrfurcht vor Gott in eine lauwarme Dankbarkeit verwandeln konnte? Dass aus der atemberaubenden Gegenwart ein netter Kumpel werden konnte? Und wie ist es möglich, an Jesus zu denken, ohne uns daran zu erinnern, dass sein Sterben am Kreuz die Erde erbeben, den Himmel verdunkeln und die Luft erzittern ließ? Warum halten wir nicht atemlos inne und sagen: „Das ist kein gewöhnlicher Gott!“?

Mike Yaconelli

17. November

Gott ist größer

Jedes Wort, das über Gott gesagt oder geschrieben wird, kann immer nur ein Vergleich (eine Analogie) sein. Das müssen wir stets im Blick behalten. In jeder Analogie besteht eine Ähnlichkeit zwischen den menschlichen Worten, die in Bezug auf Gott verwendet werden, und der Realität Gottes selbst; es gibt jedoch immer auch eine radikale *Un*ähnlichkeit. Was mit dem einen Atemzug bestätigt wird, muss im nächsten dementiert werden. Beispielsweise wenn wir die Liebe Gottes mit menschlicher Liebe vergleichen. Die Ähnlichkeit führt dazu, dass wir meinen, Gottes Liebe erfassen zu können. Und dennoch, obwohl die menschliche Liebe das beste Bild ist, über das wir hier verfügen, ist es äußerst unzulänglich, um die Liebe des Unendlichen zum Ausdruck zu bringen. Nicht weil menschliche Liebe zu süßlich oder zu sentimental ist oder zu leidenschaftlich und emotional, sondern weil sie niemals ganz dem Vergleich mit der Quelle standhalten kann, aus der sie kommt – die leidenschaftlich-emotionale Liebe des ganz Anderen.

Je mehr wir unsere Gedanken und Vorstellungen, durch die Gott immer eingegrenzt wird, loslassen können, desto größer wird Gott und desto mehr nähern wir uns dem Geheimnis seiner Undefinierbarkeit.

Brennan Manning

18. November

Wachstum

Gott verheißt uns, für uns zu sorgen, aber diese Verheißung ist oft mit einer Herausforderung verbunden. Gott handelt nicht deshalb so, weil er uns quälen will, sondern weil er möchte, dass wir wachsen. Auf die Erfüllung einer Verheißung zu warten erfordert viel Glauben, Geduld und Vertrauen. Im Laufe des Wachstumsprozesses kann Gott uns formen und verändern. Das ist für uns manchmal sehr schmerzhaft, aber nur so kann unser Glaube wachsen.

James Smith

19. November

Das Wesentliche im Auge behalten

Wenn die Herrlichkeit Gottes überhaupt kein Thema mehr ist, dann verschiebt sich unser Augenmerk auf unser Verhalten: Wir bemühen uns, Tugenden zu entwickeln und zu kultivieren, Laster auszumerzen, an den sichtbaren Merkmalen unserer Nachfolge zu arbeiten. Persönliche Verantwortung tritt an die Stelle einer persönlichen Reaktion auf Gott, und wir sind in erster Linie damit beschäftigt, uns anzustrengen, heiliger zu werden. Unser intellektuelles und emotionales Wohlbefinden wird zu unserem obersten Anliegen. Wenn andere Christen uns fragen, ob wir glücklich sind, antworten wir automatisch mit Ja oder zeigen nur ein gütiges Lächeln, auch wenn wir eigentlich den Tränen nah sind.

Brennan Manning

20. November

Der Sinn unseres Lebens

Die Gewissheit, dass der auferstandene Christus nah ist, vertreibt die Sinnlosigkeit – das schreckliche Gefühl, die Ereignisse unseres Lebens stünden in keinem wirklichen Zusammenhang und seien letztlich sinnlos; sie hilft uns, unser Leben als ein Ganzes zu sehen, und offenbart uns darin ein Muster, das wir früher nie wahrgenommen haben.

Brennan Manning

21. November

Das Bild meines Lebens ausmalen

Den größten Teil meines Lebens hat man mir laut und deutlich gepredigt, christlicher Glaube bedeute, innerhalb der Linien und schön zu malen. Wenn ich ein guter Christ wäre, Jesus lieben, die Bibel lesen, beten und in die Kirche gehen würde, könnte ich im Malen immer besser werden. Und wenn ich ein langes und gottesfürchtiges Leben führen würde, könnte das Bild am Ende fast vollkommen werden.

Wer diese Botschaft auch immer in die Welt gesetzt hat – sie ist eine Lüge. Ich bin jetzt fünfundfünfzig Jahre alt, und mein Bild sieht ziemlich unvollkommen aus.

Ich glaube, Gott sieht mein Bild an und sagt: „Hmmm. Du scheinst Grün sehr zu mögen. In deinem Strich liegt viel Leidenschaft. Mir gefällt's."

Noch während ich diese Worte schreibe, kann ich die „Bedenken" derer hören, die meinen, das Evangelium könne von manchen missverstanden werden. „Sie wollen damit doch nicht sagen, dass Gott alles egal ist? Gott hat seine Maßstäbe!"

Was ich sagen will, ist: Gottes Gnade liegt so weit außerhalb der Linien unseres Verständnisses, dass uns weiter nichts bleibt, als ehrfürchtig zu staunen. Im christlichen Glauben geht es nicht darum, zu lernen, wie man innerhalb der Linien malt, sondern um die Freude am Malen: Gottes Gnade ist verrückt genug, ein Gemälde schön zu heißen, das jeder andere als hässlich abweisen würde. Die Gnade Gottes sieht über das Gekleckse hinweg in das Herz des „Künstlers" hinein, Künstler, die den beiden Dieben nicht unähnlich sind, die neben Jesus am Kreuz hingen. Einer der Diebe bat Jesus, ihm zu vergeben und ihn trotz seines verpatzten und schlechten Lebens ins Reich Gottes aufzunehmen ... und Jesus tat es!

Verrückt. Und sehr gut für den Rest von uns Künstlern.

Mike Yaconelli

22. November

Unseren Jahren Leben hinzufügen

Die Leute reden ständig darüber, wie man seinem Leben Jahre hinzufügen kann. Darüber, wie man seinen Jahren Leben hinzufügen kann, spricht nur selten jemand. Hier ist meine persönliche „Das-Leben-ist-zu-kurz-Liste“:

Das Leben ist zu kurz, um an einem Arbeitsplatz zu arbeiten, der mir nicht gefällt, zu kurz, um die ganze Zeit das Haus in Ordnung zu halten, und zu kurz, um mehr als ein paar Abende in der Woche von meiner Familie getrennt zu sein. Es ist zu kurz, um alle Werbebriefe zu lesen, die ich bekomme, zu kurz, um Brot aus der Fabrik zu essen, und zu kurz, um auf ein Mittagsschläfchen zu verzichten, wenn ich müde bin.

Das Leben ist zu kurz, um einen Tag vergehen zu lassen, ohne meine Frau, mein Kind und meine Freunde zu umarmen, zu kurz, um jeden Tag eine Krawatte zu tragen, und zu kurz, um mich ständig darum zu kümmern, ob meine Kleidungsstücke alle zusammenpassen. Es ist zu kurz, um im Haus zu bleiben, wenn im Herbst die Blätter bunt werden oder wenn es schneit oder wenn im Frühling die ersten Blumen und Bäume blühen.

Das Leben ist zu kurz, um in einem Raum ohne Fenster zu arbeiten, zu kurz, um meinen Freunden und Angehörigen nicht zu sagen, dass ich sie liebe, und zu kurz, um den Menschen, die mir etwas bedeuten, nicht nah zu sein. Das Leben ist zu kurz, um jeden Tag Weißbrot mit Marmelade zu essen, zu kurz, um nicht durch den Rasensprenger zu rennen, und zu kurz, um nicht wenigstens einmal in der Woche etwas Neues auszuprobieren.

Wir werden nie alles tun können, was wir in diesem Leben gern tun würden. Gerade darum ist es so wichtig, dass wir unsere Zeit gut nutzen.

James Smith

23. November

Das Leben ist zu kurz, um nicht alles zu geben

Ich habe noch eine andere „Das-Leben-ist-zu-kurz-Liste" aufgestellt. In dieser Liste geht es um die Möglichkeiten, die wir haben, anderen Menschen unsere Liebe zu erweisen und für sie zu sorgen.

Das Leben ist zu kurz, um zu schweigen, wenn sich jemand nach einem freundlichen Wort sehnt. Zu kurz, um darüber hinwegzusehen, wenn jemand leidet. Zu kurz, um an jemandem vorbeizugehen, der eine helfende Hand braucht. Das Leben ist zu kurz, um ein Wort des Lebens nicht auszusprechen. Zu kurz, um nicht für jemanden zu beten, der in Not ist. Zu kurz, um den ermutigenden Brief, den wir jemandem schicken wollten, nicht zu schreiben.

Das Leben ist zu kurz, um unheilbar kranken Kindern kein Spielzeug zu schicken. Zu kurz, um erschöpften Eltern nicht manchmal anzubieten, auf ihre Kinder aufzupassen. Zu kurz, um unserer Mitarbeiterin keinen Blumenstrauß zu schenken. Das Leben ist zu kurz, um nicht für unseren kranken Nachbarn Schnee zu schippen. Zu kurz, um nicht manchmal einen Besuch im Altenheim zu machen. Zu kurz, um nicht ab und zu einen Morgen damit zu verbringen, an Menschen zu schreiben, die wir lieben. Das Leben ist zu kurz, um eine Woche vergehen zu lassen, ohne jemanden sagen zu hören: „Ich danke dir. Das hättest du wirklich nicht zu tun brauchen ..."

Auch wenn unsere kleinen Taten der Liebe wenig Bedeutung zu haben scheinen, hat doch alles, was wir füreinander tun, eine Auswirkung auf die Welt, in der wir leben.

James Smith

24. November

Geschöpfe Gottes

Die Herrlichkeit Gottes macht den Urakt des Glaubens möglich: die Erkenntnis, dass wir uns selbst nicht genügen, dass wir unser Leben von einem anderen empfangen haben. In einer Entscheidung, die bis an die Wurzeln unseres innersten Selbst reicht, bestätigen wir, dass wir Geschöpfe sind. Wir verzichten auf die Vorstellung, dass wir uns selbst gehören. Durch diesen grundlegenden Akt der Enteignung gestehen wir ein, dass Kontrolle eine Illusion ist, und öffnen uns der Realität Gottes.

Brennan Manning

25. November

Versöhnt mit der Unvollkommenheit

Wir brauchen Gottes Liebe nicht vollständig zu begreifen, um sie annehmen und dankbar für sie sein zu können. Je mehr wir in dieser Dankbarkeit wachsen, desto mehr werden wir fähig, uns selbst und andere Menschen zu lieben. Unser Anspruch auf Vollkommenheit wird durch den Wunsch nach Wachstum ersetzt; wir fassen weniger gute Vorsätze (die alle mit Willenskraft, Leistung und Erfolg zu tun haben) und beten stattdessen mehr. Wir werden uns nicht mehr wegen unserer Schwächen verdammen, sondern uns mit uns selbst und unserer Unvollkommenheit aussöhnen. Unsere Fehlerhaftigkeit und unser Versagen machen uns keine Angst mehr, sondern lassen uns die Gnade Gottes empfangen.

James Smith

26. November

Dichter, Sänger, Liedermacher, Romanciers, Musiker, Clowns und Mystiker ...

Diejenigen, die über das Wortwörtliche hinausblicken, sehen die Welt als Metapher für Gott. Wenn diese Menschen uns zur Majestät der Berge, zur Schönheit der Steppen, der Vielfalt der Wildblumen am Weg, dem Duft von Minze und Heu an einem Sommermorgen, dem Rumpeln des Zuges durch das Tal, dem Geräusch des Wasserfalls führen, dann lassen sie mitten unter uns das Wort Gottes lebendig werden. Mit ihrer Hilfe wagen wir es, von unserer Heimat zu träumen, von der Schönheit, die uns dort erwartet und die bisher kein Auge gesehen, von der kein Ohr gehört und die keine Vorstellungskraft erahnt hat.

Brennan Manning

27. November

An der Verheißung festhalten

Inmitten der Trümmer – dem vorzeitigen Tod eines geliebten Menschen, der Hölle auf Erden, die wir Crack nennen, den Qualen seelischen Kummers, der schieren Bösartigkeit, die im Kosovo, in Ruanda gewütet hat – bleibt uns die Gegenwart Gottes. Menschen, die vertrauen, sagen im Endeffekt, wenn auch oft mit zusammengebissenen Zähnen, dass Gott immer noch vertrauenswürdig ist, aber nicht aufgrund seiner uneingeschränkten Macht, sich für unsere Belange einzusetzen, sondern aufgrund einer Verheißung, die seit Anbeginn der christlichen Gemeinschaft besteht.

Brennan Manning

28. November

Immer mehr in sein Bild hineinwachsen

Mein eigenes Leben ist geprägt von fortwährendem Lernen. Ich bin längst noch nicht am Ziel, und in vieler Hinsicht stehe ich noch ganz am Anfang. Jeder Tag gibt mir neu die Chance, mich auf Gottes Liebe einzulassen. Es gibt Tage, an denen ich mich frage, ob ich wirklich glaube, dass Gott mich annimmt, Zeiten, zu denen ich daran zweifle, dass Gott mir wirklich vollkommen vergeben hat, Augenblicke, in denen ich Gottes liebevolle Fürsorge in Frage stelle. Dann wieder stelle ich in einer schwierigen Situation fest, ich vertraue fest darauf, dass Gott alles zum Guten wenden wird. Wenn so etwas geschieht, dann merke ich, dass mein Leben und mein Charakter immer stärker von dem geprägt werden, was Gott in seinem Wort verheißt.

James Smith

29. November

Traditionelle Werte

Zwei Wörter, die wir in der Auseinandersetzung mit der Gesellschaft heute oft hören, sind *traditionelle Werte*. Sie vermitteln unsere tiefe Sorge, dass klassische moralische Werte wie eheliche Hingabe, ein stabiles Zuhause und allgemeine menschliche Hilfsbereitschaft rapide am Abbröckeln sind. Diese Sorge muss mit großer Sorgfalt und Nachdenklichkeit vermittelt werden – aber wenn wir dazu auffordern, zu traditionellen Werten zurückzukehren, dann müssen wir zugleich auch sagen, zu welcher Tradition wir zurückkehren wollen.

In unserem Land zum Beispiel habe ich noch nie einen afroamerikanischen Christen diese Worte gebrauchen hören – aus gutem Grund! Die Traditionen der fünfziger Jahre bedeuteten für ihn strikte Rassentrennung und die Verweigerung eines gleichberechtigten Zugangs zu Wohnung und Ausbildung – auf der Basis seiner „falschen" Hautfarbe. Zu den Aufgaben meines Großvaters gehörte es damals, durchreisenden Farbigen deutlich zu machen, dass sie in seiner Stadt zur Übernachtung nicht geduldet waren.

Zum Glück gehört zu unserer christlichen Tradition – besonders der protestantischen – die Überzeugung, dass alle Traditionen einer andauernden Erneuerung bedürfen. Dem Evangelium geht es um unsere ewige Zukunft, nicht um Nostalgie. Die Werte, zu denen wir berufen sind, gehören nicht zu irgendeiner vergangenen Tradition, sondern es sind ewige Werte, die Jesus lehrte und uns vorlebte. In der Bibel begegnen sie uns in maßgeblicher und durch alle Zeiten gültiger Form – im Wort Gottes, das jedes Parteiprogramm und jede politische Tagesordnung weit überragt.

John Ortberg

30. November

Wir dürfen unseren Verstand einsetzen

Manche Christen hegen ein anti-intellektuelles Vorurteil, so als ob Gottes Wille immer nur das sein könnte, was unlogisch, verrückt und schwierig ist. Natürlich ist der Verstand nicht der letztgültige Maßstab. Sicher durchbricht der Heilige Geist manchmal die Logik. Aber dennoch dürfen wir unseren Verstand einsetzen. Zum Beispiel wäre es für mich als technisch ziemlich unterentwickelten Menschen nicht logisch, eine Karriere als Missionspilot anzusteuern – ich weiß noch nicht mal, wie herum man eine Schraube dreht.

Roland Werner

5: Gemeinschaft leben

1. Dezember

Ehrliche Kirche

Wenn Menschen auf die Kirche blicken und dort nur heilig tuende Hochstapler sehen, dann ziehen sie daraus den Schluss, dass auch Jesus ein Hochstapler ist. Aber wenn sie Nachfolger Jesu sehen, die echt und wirklich sind, dann sehen sie einen Jesus, der ebenfalls echt und wirklich ist. Die Kirche muss nicht künstlich Heiligkeit fabrizieren; sie muss nur Veränderung und Heiligung anstreben. Heiligung ist nicht ein Ort, an dem wir ankommen, sondern ein Weg, auf dem wir unterwegs sind.

Die Kraft der Kirche besteht nicht in einer Parade makelloser Menschen, sondern in einem makellosen Christus, der unseren Makel zudeckt. Die Kirche wird nicht gebildet von fertigen Menschen, sondern von gebrochenen Menschen, die Ganzheit und Heil finden in Christus, der für uns gebrochen wurde.

Die Kirche weist immer auf Christus – nicht auf uns selbst.

Mike Yaconelli

2. Dezember

Gnade

Was hat die Kirche anzubieten, das die Welt nirgendwo sonst bekommen kann? Schließlich muss man kein Christ sein, um Häuser für Obdachlose zu bauen, die Armen mit Lebensmitteln zu versorgen oder karitativen Einrichtungen zu spenden. Was hat die Kirche anzubieten, das die Welt nirgendwo sonst bekommen kann?

Gnade.

Wo kann man in dieser Welt sonst noch Gnade finden? Wir leben nicht unbedingt in einer Welt voller Gnade. In dieser Welt bekommt man nur, wofür man bezahlt hat. Man sät, was man erntet. Auge um Auge. Wann waren Sie zum letzten Mal auf der Autobahn unterwegs und haben Gnade erlebt? Wie oft kurbelt jemand das Fenster herunter und sagt: „Gnade sei mit Ihnen. Ich vergebe Ihnen, dass Sie mich geschnitten haben. Sie wollen meine Fahrspur haben? Bitte! Ich gebe Ihnen noch den Seitenstreifen dazu.“?

In Gnade zu leben und sich immer wieder an Gnade zu erinnern hält die Liebe am Leben. Aber den Kontakt zur Gnade zu verlieren und zu vergessen, dass ich geliebt bin, weil Gott ein gnädiger Gott ist, ist tödlich für die Liebe.

John Ortberg

3. Dezember

Gottesdienst nach Plan

Stellen Sie sich vor, Carol und ich laden Sie zu uns zum Essen ein. Wenn Sie ankommen, drücke ich Ihnen einen Zettel mit dem Ablaufplan für den Abend in die Hand. Darauf sehen Sie, dass wir die ersten sieben Minuten mit leichter Konversation verbringen, in den nächsten vier Minuten ist eine Führung durch unsere Wohnung vorgesehen, danach 22 Minuten für das Essen.

Sie würden vermutlich denken: „Das ist komisch. Warum diese Regeln? Was ist, wenn jemand über etwas reden möchte, das in diesem Ablaufplan nicht vorgesehen ist?"

Gottesdienste, die uns ja eigentlich in die Gegenwart Gottes ziehen sollen, sind oft nicht anders. Spontaneität und die Führung durch den Heiligen Geist werden im Namen eines geregelten Ablaufes verbannt. Niemals hat es je eine Erweckung gegeben, solange den Regeln eines Gottesdienstes strikt gefolgt werden musste.

Verstehen Sie mich nicht falsch. Ich plädiere hier keinesfalls für Chaos. Ich möchte nur daran erinnern, dass wir uns vom Heiligen Geist leiten lassen sollen. Jesus sagt, dass er seine Kirche bauen wolle – das heißt, wir dürfen nicht so unabhängig sein, dass wir den Kontakt zum Chefplaner verlieren. Gott handelt auch auf ungewöhnliche Weise – und er setzt uns davon nicht immer im Voraus in Kenntnis.

„Alle, die sich in dieser Weise vom Geist Gottes führen lassen, die sind Gottes Töchter und Söhne", schreibt Paulus (Römer 8, 14). Das Gebet der Gläubigen in Jerusalem drückt im Wesentlichen aus: „Gott, bitte sende uns nicht nur hinaus, damit wir reden. Wirke durch uns; bestätige deine Botschaft auf übernatürliche Weise" (Apostelgeschichte 4). Auf welche Weise dies geschehen sollte, überließen sie völlig Gott. Und das war auch gut so.

Jim Cymbala

4. Dezember

Sich den Problemen stellen

Es ist bekannt: Die Kirche ist derzeit in einer schweren Krise. Wie aber reagieren wir darauf? Lassen wir diese Wahrheit an uns heran – oder verdrängen wir sie, weil wir es nicht aushalten, uns mit dem Negativen zu beschäftigen? Wir können doch nicht fallenden Statistiken und leeren Kirchen hinterhergrübeln, nicht immer nur im Dreck der religiösen Ignoranz und Beziehungskälte in unseren Gemeinden wühlen, uns nicht in tausend Problemen und Widerwärtigkeiten vergraben, nicht wahr?

Das Problem dabei ist nur, dass die Grenze zur Wirklichkeitsverdrängung so heimtückisch unsichtbar ist. Gleich hinter dieser Grenze wird er geboren: der Optimismus der Verlogenheit. Wir schönen das Bild so anhaltend und intensiv, dass wir am Ende nicht mehr in der Lage sind, die Wirklichkeit der Gemeinde zu sehen. Und wir merken gar nicht mehr, dass eben diese Hoffnungsprojektionen die wirksamste Sperre gegen die Veränderungen sind, nach denen wir uns tief drinnen sehnen – viel wirksamer als die kalten Fakten, vor denen wir solche Angst haben.

Magnus Malm

5. Dezember

Erneuerung

Eine Gemeinde, die sich unter die Verkündigung stellt, muss sich fragen, ob sie sich in ihrer Gesamtheit und in allen ihren Kreisen so aufführt, dass die Welt keine Scheu zu haben braucht herzuzutreten. Sie muss sich weiter fragen, ob sie wirklich mit ihrer ganzen Kraft und Geduld für die Schwachen da ist, für die Kranken, für die Schlechtweggekommenen, für die Gescheiterten, für die Verzweifelten, die sich von Gott verlassen glauben, und ob sie mit ihrem Leben Zeugnis ablegt für die Güte Gottes, von der sie doch etwas weiß. Sie darf nicht von dem zehren, was früher einmal geschehen ist. Es geht darum, dass es heute geschieht.

Manfred Hausmann

6. Dezember

Welche Voraussetzungen muss eine Gruppe erfüllen, damit sie Ausstrahlungskraft hat?

Haben wir uns in unserer Gemeinschaft schon einmal Gedanken gemacht, ob wir überhaupt etwas nach außen bewirken wollen? Oder suchen wir nur etwas für uns – Freundschaft, Zuneigung, Geborgenheit, geistliche Stärkung und Heimat usw.? Das sind alles gute Dinge, sie sollten in einer kleinen, überschaubaren Gemeinschaft auf jeden Fall vorhanden sein. Aber: Wenn das alles ist, wird eine Gruppe zum frommen Selbstzweck, sie wird steril. Noch schlimmer: In jeder Gruppe ist ein gewisses Kräftepotenzial vorhanden. Wenn dieses Potenzial keine Möglichkeit hat, sich nach außen zu richten, geht es nach innen. Die Kräfte richten sich gegeneinander, es gibt Streit, Rechthaberei usw.

Deshalb die Grundfrage für jede Gruppe: Wollen wir etwas im Reich Gottes bewirken? Liegt es uns am Herzen, dass andere Menschen die Erfüllung ihres Lebens durch Christus finden? Wollen wir, dass anderen Menschen geholfen wird? Wollen wir in diesem großen Ziel unsere Berufung entdecken und leben?

Ulla Schaible

7. Dezember

Gemeinschaft – Ort der Vergebung

Solange ich nicht annehmen kann, dass ich eine Mischung aus Finsternis und Licht, aus Begabung und Fehlern, aus Liebe und Hass, aus Altruismus und Egozentrik, aus Reife und Unreife bin, solange ich die Tatsache nicht anerkenne, dass wir alle Kinder desselben Vaters sind, so lange werde ich die Welt weiter in Freunde und Feinde, Gute und Böse einteilen. Ich werde weiter Mauern um mich selbst und um meine Gemeinschaft aufrichten. Und ich werde weiter Vorurteile verbreiten.

Gestehe ich mir aber ein, dass ich auch meine Fehler und Schwächen habe, dass ich gegen meine Brüder und Schwestern gesündigt habe, aber dass mir vergeben worden ist und dass ich fortschreiten kann auf dem Weg innerer Freiheit und wahrer Liebe, dann kann ich auch die Fehler und Schwächen anderer annehmen. Auch ihnen ist von Gott vergeben worden, und sie können in Richtung auf die Liebe und die Freiheit fortschreiten. Ich kann jedes menschliche Wesen mit Realismus und Liebe betrachten. Ich kann beginnen, in jedem die Verwundung zu sehen, die mir Angst macht – aber auch die Gabe, die ich lieben und bewundern kann. Wir sind alle hinfällig und anfällig, aber wir sind auch alle einzigartig und kostbar. Es gibt immer Hoffnung, denn wir alle können fortschreiten zu einer immer größeren inneren Freiheit. Wir können alle lernen, einander zu vergeben.

Jean Vanier

8. Dezember

Das Brot teilen

Das technisierte Dasein kommt dem Menschen von Jahr zu Jahr unheimlicher vor, weil es immer unverständlicher und unmenschlicher wird. Deshalb flieht er in alle möglichen Betäubungen, die ihn aber nur in neue Ratlosigkeiten stürzen. Es ist Sache der Gemeinde, in all der Verlorenheit, Einsamkeit, Grausamkeit und Trunkenheit ein Stückchen Geborgenheit zu schaffen, eine brüderliche Welt, in der Liebe und Mitmenschlichkeit keine bloßen Redensarten, sondern wunderbare Wirklichkeiten sind. Keiner ist für irgendjemanden oder irgendetwas zu schade. Man kann es auch mit den Jesajaworten sagen: „Wenn du ungerechte Fesseln öffnest, die Stricke des Joches lösest; wenn du Misshandelte befreist und jedes Joch zerbrichst; wenn du dein Brot mit den Hungrigen teilst und Arme und Obdachlose in dein Haus führst; wenn du einen Nackten siehst, da du ihn kleidest und dich den Brüdern nicht entziehst, dann wird dein Licht hervorbrechen wie Morgenröte."

Manfred Hausmann

9. Dezember

Werden wir an der Liebe erkannt?

Schon in den Kulturkämpfen des ersten Jahrhunderts gab es eine Gruppe von Aktivisten, die sich stets auf der richtigen Seite der Wertediskussion wähnte. Sie lehnten den Relativismus und die Verweltlichung ab. Sie waren standhafte Anhänger unverrückbarer ethischer Normen. Sie hielten sich an das jüdisch-christliche Gebot von Treue in und Reinheit außerhalb der Ehe. Sie standen zum einen Gott Jahwe und opponierten gegen die Vielgötterei des römischen Heidentums. Ganz klar: Die Pharisäer repräsentierten die „religiöse Rechte" des damaligen Israel.

Aber es ist interessant, dass es zugleich gerade diese Menschen waren, die sich am wenigsten offen für Jesu Botschaft zeigten – und am ehesten von ihm einen Verweis erhielten. Jesu Botschaft wurde am eifrigsten von denen aufgenommen, die in Bezug auf Werte und Normen oft schief lagen – Prostituierte, Steuereintreiber und religiöse „Mischlinge". Dabei war Jesus oft bei den Pharisäern zu Gast, beschäftigte sich mit ihnen, war ein intellektuelles Gegenüber für sie und fand gelegentlich auch Zustimmung. Dennoch war es so, dass die meisten Pharisäer die radikalen Schlussfolgerungen Jesu im Licht ihres Studiums der Heiligen Schrift nicht akzeptieren konnten.

Das ironisch anmutende Resultat ihrer Rechtgläubigkeit war, dass sie unfähig zur Liebe wurden – es war ihnen nicht recht, Kranke am Sabbat zu heilen, sie wollten der ehebrecherischen Frau nicht vergeben und konnten nicht akzeptieren, dass Sünder Gemeinschaft mit den Gerechten hatten. Sie waren berufen, diese Menschen zu lieben – aber sie begannen, sie als „den Feind" anzusehen.

John Ortberg

10. Dezember

Erkennt man Christus in uns?

Viele meinen, für entschiedene Christen sei heute die Zeit gekommen, sich zu wehren, zu kämpfen und die Zähne zu zeigen. Müssen wir Christen nicht Einhalt gebieten und all dem ethischen Verfall unser deutliches Nein entgegenhalten? Viele meinen das und versuchen mit großem Mut, Flagge zu zeigen. Sie stehen zu den christlichen Werten – und werden von der Gesellschaft wahrgenommen. Meine Sorge allerdings ist, dass man sie nicht zuerst als Christen wahrnimmt, sondern als Konservative, Traditionelle, Ewiggestrige oder sogar als engherzige Moralapostel und arrogante Besserwisser.

Na und? Ist das so schlimm? Können nicht gerade Christen mit solch einem Makel leben? Ja, das können sie. Aber die Frage ist, ob sich Christus eigentlich erfreut an dem, was wir Christen machen. Die Frage ist, ob wir wirklich das Kreuz Christi tragen, wenn Leute gehässig auf unseren entschiedenen Einsatz reagieren – oder das selbst gemachte Kreuz eines Kulturkämpfers. Erkennt man Christus in unserem Eintreten für seine Gebote?

Ulrich Eggers

11. Dezember

Habt Liebe untereinander!

Wenn mich etwas in den letzten Jahren traurig gemacht hat, dann waren es Christen, die anderen Christen, die in einem gesegneten Dienst standen, gleichgültig gegenüberstanden oder sie gar kritisierten. Wir können nicht erwarten, dass Gott durch unseren Dienst Erweckliches schafft, wenn wir nicht von Herzen dankbar sind für den Segen, der durch andere Christen gewirkt wird. Ist es nicht Heuchelei, um Erweckung zu beten, wenn wir gleichzeitig alles kritisieren, was unser eigenes Erleben mit Gott übersteigt?

Wir sollten uns prüfen, ob wir uns am Segen des anderen mitfreuen oder ob es uns mehr darum geht, uns im Reich Gottes zu profilieren. Die Liebe und Einmütigkeit unter uns Christen wird ein Hauptfaktor dafür sein, dass Außenstehende auf das Evangelium aufmerksam werden und dass wir in der Kraft Gottes Land einnehmen können. Das war eine der Schlüsselbotschaften Jesu bei seinen Abschiedsreden an seine Jünger: „Liebt euch untereinander, wie ich euch geliebt habe! Daran wird jedermann erkennen, dass ihr meine Jünger seid, so ihr Liebe untereinander habt“ (Johannes 13,34f).

Hans Peter Nüesch

12. Dezember

Eine feiernde Gemeinschaft

Wenn wir als Versager versagen und dann wieder zur Vernunft kommen, sollten wir es nicht erwarten können, zu unserer christlichen Gemeinschaft zurückzukehren, weil wir wissen, was uns dort erwartet.

Wir erwarten nicht, Sprüche wie „Ich habe es dir doch gleich gesagt ... du hättest auf mich hören sollen ..." zu hören. Wir erwarten nicht eine Gruppe von Anklägern und strengen Gesetzeslehrern. Wir erwarten nicht, dass wir in Sack und Asche kommen müssen, um zu beweisen, dass wir unser Versagen wirklich bereuen.

Nein. Wir erwarten eine Feier.

So gehen Christen mit Versagern um. Wir gehen mit Gnade leichtsinnig um. Genauso wie Jesus. Wir lehren und ermahnen nicht nur. Wir überraschen. Wir beten nicht nur. Wir feiern. Wir korrigieren nicht nur. Wir tanzen. Und wir lieben nicht nur. Wir feiern.

Genauso wie Jesus.

Mike Yaconelli

13. Dezember

Die Zeit ist erfüllt

Ein altes Sprichwort behauptet, das erste Opfer des Krieges sei die Wahrheit. Das stimmt nicht so ganz. Ich glaube, das erste Opfer des Krieges ist die Liebe – und das gilt genauso für die aufgeheizten Kulturkämpfe zwischen Christen und säkularisierter Gesellschaft.

Die vordringlichste Aufgabe der Kirche ist es nicht, ein entschiedener Verteidiger christlicher Werte zu sein. Vordringlich ist es, dass sie Anteil hat am Evangelium und Zeuge des Evangeliums ist. Das Evangelium Jesu ist eine Einladung, in der Gegenwart und unter der Herrschaft Gottes zu leben: „Die Zeit ist erfüllt“, sagt Jesus, „und das Reich Gottes ist herbeigekommen. Tut Buße und glaubt an das Evangelium“ (Markus 1,15; Lutherbibel).

John Ortberg

14. Dezember

Hab Geduld!

Niemand ist Herr seiner Empfindungen: jener anziehenden oder abstoßenden Kräfte, die aus der Tiefe unseres Wesens aufsteigen und die wir nur recht und schlecht zu kontrollieren vermögen. Wir können uns immer nur bemühen, den Neigungen nicht nachzugeben, die Schranken innerhalb der Gemeinschaft zu errichten drohen. Wir können nur hoffen, dass der Heilige Geist uns vergeben und reinigen, dass er die verqueren Auswüchse unseres Innenlebens immer wieder zurechtstutzen wird. Unsere Empfindungen sind von Kindheit an durch tausend Ängste und Egoismen geprägt, aber auch durch tausend Gesten der Liebe Gottes. Unsere Gefühlswelt ist eine Mischung aus Licht und Finsternis, sie wird nicht an einem Tag geheilt werden. Dazu bedarf es der ständigen Reinigung und Vergebung, der täglichen Bemühungen und vor allem der Gabe des Heiligen Geistes, der uns von innen her immer neu schafft.

Jean Vanier

15. Dezember

Die Gemeinschaft vor Überforderung schützen

Enttäuschungen durch Menschen machen uns deutlich, dass letztlich nur Gott, nur Christus, unser tiefstes Sein erfüllen, unsere Sehnsucht nach Gemeinschaft und Angenommensein stillen kann. Kein Mensch, auch nicht der liebste, uns am nächsten stehende Mensch, kann dies. Wer dies erwartet, überfordert den anderen, ja treibt Götzendienst. Unser Herz bleibt, wie Augustinus sagt, unruhig und ungestillt, bis es Ruhe findet in Gott. Dies geschieht vollkommen erst in Ewigkeit. Hier auf Erden können wir uns in aller Angefochtenheit immer wieder zu ihm wenden und ihn suchen. Wir werden erfahren, dass er uns nicht leer, hungrig und allein lässt, sondern aus seiner Fülle eine Gnade um die andere schenkt. Menschen werden uns enttäuschen, Jesus kann unsere Bedürfnisse stillen.

Oskar Föller

16. Dezember

Du bist der Weinstock

„Ich bin der wahre Weinstock, und mein Vater ist der Weinbauer. Er entfernt jede Rebe an mir, die keine Frucht bringt; aber die fruchttragenden Reben reinigt er, damit sie noch mehr Frucht bringen“ (Johannes 15, 1-2; Gute Nachricht).

Jesus sagt in diesem Bild vom Weinstock und den Reben sehr betont: Getrennt von mir, dem Weinstock, könnt ihr nichts tun. Und wenn wir arbeiten, ohne in ihm zu bleiben, dann versuchen wir, es ohne ihn zu schaffen. Und weil wir dann von der Quelle des Lebens getrennt arbeiten, mag ich zwar eine Menge Aufgaben erledigt bekommen, aber ich tue sie dann auf eine Art und Weise, die meine Ungeduld, mein Ego und meine Ambitionen widerspiegelt. Und ich produziere damit Menschen, die mir selbst sehr ähnlich werden. Ich produziere ängstliche, getriebene, eifersüchtige, ego-gebundene Leute. Mag sein, dass ich sogar viele solcher Menschen präge – und es kann sein, dass sie alle in die Kirche gehen, aber sie sind dennoch nicht Frucht. Frucht wächst nur, wenn die Rebe am Weinstock bleibt.

John Ortberg

17. Dezember

Mittrauern

Der Apostel Paulus schreibt in der Bibel, dass wir mit den Trauernden trauern sollen. Er schreibt *nicht*, dass wir den Trauernden gute Ratschläge geben sollen oder theologische Erklärungen, warum sie trauern.

Paulus sagt auch nicht: „Geht zu den Trauernden, sagt ihnen, es sei alles nicht so schlimm, und erklärt ihnen, es hätte noch schlimmer kommen können“. Vielmehr sagt er: „Trauert mit ihnen“ (Römer 12,15).

Vielleicht sollten wir am besten heute noch zu jemandem gehen und sagen: „Es tut mir Leid“, oder: „Du sollst wissen, dass ich an dich denke“, oder: „Ich weiß nicht, was ich sagen soll, aber ich bin für dich da.“ Manchmal sagen wir am besten gar nichts, sondern umarmen den anderen nur und sind einfach für ihn da.

John Ortberg

18. Dezember

Die Liebe Gottes im anderen erkennen

Oft brauchen wir einen anderen Menschen, der weise und liebevoll ist und uns etwas vorleben kann. Gott gebraucht Menschen dafür. An einem bestimmten Punkt unseres Lebens haben wir vielleicht solche Missverständnisse über Gott, dass wir den Charakter und die Liebe Gottes durch einen anderen Menschen verkörpert sehen müssen. Wenn ich zurückschaue, entdecke ich, wie Gott mich mit Menschen versorgt hat, die ihn für mich verkörpert haben, die mein Bild zurechtrückten.

Lynne Hybels

19. Dezember

Die Schieflage verhindern

Jeder von uns hat eine doppelte Aufgabe, der wir nicht ausweichen dürfen: Wir müssen uns um uns selbst kümmern und um unseren Nächsten. Ohne das eine oder andere geraten wir aus dem Gleichgewicht. Diese Aufgabe ist eine lebenslange Unternehmung. Paulus vergleicht die Christen in Korinth einmal mit Säuglingen. Gerade unter Christen gibt es ganz besondere Spezies von Säuglingen. Sie wollen nicht wachsen, sie glauben sich mit ihrer Entscheidung für Jesus schon am Ziel ihres Christseins. Das ist ein großer und folgenschwerer Irrtum. Der Glaube fordert uns heraus, wir selbst zu werden, indem wir uns lieben und unseren Nächsten wie uns selbst. So hat Jesus einmal das Ziel für uns Menschen beschrieben, das Ziel seiner Nachfolge. Selbstliebe und – wie im stabilen Gefüge von Erde und Sonne – die Liebe zum Nächsten. Keine Schieflage zur einen oder anderen Seite!

Arne Völkel

20. Dezember

Die Gleichförmigkeit bekämpfen

Wird dem Glauben die Überraschung genommen, ist das, was zurückbleibt, trockene, tote Religion. Wird das Evangelium seiner Geheimnisse beraubt, bleiben nur noch versteinerte, starre Dogmen übrig. Wenn Sie Ihre Ehrfurcht vor Gott verlieren, erhalten Sie am Schluss das Bild einer impotenten Gottheit. Wenn Sie nicht mehr staunen können, leben Sie belanglose Frömmigkeit. Wird Gleichförmigkeit zum Kennzeichen des Glaubens, wird der Glaube zu einem einheitlichen System, wird die Echtheit unserer Erfahrungen mit Gott an den Erfahrungen anderer gemessen – dann ist die Einzigartigkeit des Volkes Gottes verloren und die Kirche tot.

Mike Yaconelli

21. Dezember

Dem anderen dienen

Die Gegenwart des Auferstandenen bewegt uns dazu, anderen zu dienen. „Als er das Volk sah, jammerte es ihn; denn sie waren verschmachtet und zerstreut wie die Schafe, die keinen Hirten haben“ (Matthäus 9,36; Lutherbibel). Dieses Wort, aus dem eine tiefe Liebe spricht, lässt uns einen bemerkenswerten Blick in die menschliche Seele Jesu tun. Es beschreibt, was Jesus für die Menschen empfand. Es offenbart, wie er die Welt sah, und zeigt seine vorurteilslose Haltung gegenüber den Menschen, die am falschen Ort nach Liebe und auf falschen Wegen nach dem Glück suchten. Es offenbart uns, dass das Herz Jesu genauso schlägt – gestern, heute und für immer.

Brennan Manning

22. Dezember

Vergebung

Vergebung ist das Einzige, das die tiefsten Narben, die die Stürme dieses Lebens hinterlassen können, heilt. Wir müssen auf das Recht verzichten, den anderen ebenfalls zu verletzen, müssen Bitterkeit und Hass loslassen. Wir müssen den Menschen, der uns verraten hat, nicht nur als Ungeheuer sehen, sondern als Mensch, der auch verletzt wurde, und ihm vergeben. Nicht, weil derjenige, der uns verletzt hat, es verdient, sondern weil die Alternative ein Leben im Gefängnis der Bitterkeit und des Hasses ist.

John Ortberg

23. Dezember

Gott liebt die Vielfalt

Die Schöpfung ist erfüllt von einer Vielzahl verschiedener Tiere und Fische, Blumen, Früchte und Pflanzen. Alles ist das Werk des einen Schöpfers. Genauso ist es mit den Familien, Stämmen und Gemeinschaften. Jede ist das Werk seiner Liebe. Keine Familie besitzt die ganze Wahrheit. Alle sind berufen, harmonisch zusammenzuleben, ihre Gaben mit anderen zu teilen und die Gaben anderer zu empfangen. Sie sind berufen, die Länge und die Breite, die Höhe und die Tiefe der Weisheit Gottes zu entdecken: die Schönheit und die Liebe unseres Schöpfers.

Jean Vanier

24. Dezember – Heiligabend

Gott kommt uns entgegen

Wir alle wissen, wie schwer es mit jemandem ist, der alle Antworten weiß, den nichts erschüttert, der über jede Furcht erhaben ist. Der nichts braucht und jede Situation beherrscht. Wir kommen uns überflüssig vor. Zu solch einem Vorbild an Vollkommenheit haben wir keine Beziehung. Deshalb kommt Gott als neugeborenes Baby. Damit gibt er uns Gelegenheit, ihn zu lieben, und vermittelt uns das Gefühl, wir hätten ihm etwas zu geben.

Die Welt versteht diese Art Verwundbarkeit nicht. Bedürftigkeit wird als Inkompetenz abgelehnt und verworfen. Mitgefühl ist nicht profitabel. Die Fernsehwerbung gaukelt uns vor, wer arm, verwundbar und schwach ist, sei nicht attraktiv. Die geistliche Dimension von Bethlehem ist der Werbeindustrie einfach unbegreiflich. Das Geheimnis von Bethlehem wird auch für ehrgeizige Jünger, die einen siegreich triumphierenden Erlöser und ein Wohlstandsevangelium suchen, immer ein Skandal sein. Jesus wurde unter völlig unspektakulären Umständen als kleines Baby geboren. Niemand kann sagen, wo genau er zur Welt kam. Seine Eltern genossen gesellschaftlich nicht das geringste Ansehen. Sein handverlesenes Begrüßungskomitee bestand aus Außenseitern, Verlierern und bettelarmen Schafhirten. Aber in ihrer Schwachheit und Armut lernten diese Schiffbrüchigen am Stall die Liebe Gottes kennen.

Brennan Mannig

25. Dezember – 1. Weihnachtstag

Jesus mit meiner ganzen Person begegnen

Wann immer wir vor Gott treten, begegnen wir auch uns selbst. Wir können uns Jesus nicht nähern, wenn wir uns selbst draußen lassen. Ich kann nicht die Annahme durch Jesus feiern, wenn ich mich selbst nicht annehme. Ich selbst darf also in der Begegnung, in der Stille vor Jesus nicht draußen bleiben.

Manchmal sagen wir in scheinbar frommer Weise, es solle im Gottesdienst alles Störende draußen bleiben. Das kann zu Missverständnissen führen. Gemeint ist äußere Unruhe, alle Außeneinflüsse, die uns hindern würden, auf Gott zu hören.

Nicht gemeint ist, dass unsere innere Zerrissenheit, schlechte Gefühle und Ähnliches nicht mit zu Gott gebracht werden dürften. Das würde im Grunde ja bedeuten, dass wir eine ganze Schicht unseres Lebens ausblenden müssten – nämlich unsere Emotion, das, was und wie wir gerade sind. Aber kann das wirklich Gottesbegegnung sein, wenn wir nicht mitbringen dürfen, was uns wirklich ausmacht – auch all das, was scheinbar stört? Sagt der Vater denn wirklich: „Dies und jenes da, das darfst du nicht mit zu mir bringen, das lass bitte draußen, das stört.“?

Wenn das so wäre, dann komme doch nicht mehr ich! Begegnung findet eben nicht auf der Basis des Denkens statt, sondern auf der Ebene der Liebe. Das bedeutet: Ich komme mit meiner ganzen Person vor. Ich glaube, dass wir vielfach deswegen keine Begegnung mit Jesus haben, weil wir selbst nicht vorkommen. Weil wir uns selber auf irgendetwas scheinbar Ansehnliches hin trimmen und anderes ausblenden. Unsere negativen Gefühle zum Beispiel blenden wir gerne aus – denn wir wollen ja gute Gefühle. Aber wenn ich meine negativen Empfindungen draußen lasse, dann habe ich keine wirkliche Begegnung mit Jesus.

Arne Völkel

26. Dezember – 2. Weihnachtstag

Staunende Gemeinde

Eltern, die ihre Aufgabe richtig verstehen, begreifen, dass sie nicht dazu da sind, alle Fragen ihrer Kinder zu beantworten. Eltern müssen ihren Kindern helfen, die wichtigen Fragen, die lebensentscheidend sind, herauszufiltern.

Im Christentum sollte es nicht anders sein. Die Geistlichen „sind nicht unbedingt Menschen mit Antworten, sondern Menschen, die die wichtigen Fragen aufbewahren und sie am Leben erhalten“ (Alan Jones).

Das ist die Aufgabe der Kirche. Denn solange unsere Fragen lebendig sind, hat auch unsere Seele eine Chance, lebendig zu bleiben. Die Kirche sollte voller Christen sein, die nicht so sehr Antworten, sondern Fragen suchen, nicht Lösungen, sondern Geheimnisse, nicht Erklärungen, sondern Staunen.

Mike Yaconelli

27. Dezember

Aus dem eigenen Leben erzählen

Der Impuls, die Erlösungsgeschichte des Neuen Testaments weiterzuerzählen, entsteht aus dem Hören auf den Herzschlag des auferstandenen Jesus. Wir müssen dazu keine ordinierten Pastoren oder feurige Straßenprediger werden, und es ist auch nicht nötig, dass wir versuchen, die Leute zu bekehren, indem wir ihnen mit unserer Bibel einen Hieb nach dem anderen verpassen. Es bedeutet einfach, dass wir anderen erzählen, wie unser Leben früher aussah, was geschah, als wir Jesus begegneten, und was seitdem aus unserem Leben geworden ist.

Brennan Manning

28. Dezember

Den anderen annehmen und lieben

Wer sich selbst von Gott angenommen weiß und deshalb Ja zu sich sagen kann, dem fällt es leichter, den anderen in seiner Andersartigkeit und Verschiedenheit anzunehmen, wie es in Gottes Wort geboten wird. Mit Gottes Hilfe und durch die Kraft des Heiligen Geistes wird es uns möglich, zu lieben, wie Jesus auch uns geliebt hat. Das ist nicht etwas, was wir aus menschlicher Kraft können. Wenn Jesus uns sogar auffordert, unsere Feinde zu lieben, wie viel mehr dann unsere Brüder und Schwestern, die mit uns auf dem Wege sind. Diese göttliche Liebe, die nicht nur die Sympathischen liebt, ist ausgegossen in unser Herz. Wir müssen ihr Raum geben und jesusgemäß handeln. Der Satz „Liebe kann man lernen“ ist in diesem Sinn und in diesem Kontext wahr. Im konkreten Fall, im spannungsvollen Miteinander, am konkreten Menschen, ist das aber oft eine große Herausforderung. Hier stirbt der alte Mensch. Hier erlebt man seine eigene Unfähigkeit und zugleich, dass Gott im Sollen und Nichtkönnen unseren Mangel ausfüllt, wenn wir wirklich lieben wollen.

Wir sind uns in unserer Verschiedenheit zur Ergänzung und zur Korrektur gegeben. Der andere ist in seiner Verschiedenheit eine Gabe Gottes an mich, eine Bereicherung zur Weitung meiner Grenzen. Wenn ich diese Perspektive gewinne, verstehe ich, was jemand einmal so ausgedrückt hat: „Nicht zum Wundreiben, sondern zum Blankreiben sind wir uns gegeben.“ „Edelsteine werden durch Edelsteine geschliffen.“ „Eine Gemeinschaft ist nicht die Summe ihrer Interessen, sondern die Summe ihrer Hingabe“ (Antoine de Saint-Exupéry).

Oskar Föller

29. Dezember

Gemeinschaft erfordert Übung

In vielen Gruppen und Gemeinschaften ist man vorrangig mit all dem befasst, was nicht gut ist, und wird dabei undankbar und unzufrieden. Wir sollten uns viel häufiger

- von Herzen bedanken für alle Mitarbeit und allen Einsatz (und das nicht nur mit Worten – sondern z.B. mit einem Überraschungseis/-essen). Bei vielen von uns haben Pflichterfüllung und Treue einen hohen Stellenwert. Das ist gut. Aber oft führt das zu einer Haltung der selbstverständlichen Erwartung des eigenen Einsatzes und des Einsatzes anderer.

Wir müssen neu lernen,
- einander Lob und Anerkennung für Geleistetes und Gelungenes zum Ausdruck zu bringen. Wir sollten über die Haltung „Nicht geschimpft ist genug gelobt" hinwegkommen.

Zugleich sollten wir uns angewöhnen,
- Gutes zu denken und Gutes zu reden (Philipper 4,8). Weil es so viel Entmutigendes in dieser Welt gibt, brauchen wir in unseren Gemeinden und Gemeinschaften
- den tröstenden Zuspruch, der aus der Liebe kommt, das Wort der Ermutigung. Wie das aussieht, dazu finden wir in der Heiligen Schrift viele Beispiele.

Oskar Föller

30. Dezember

Stilles Zuhören

Könnte es nicht sein, dass unser größtes Problem in der Kirche der Lärm ist?

Unser moderner Glaube ist vielleicht mehr von Aktivität und Lärm unterminiert als von Unmoral und mangelndem Engagement. Vielleicht sind wir so aktiv und laut geworden, dass die feine Stille Gottes darin untergegangen ist. Was wäre, wenn wir uns wieder dazu entschließen würden, Kinder zu werden und auf die Stimme Gottes zu hören? Anstatt noch aktiver zu werden, sollten wir lieber weniger tun und auf die Gegenwart Gottes lauschen.

Mike Yaconelli

31. Dezember

Aus der richtigen Quelle schöpfen

„Wer durstig ist, soll zu mir kommen und trinken – jeder, der mir vertraut!“ (Johannes 7,37-38; Gute Nachricht)

Ohne Durst gelangt niemand zur Quelle. Gott gelangt mit durstigen Menschen an sein Ziel. Jeder, der Durst hat, kann kommen und sich satt trinken.

Trinken wollen wir gern. Fülle haben, lebendig sein, etwas von den erstaunlichen Kraftwirkungen des Heiligen Geistes in den Anfangstagen der Christen wollen wir erfahren. Aber wie soll das geschehen? Jesus hat uns keine Quelle in Jerusalem hinterlassen, an der wir uns das lebendige Wasser holen könnten. Wo und wie sollen wir von ihm trinken?

Wenn wir unsere allmähliche Austrocknung früher oder später wahrnehmen, suchen wir uns Quellen. Wir graben uns Brunnen, aus denen wir trinken, oder wir klagen andere an, dass sie uns nicht geben, was wir brauchen. Wir beschuldigen sie, laut oder im Stillen, sie seien schuld, dass es uns geistlich und auch sonst so schlecht geht! Sie können uns das nicht geben, weil sie nicht die Quelle sind. Jesus ist die Quelle, bei der es Wasser in Fülle gibt.

Kein Mensch kann einem anderen Gottes Geist, das lebendige Wasser des Sohnes, geben. Da sind wir an der falschen Adresse. Eine Gemeinde kann sich eigene Brunnen graben, indem einer vom anderen Wasser erwartet. Aber so viel wir es auch untereinander einklagen, wir werden es nicht bekommen. Das Wasser des Lebens bekommen wir nur von Christus.

Arne Völkel

Literaturverzeichnis

Die Angaben Monat/Jahr (z.B. 2/97) beziehen sich auf die Zeitschrift AUFATMEN, die im Bundes-Verlag, Witten, erscheint.

1: Stille und Gebet

1. Januar
Peter Strauch: Wer bin ich, wenn niemand hinschaut?, 3/98, S. 17

2. Januar
Richard Foster: Mit Vollmacht für andere beten, 2/97, S. 23

3. Januar
Peter Lincoln: Die Seele wieder finden, 3/97, S. 30

4. Januar
Jack Deere: An die Bibel glauben und Gott nicht erleben, 3/97, S. 50

5. Januar
James Smith/Richard Foster: Daß Gott mich wirklich liebt, Edition AUFATMEN, Wuppertal 1996, S. 124

6. Januar
Ulrich Betz: Starkwerden – durch Stillsein und Hoffen, 2/97, S. 39f.

7. Januar
Die Liebe Gottes entdecken. Ein Gespräch mit Brennan Manning, 3/98, S. 29

8. Januar
Ulrich Eggers: Getroffen: Papa muss dabei sein!, 1/2003, S. 43

9. Januar
Brennan Manning: Kind in seinen Armen, Edition AUFATMEN, Wuppertal 1999, S. 108

10. Januar
John Ortberg: Pseudo-Veränderung oder neues Leben?, 4/98, S. 27f.

11. Januar
Peter Strauch: Wer bin ich, wenn niemand hinschaut?, 3/98, S. 17

12. Januar
Wayne Gordon: Ich kannte Gott nicht wirklich, 1/99, S. 32

13. Januar
Roland Werner: Quellen: Gott anbeten lernen, 1/99, S. 67

14. Januar
Reinhard Deichgräber: Über den wunderbaren Klang der Stille, 3/2000, S. 29

15. Januar
Regina Laube: Vom Reichtum der geistlichen Armut, 1/2000, S. 28

16. Januar
James Smith/Richard Foster: Daß Gott mich wirklich liebt, S. 128

17. Januar
Friedhold Vogel: Dienstmädchen oder Braut, 3/99, S. 5

18. Januar
Ulrich Eggers: Getroffen: Der 40er-Check, 3/99, S. 20

19. Januar
Brennan Manning: Kind in seinen Armen, S. 52f.

20. Januar
Dallas Willard/Jan Johnson: Lehrling des Meisters sein, 3/2002, S. 16

21. Januar
Hans Steinacker: Mein „Manna-Eimer", 3/2002, S. 23

22. Januar
James Smith/Richard Foster: Daß Gott mich wirklich liebt, S. 147f.

23. Januar
Gordon MacDonald: Den inneren Menschen bekehren, 2/2003, S. 9

24. Januar
Henri J. M. Nouwen: Sich überraschen lassen von Gott!, 2/99, S. 12

25. Januar
Gernot Steins: Anbetungszärtlichkeiten, 1/2002, S. 24

26. Januar
Gail & Gordon MacDonald: Den inneren Menschen bekehren, 2/2003, S. 9f.

27. Januar
Brennan Manning: Kind in seinen Armen, S. 51

28. Januar
Dallas Willard/Jan Johnson: Lehrling des Meisters sein, 3/2002, S. 16

29. Januar
Gernot Steins: Anbetungszärtlichkeiten, 1/2002, S. 24

30. Januar
Ulrich Eggers: Vorwort 4/2000 S. 3

31. Januar
Manfred Seitz: Was heißt geistlich leben?, 2/2001, S. 7f.

1. Februar
Jack Deere: Gottes Stimme hören, 2/2001, S. 48

2. Februar
Brennan Manning: Kind in seinen Armen, S. 47

3. Februar
Thomas Härry: Gottes Wort will in mein Herz, 4/2003, S. 9

4. Februar
Lena Bergström: Die Familie als Kloster, 3/2003, S. 16f.

5. Februar
Richard Foster: Nachfolge feiern, Edition AUFATMEN, Wuppertal 2000, S. 36

6. Februar
Brennan Manning: Verwegenes Vertrauen, Edition Aufatmen, Wuppertal 2002, S. 38

7. Februar
Thomas Härry: Gottes Wort will in mein Herz, 4/2003, S. 13

8. Februar
Brennan Manning: Verwegenes Vertrauen, S. 40

9. Februar
Arne Völkel: Weil die Brücke wirklich trägt, Edition AUFATMEN, Wuppertal 1999, S. 99

10. Februar
Mike Yaconelli: Der ungezähmte Glaube, Edition AUFATMEN, Wuppertal 1998, S. 72

11. Februar
Thomas Härry: Gottes Wort will in mein Herz, 4/2003, S. 9

12. Februar
Brennan Manning: Kind in seinen Armen, S. 38

13. Februar
James Smith/Richard Foster: Daß Gott mich wirklich liebt, S. 121

14. Februar
Thomas Härry: Gottes Wort will in mein Herz, 4/2003, S. 10

15. Februar
Brennan Manning: Verwegenes Vertrauen, S. 42

16. Februar
Arne Völkel: Weil die Brücke wirklich trägt, S. 100

17. Februar
James Smith/Richard Foster: Daß Gott mich wirklich liebt, S. 123

18. Februar
Mike Yaconelli: Der ungezähmte Glaube, S. 117

19. Februar
Thomas Härry: Gottes Wort will in mein Herz, 4/2003, S. 12

20. Februar
Brennan Manning: Kind in seinen Armen, S. 35f.

21. Februar
Arne Völkel: Weil die Brücke wirklich trägt, S. 121f.

22. Februar
Werner May: Gottes Stimme hören, 3/2000, S. 16

23. Februar
Astrid Eichler: Glaube, Hoffnung, Liebe, 2/97, S. 12

24. Februar
Günther Schaible: Kraftquellen finden, AUFATMEN Inspiration, Wuppertal 2001, S. 17f.

25. Februar
Günther Schaible: Kraftquellen finden, S. 20f.

26. Februar
Günther Schaible: Kraftquellen finden, S. 21f.

27. Februar
Günther Schaible: Kraftquellen finden, S. 22f.

28. Februar
Astrid Eichler: Gott will, dass wir leben; AUFATMEN Inspiration, Wuppertal 2001, S. 42f.

2: Jesus nachfolgen

1. März
Karl Albietz: Wie das Leben gelingt, 2/2000, S. 49

2. März
Mike Yaconelli: Rückhaltlose Hingabe, 4/98, S. 6

3. März
John Ortberg: Pseudo-Veränderung oder neues Leben?, 4/98, S. 26f.

4. März
Wayne Gordon: Ich kannte Gott nicht wirklich, 1/99, S. 30

5. März
John Ortberg: Auf dem Wasser laufen, 2/2000, S. 13

6. März
Regina Laube: Vom Reichtum der geistlichen Armut, 1/2000, S. 28

7. März
Herbert Krause: Durch seine Wunden sind wir geheilt ..., 3/99, S. 34

8. März
Arne Völkel: Ausbruch aus dem Gefängnis, 1/2001, S. 37

9. März
Brennan Manning: Pioniere oder Siedler?, 4/2001, S. 16

10. März
John Ortberg: Warten lernen, 4/2001, S. 39

11. März
Dallas Willard/Jan Johnson: Lehrling des Meisters sein, 3/2002, S. 15

12. März
Roland Werner: Quellen: Vision gewinnen, 3/2002, S. 37

13. März
Brennan Manning: Pioniere oder Siedler?, 4/2001, S. 17

14. März
John Ortberg: Warten lernen, 4/2001, S. 41

15. März
Klaus Otto: War Jesus doch ein Partyhai?, 3/2002, S. 55+58

16. März
Richard Foster: Sich überraschen lassen von Gott!, 2/99, S. 9

17. März
Andy Treibenbacher: Gott – der Menschenflüsterer, 2/99, S. 16

18. März
Ulla Schaible: Anziehende Gemeinschaft, 2/99, S. 21

19. März
Jean Vanier: Gemeinschaft als Weg Gottes, 2/99, S. 25

20. März
Jack Deere: Gottes Stimme hören, 2/2001, S. 48

21. März
Roland Werner: Quellen: Die Fröhlichkeit des Herzens, 4/2003, S. 22

22. März
Brennan Manning: Bettler an Gottes Tür, AUFATMEN Inspiration, Wuppertal 1998/2001, S. 28f.

23. März
Bill Hybels: Gott dienen, ohne auszubrennen, Aufatmen Inspiration, Wuppertal 2001, S. 30f.

24. März
Magnus Malm: Gott braucht keine Helden, Edition AUFATMEN, Wuppertal 1997, S. 21

25. März
Brennan Manning: Kind in seinen Armen, S. 103f.

26. März
Ronald Dunn: Wenn Gott nein sagt, 1/99, S. 40

27. März
Brennan Manning: Kind in seinen Armen, S. 96f.

28. März
Brennan Manning: Kind in seinen Armen, S. 98

29. März
Johannes 20,24-28; Lutherbibel

30. März
Mike Yaconelli: Der ungezähmte Glaube, S. 31

31. März
Mike Yaconelli: Der ungezähmte Glaube, S. 34f.

1. April
Bill Hybels: Gott dienen, ohne auszubrennen, S. 38f.

2. April
Magnus Malm: Gott braucht keine Helden, S. 45f

3. April
Brennan Manning: Verwegenes Vertrauen, S. 36

4. April
Arne Völkel: Weil die Brücke wirklich trägt, S. 22

5. April
Magnus Malm: Gott braucht keine Helden, S. 57

6. April
Brennan Manning: Verwegenes Vertrauen, S. 87

7. April
Lukas 8,4-15; Gute Nachricht

8. April
Arne Völkel: Weil die Brücke wirklich trägt, S. 79f.

9. April
Arne Völkel: Weil die Brücke wirklich trägt, S. 80f.

10. April
Arne Völkel: Weil die Brücke wirklich trägt, S. 82f.

11. April
Brennan Manning: Verwegenes Vertrauen, S. 112f.

12. April
Magnus Malm: Gott braucht keine Helden, S. 53

13. April
Mike Yaconelli: Der ungezähmte Glaube, S. 21

14. April
Richard Foster: Viele Quellen hat der Strom, Edition AUFATMEN Wuppertal S. 21f.

15. April
James Smith/Richard Foster: Daß Gott mich wirklich liebt, S. 44

16. April
Brennan Manning: Kind in seinen Armen, S. 22

17. April
Magnus Malm: Gott braucht keine Helden, S. 68

18. April
Brennan Manning: Verwegenes Vertrauen, S. 87f.

19. April
Arne Völkel: Weil die Brücke wirklich trägt, S. 61

20. April
Brennan Manning: Verwegenes Vertrauen, S. 88

21. April
Arne Völkel: Weil die Brücke wirklich trägt, S. 64f.

22. April
Mike Yaconelli: Der ungezähmte Glaube, S. 27

23. April
Richard Foster: Viele Quellen hat der Strom, Edition AUFATMEN, Wuppertal 2000, S. 25f.; 29

24. April
Brennan Manning: Kind in seinen Armen, S. 39

25. April
Arne Völkel: Weil die Brücke wirklich trägt, S. 66

26. April
Richard Foster: Viele Quellen hat der Strom, S. 36

27. April
Mike Yaconelli: Der ungezähmte Glaube, S. 44

28. April
Arne Völkel: Weil die Brücke wirklich trägt, S. 139

29. April
Brennan Manning: Verwegenes Vertrauen, S. 95f.

30. April
Mike Yaconelli: Der ungezähmte Glaube, S. 80

1. Mai
Brennan Manning: Kind in seinen Armen, S. 60

2. Mai
Mike Yaconelli: Der ungezähmte Glaube, S. 121

3. Mai
Brennan Manning: Kind in seinen Armen, S. 62

4. Mai
Mike Yaconelli: Der ungezähmte Glaube, S. 112f.

5. Mai
Arne Völkel: Weil die Brücke wirklich trägt, S. 18f.

6. Mai
Brennan Manning: Kind in seinen Armen, S. 63

7. Mai
Arne Völkel: Weil die Brücke wirklich trägt, S. 75

8. Mai
Brennan Manning: Kind in seinen Armen, S. 68

9. Mai
Arne Völkel: Weil die Brücke wirklich trägt, S. 137

10. Mai
Brennan Manning: Kind in seinen Armen, S. 63f.

11. Mai
Brennan Manning: Kind in seinen Armen, S. 68f.

12. Mai
Brennan Manning: Kind in seinen Armen, S. 69

13. Mai
Brennan Manning: Kind in seinen Armen, S. 72

14. Mai
Brennan Manning: Kind in seinen Armen, S. 82

15. Mai
Roland Werner: Heiliger Geist – aber wie?, 3/99, S. 42f.

16. Mai
Brennan Manning: Kind in seinen Armen, S. 83

17. Mai
Brennan Manning: Kind in seinen Armen, S. 88

18. Mai
Brennan Manning: Kind in seinen Armen, S. 95f.

19. Mai
Brennan Manning: Kind in seinen Armen, S. 106

20. Mai
Brennan Manning: Kind in seinen Armen, S. 108

21. Mai
Brennan Manning: Kind in seinen Armen, S. 109

22. Mai
Brennan Manning: Kind in seinen Armen, S. 112

23. Mai
Brennan Manning: Kind in seinen Armen, S. 124

24. Mai
Arne Völkel: Weil die Brücke wirklich trägt, S. 138f.

25. Mai
Ulrich Betz: Starkwerden – durch Stillsein und Hoffen, 2/97, S. 38f.

26. Mai
Mike Yaconelli: Leichtsinnige Gnade, 1/2004, S. 21

27. Mai
Mike Yaconelli: Der ungezähmte Glaube, S. 40

28. Mai
Brennan Manning: Verwegenes Vertrauen, S. 113

29. Mai
Brennan Manning: Verwegenes Vertrauen, S. 114f.

30. Mai
Günther Schaible: Kraftquellen finden, S. 31f.

31. Mai
Günther Schaible: Kraftquellen finden, S. 34f.

3: Väterliche Liebe

1. Juni
Marion Warrington: Gelbe Rosen im Winter, 4/96, S. 28f.

2. Juni
Roland Werner: Quellen: Wüstenwege, 1/97, S. 54f.

3. Juni
Henri J. M. Nouwen: Der Geliebte Gottes sein, 3/97, S. 14

4. Juni
Brennan Manning: Größer als dein Herz, S. 43f.

5. Juni
Arne Völkel: Wie Zerbrochenes heilt, 3/98, S. 31

6. Juni
Ulrich Eggers: Getroffen: Der tut das noch!, 3/2000, S. 56

7. Juni
Henri J. M. Nouwen: Der Geliebte Gottes sein, 3/97, S. 15

8. Juni
Roland Werner: Quellen: Der Name Jesus, 2/98, S. 47

9. Juni
Die Liebe Gottes entdecken. Ein Gespräch mit Brennan Manning, 3/98, S. 27

10. Juni
Henri J. M. Nouwen: Gebrochenes Brot, 4/97, S. 4f.

11. Juni
Roland Werner: Quellen: Gemeinschaft mit dem Gekreuzigten, 2/2000, S. 47

12. Juni
Jürgen Werth: Loslassen, 1/2000, S. 13

13. Juni
Henri J. M. Nouwen: Gebrochenes Brot, 4/97, S.6

14. Juni
Regina Laube: Vom Reichtum der geistlichen Armut, 1/2000, S. 27

15. Juni
John Ortberg: Die Liebe, nach der du dich sehnst, 1/2000, S. 33

16. Juni
Ulrich Wilckens: Warum eigentlich glauben?, 3/99, S. 11f.

17. Juni
Ulrich Eggers: Getroffen: Geistlich korrekt, 4/2001, S. 45

18. Juni
Regina Laube: Vom Reichtum der geistlichen Armut, 1/2000, S. 28

19. Juni
Brennan Manning: Gott will uns gebrauchen, 3/2002, S. 35

20. Juni
Eugene H. Peterson: Baumwipfel-Spiritualität, 4/2002, S. 13

21. Juni
Henri J. M. Nouwen: Sich überraschen lassen von Gott!, 2/99, S. 9

22. Juni
Ulrich Eggers: Getroffen: Saubere Predigt vom schmutzigen Pastor?, 4/2000, S. 51

23. Juni
Ulrich Wilckens: Der Bibel persönlich begegnen, 4/2001, S. 21

24. Juni
Regina Laube: Vom Reichtum der geistlichen Armut, 1/2000, S. 28

25. Juni
Andy Treibenbacher: Gott – der Menschenflüsterer, 2/99, S. 17

26. Juni
Ingo Scharwächter: Drei Ausblicke auf die Gnade, 1/2002, S. 6

27. Juni
Brennan Manning: Vom Leben zerbeult, 1/2004, S. 25

28. Juni
Ulrich Wilckens: Der Bibel persönlich begegnen, 4/2001, S. 21

29. Juni
Regina Laube: Den Schatten annehmen, 4/2000, S. 34

30. Juni
Johannes Stockmayer: Lebensgeschichten, S. 66. In: Winfried Kuhn: Was erwartet Gott von mir?, 2/99; S. 34

1. Juli
Lena Bergström: Die Familie als Kloster, 3/2003, S. 17

2. Juli
Antje Balters: Gottes Güte ist nicht nur ein Traum, AUFATMEN Inspiration, Wuppertal 2002, S. 48f.

3. Juli
Brennan Manning: Bettler an Gottes Tür, S. 45

4. Juli
Lynn Hybels: Neu dem liebenden Gott begegnen, AUFATMEN Inspiration, Wuppertal 2001, S. 45f.

5. Juli
Magnus Malm: Gott braucht keine Helden, S. 52

6. Juli
Arne Völkel: Weil die Brücke wirklich trägt, S. 11

7. Juli
Mike Yaconelli: Der ungezähmte Glaube, S. 64

8. Juli
James Smith/Richard Foster: Daß Gott mich wirklich liebt, S. 12f.

9. Juli
Brennan Manning: Kind in seinen Armen, S. 46

10. Juli
Mike Yaconelli: Der ungezähmte Glaube, S. 74

11. Juli
Arne Völkel: Weil die Brücke wirklich trägt, S. 65f.

12. Juli
James Smith/Richard Foster: Daß Gott mich wirklich liebt, S. 24

13. Juli
James Smith/Richard Foster: Daß Gott mich wirklich liebt, S. 45

14. Juli
James Smith/Richard Foster: Daß Gott mich wirklich liebt, S. 50f.

15. Juli
James Smith/Richard Foster: Daß Gott mich wirklich liebt, S. 45

16. Juli
James Smith/Richard Foster: Daß Gott mich wirklich liebt, S. 53

17. Juli
James Smith/Richard Foster: Daß Gott mich wirklich liebt, S. 123

18. Juli
James Smith/Richard Foster: Daß Gott mich wirklich liebt, S. 125f.

19. Juli
James Smith/Richard Foster: Daß Gott mich wirklich liebt, S. 130f.

20. Juli
James Smith/Richard Foster: Daß Gott mich wirklich liebt, S. 136f.

21. Juli
Arne Völkel: Weil die Brücke wirklich trägt, S. 12

22. Juli
Mike Yaconelli: Rückhaltlose Hingabe, 4/98, S. 6f.

23. Juli
Werner May: Gottes Stimme hören, 3/2000, S. 17

24. Juli
Jürgen Werth: Krise als Neugeburt, 2/2000, S. 31

25. Juli
Jürgen Werth: Krise als Neugeburt, 2/2000, S. 33f.

26. Juli
Heinrich Christian Rust: Ich träume gern ..., 1/2002, S. 34

27. Juli
Jürgen Werth: Loslassen, 1/2000, S. 12

28. Juli
Jürgen Werth: Loslassen, 1/2000, S. 12

29. Juli
John Ortberg: Die Liebe, nach der du dich sehnst, 1/2000, S. 32

30. Juli
Brennan Manning: Kind in seinen Armen, Edition AUFATMEN, S. 164f.

31. Juli
Brennan Manning: Kind in seinen Armen, Edition AUFATMEN, S. 165

4: Mit Gott auf dem Weg

1. August
Roland Werner: Quellen: Überrascht von Gott, AUFATMEN 2/97, S. 48f.

2. August
Manfred Pagel: Wenn Gebet Blockaden löst, 4/96, S. 31

3. August
Mike Yaconelli: Störender Glaube, 4/96, S. 46f.

4. August
Heinrich Christian Rust: Visionen von Erneuerung, 2/97, S. 66

5. August
Arne Völkel: Vertrauen in Zeiten der Ohnmacht, 3/97, S. 43

6. August
Roland Werner: Quellen: Vom Evangelium gelehrt, 3/97, S. 65

7. August
Bill Hybels: Das Herz gefügig für Gott machen, 4/97, S. 26

8. August
Roland Werner: Quellen: Im Nächsten Gott begegnen, 4/97, S. 52

9. August
Brennan Manning: Größer als dein Herz, S. 26f.

10. August
Brennan Manning: Größer als dein Herz, S. 33

11. August
Caio Fábio: Vision gewinnen, 3/98, S. 7

12. August
Caio Fábio: Vision gewinnen, 3/98, S. 8

13. August
Peter Strauch: Wer bin ich, wenn niemand hinschaut?, 3/98, S. 18

14. August
Peter Strauch: Wer bin ich, wenn niemand hinschaut?, 3/98, S. 19

15. August
Erich Schnepel: Gemeinde als Zwangsanstalt?, 1/2003, S. 57

16. August
Peter Aschoff: Wie einst Joschka ..., 1/2003 S. 63

17. August
John Ortberg: Pseudo-Veränderung oder neues Leben?, 4/98, S. 28

18. August
John Ortberg: Pseudo-Veränderung oder neues Leben?, 4/98, S. 28

19. August
Ulrich Eggers: Getroffen: WWJD?, 4/98, S. 48

20. August
Arne Völkel: Alte Schuhe und neues Vertrauen, 1/99, S. 13

21. August
Ronald Dunn: Wenn Gott nein sagt, 1/99, S. 38

22. August
André Buschbeck: Von der Oberfläche in die Tiefe, 1/99, S. 53

23. August
Gordon MacDonald: Wozu Störungen gut sind, 3/2000, S. 6f.

24. August
Roland Werner: Quellen: Nehmen und Geben, 4/2000 S. 36

25. August
Brennan Manning: Kind in seinen Armen, S. 166

26. August
Günther Schaible: Kraftquellen finden, S. 33

27. August
Günther Schaible: Kraftquellen finden, S. 44

28. August
Günther Schaible: Kraftquellen finden, S. 50f.

29. August
Mike Yaconelli: Auf Umwegen zum Ziel, AUFATMEN Inspiration, Wuppertal 2001, S. 19f.

30. August
Mike Yaconelli: Auf Umwegen zum Ziel, S. 43

31. August
John Ortberg: Die Liebe, nach der du dich sehnst, 1/2000, S. 32f.

1. September
John Ortberg: Die Liebe, nach der du dich sehnst, 1/2000, S. 33

2. September
John Ortberg: Die Liebe, nach der du dich sehnst, 1/2000, S. 34

3. September
Jim Cymbala: Lehre ohne Kraft, Glaube ohne Feuer, 1/2000, S. 44

4. September
Roland Werner: Quellen: Askese, 1/2000, S. 47

5. September
Ulrich Wilckens: Warum eigentlich glauben?, 3/99, S. 12

6. September
Arne Völkel: Ausbruch aus dem Gefängnis, 1/2001, S. 33

7. September
Ulrich Wilckens: Der Bibel persönlich begegnen, 4/2001, S. 19

8. September
Roland Werner: Quellen: Glaube, der standhält, 4/2001, S. 25

9. September
Arne Völkel: Ausbruch aus dem Gefängnis, 1/2001, S. 34

10. September
Arne Völkel: Ausbruch aus dem Gefängnis, 1/2001, S. 34

11. September
Roland Werner: Quellen: Glaube, der standhält, 4/2001, S. 25

12. September
Ulla Schaible: Dankbarkeit als Lebenshaltung, 4/2001, S. 28f.

13. September
John Ortberg: Warten lernen, 4/2001, S. 39

14. September
Ulrich Eggers: Getroffen: Geistlich korrekt, 4/2001, S. 44

15. September
Christof Lenzen: Bergsteigen an der Hand Gottes, 4/2000, S. 13

16. September
Ulrich Wilckens: Warum eigentlich glauben?, 3/99, S. 12

17. September
Regina Laube: Den Schatten annehmen, 4/2000, S. 33

18. September
Roland Werner: Quellen: Nehmen und Geben, 4/2000, S. 37

19. September
Astrid Eichler: Gott will, dass wir leben; AUFATMEN Inspiration, Wuppertal 2001, S. 16

20. September
Albert Frey: Licht aus dem Festsaal, 3/2002, S. 5

21. September
Brent Curtis/John Eldredge: Das verlorene Leben des Herzens, 3/2002, S. 11

22. September
Brennan Manning: Gott will uns gebrauchen, 3/2002, S. 32f.

23. September
Brennan Manning: Gott will uns gebrauchen, 3/2002, S. 33f.

24. September
Arne Völkel: Warum lässt Gott Leid zu?, 3/2002, S. 53

25. September
Astrid Eichler: Gott will, dass wir leben, S. 14

26. September
Albert Frey: Licht aus dem Festsaal, 3/2002, S. 5

27. September
Brennan Manning: Gott will uns gebrauchen, 3/2002, S. 35

28. September
Astrid Eichler: Gott will, dass wir leben, S. 23

29. September
Gail MacDonald: Den inneren Menschen bekehren, 2/2003, S. 7

30. September
Bill Hybels: Sich selbst leiten, 4/2002, S. 7f.

1. Oktober
Bill Hybels: Sich selbst leiten, 4/2002, S. 8

2. Oktober
Bill Hybels: Sich selbst leiten, 4/2002, S. 9

3. Oktober
Eugene H. Peterson: Baumwipfel-Spiritualität, 4/2002, S. 14

4. Oktober
Birgit Schilling: Krankheit Neid, 4/2002, S. 41f.

5. Oktober
Richard Foster: Sich überraschen lassen von Gott!, 2/99, S. 12

6. Oktober
Bill Hybels: Sich selbst leiten, 4/2002, S. 9

7. Oktober
Andy Treibenbacher: Gott – der Menschenflüsterer, 2/99, S. 17f.

8. Oktober
Magnus Malm: Warum ist Karin nicht glücklich?, 1/2002, S. 11

9. Oktober
Jürgen Werth: Die eigene Geschichte annehmen, 2/2001, S. 27

10. Oktober
Jörg Hofmann: Warum tun wir es nicht endlich?, 2/2001, S. 43

11. Oktober
Brennan Manning: Vom Leben zerbeult, 1/2004, S. 25

12. Oktober
Bill Hybels: Sich selbst leiten, 4/2002, S. 9

13. Oktober
Roland Werner: Quellen: Geführt werden durch den Heiligen Geist, 1/2004, S. 39

14. Oktober
Tamara Hinz: Das Baby in mir füttern, 1/2004, S. 64

15. Oktober
Dan Allender: Charakter haben, Charakter sein, 4/2003, S. 35

16. Oktober
Gordon MacDonald: Heart & Soul, 4/2003, S. 69

17. Oktober
Lena Bergström: Die Familie als Kloster, 3/2003, S. 16

18. Oktober
Bill Hybels: Sich selbst leiten, 4/2002, S. 10

19. Oktober
Roland Werner: Von Gottes Geist berührt, Aufatmen Inspiration, Wuppertal 2001, S. 5

20. Oktober
Brennan Manning: Größer als dein Herz, Edition AUFATMEN, Wuppertal 2001, S. 140f.

21. Oktober
John Ortberg: Stark in stürmischen Zeiten, AUFATMEN Inspiration, Wuppertal 2002, S. 45ff

22. Oktober
Bill Hybels: Gott dienen ohne auszubrennen, S. 25f

23. Oktober
Magnus Malm: Gott braucht keine Helden, S. 31f.

24. Oktober
Brennan Manning: Verwegenes Vertrauen, S. 17

25. Oktober
Bill Hybels: Sich selbst leiten, 4/2002, S. 10

26. Oktober
Arne Völkel: Weil die Brücke wirklich trägt, S. 29

27. Oktober
Brennan Manning: Verwegenes Vertrauen, S. 137

28. Oktober
Mike Yaconelli: Der ungezähmte Glaube, S. 36

29. Oktober
Brennan Manning: Größer als dein Herz, S. 141

30. Oktober
Bill Hybels: Gott dienen, ohne auszubrennen, S. 55

31. Oktober
Magnus Malm: Gott braucht keine Helden, S. 87

1. November
Brennan Manning: Verwegenes Vertrauen, S. 21

2. November
Arne Völkel: Weil die Brücke wirklich trägt, S. 88

3. November
Mike Yaconelli: Der ungezähmte Glaube, S. 61

4. November
Brennan Manning: Verwegenes Vertrauen, S. 21f

5. November
James Smith/Richard Foster: Daß Gott mich wirklich liebt, S. 67

6. November
Arne Völkel: Weil die Brücke wirklich trägt, S. 108f

7. November
Mike Yaconelli: Der ungezähmte Glaube, S. 73

8. November
Brennan Manning: Verwegenes Vertrauen, S. 104

9. November
James Smith/Richard Foster: Daß Gott mich wirklich liebt, S. 105

10. November
James Smith/Richard Foster: Daß Gott mich wirklich liebt, S. 109

11. November
James Smith/Richard Foster: Daß Gott mich wirklich liebt, S. 108

12. November
James Smith/Richard Foster: Daß Gott mich wirklich liebt, S. 109

13. November
James Smith/Richard Foster: Daß Gott mich wirklich liebt, S. 110f.

14. November
Brennan Manning: Verwegenes Vertrauen, S. 83

15. November
Brennan Manning: Verwegenes Vertrauen, S. 89

16. November
Mike Yaconelli: Der ungezähmte Glaube, S. 93

17. November
Brennan Manning: Verwegenes Vertrauen, S. 57

18. November
James Smith/Richard Foster: Daß Gott mich wirklich liebt, S. 131

19. November
Brennan Manning: Verwegenes Vertrauen, S. 76

20. November
Brennan Manning: Kind in seinen Armen, S. 97

21. November
Mike Yaconelli: Der ungezähmte Glaube, S. 105

22. November
James Smith/Richard Foster: Daß Gott mich wirklich liebt, S. 149f.

23. November
James Smith/Richard Foster: Daß Gott mich wirklich liebt, S. 169

24. November
Brennan Manning: Verwegenes Vertrauen, S. 63f

25. November
James Smith/Richard Foster: Daß Gott mich wirklich liebt, S. 171

26. November
Brennan Manning: Verwegenes Vertrauen, S. 72

27. November
Brennan Manning: Verwegenes Vertrauen, S. 88f.

28. November
James Smith/Richard Foster: Daß Gott mich wirklich liebt, S. 171

29. November
John Ortberg: Werden wir an der Liebe erkannt?, 2/99, S. 45

30. November
Roland Werner: Quellen: Geführt werden durch den Heiligen Geist 1/2004, S. 40

5: Gemeinschaft leben

1. Dezember
Mike Yaconelli: Die große Flucht vor uns selbst, 4/98, S. 33

2. Dezember
John Ortberg: Die Liebe, nach der du dich sehnst, 1/2000, S. 32

3. Dezember
Jim Cymbala: Lehre ohne Kraft, Glaube ohne Feuer, 1/2000, S. 45

4. Dezember
Magnus Malm: Vom Segen der Verzweiflung, 1/2000, S. 49

5. Dezember
Manfred Hausmann: Erneuerung der Gemeinde durch den Heiligen Geist, 2/2003, S. 49

6. Dezember
Ulla Schaible: Anziehende Gemeinschaft, 2/99, S. 21

7. Dezember
Jean Vanier: Gemeinschaft als Weg Gottes, 2/99, S. 25

8. Dezember
Manfred Hausmann: Erneuerung der Gemeinde durch den Heiligen Geist, 2/2003, S. 49

9. Dezember
John Ortberg: Werden wir an der Liebe erkannt?, 2/99, S. 44

10. Dezember
Ulrich Eggers: Kämpfen für ein Christsein ohne Christus?, 2/99, S. 47

11. Dezember
Hans Peter Nüesch: Miteinander ans Werk gehen, 2/99, S. 63

12. Dezember
Mike Yaconelli: Leichtsinnige Gnade, 1/2004, S. 23

13. Dezember
John Ortberg: Werden wir an der Liebe erkannt?, 2/99, S. 45

14. Dezember
Jean Vanier: Gemeinschaft als Weg Gottes, 2/99, S. 27f.

15. Dezember
Oskar Föller: Wie Gemeinschaft Freude macht, 1/2004, S. 76

16. Dezember
John Ortberg: Wachsen in der Frucht des Geistes 4/2000, S. 9

17. Dezember
John Ortberg: Stark in stürmischen Zeiten, S. 19f.

18. Dezember
Lynn Hybels: Neu dem liebenden Gott begegnen, S. 53f.

19. Dezember
Arne Völkel: Weil die Brücke wirklich trägt, S. 56

20. Dezember
Mike Yaconelli: Der ungezähmte Glaube, S. 25

21. Dezember
Brennan Manning: Kind in seinen Armen, S. 109

22. Dezember
John Ortberg: Stark in stürmischen Zeiten, S. 60f.

23. Dezember
Jean Vanier: Gemeinschaft heißt, zu Hause zu sein, AUFTAMEN Inspiration, Wuppertal 2001, S. 20

24. Dezember
Brennan Manning: Die Schiffbrüchigen im Stall, 4/2000, S. 17

25. Dezember
Arne Völkel: Weil die Brücke wirklich trägt, S. 38f.

26. Dezember
Mike Yaconelli: Der ungezähmte Glaube, S. 37

27. Dezember
Brennan Manning: Kind in seinen Armen, S. 111

28. Dezember
Oskar Föller: Wie Gemeinschaft Freude macht, 1/2004, S. 77

29. Dezember
Oskar Föller: Wie Gemeinschaft Freude macht, 1/2004, S. 78

30. Dezember
Mike Yaconelli: Der ungezähmte Glaube, S. 70

31. Dezember
Arne Völkel: Weil die Brücke wirklich trägt, S. 90